MAE'N WLAD I MI
Hunangofiant Edward Morus Jones

Mae'n Wlad i Mi

Hunangofiant Edward Morus Jones

Cyd-awdur: Osian Wyn Owen

Gwasg Carreg Gwalch

Argraffiad cyntaf: 2024

Ⓗ awduron/Gwasg Carreg Gwalch 2024

Cedwir pob hawl.
Ni chaniateir atgynhyrchu unrhyw ran o'r cyhoeddiad hwn,
na'i gadw mewn cyfundrefn adferadwy, na'i drosglwyddo
mewn unrhyw ddull na thrwy unrhyw gyfrwng, electronig, electrostatig,
tâp magnetig, mecanyddol, ffotogopïo, recordio, nac fel arall,
heb ganiatâd ymlaen llaw gan y cyhoeddwyr, Gwasg Carreg Gwalch,
12 Iard yr Orsaf, Llanrwst, Dyffryn Conwy, Cymru LL26 0EH.

ISBN clawr meddal: 978-1-84527-950-9

ISBN elyfr: 978-1-84524-618-1

Cyhoeddwyd gyda chymorth Cyngor Llyfrau Cymru

Cynllun y clawr: Eleri Owen

Cyhoeddwyd gan Wasg Carreg Gwalch,
12 Iard yr Orsaf, Llanrwst, Dyffryn Conwy, Cymru LL26 0EH.
Ffôn: 01492 642031
e-bost: llyfrau@carreg-gwalch.cymru
lle ar y we: www.carreg-gwalch.cymru

Argraffwyd a chyhoeddwyd yng Nghymru

*Cyflwynedig i Elen, Siwan, Osian a Gwrhyd
am gyfoethogi bywyd Taid!*

Diolchiadau

Wedi hir ymaros, dyma fy nghyfrol fach innau yn eich llaw.
Gobeithio y cewch hwyl a difyrrwch yn pori drwyddi.

Dymunaf ddiolch i nifer yr wyf yn ddyledus iddynt.

Yn gyntaf, i'm cyfaill oes Dafydd Iwan am ei gyflwyniad caredig.

I Osian Wyn Owen a Gwasg Carreg Gwalch am bob cyngor a chyfeillgarwch.

I'r Cyngor Llyfrau am eu cymorth hwy.

I'r cannoedd o ffrindiau dros Gymru a'r byd am destun hunangofiant.

Ac yn olaf, i Mary fy ngwraig a'r teulu estynedig am lawer o amynedd.

Mwynhewch y darllen!

Cynnwys

Cyflwyniad gan Dafydd Iwan		8
Pennod 1	Dod i'r byd yn Eithinfynydd	11
Pennod 2	Tada	18
Pennod 3	Mam	29
Pennod 4	Fy mrawd mawr	34
Pennod 5	Dros y cloddiau terfyn	37
Pennod 6	Ac yna, fi fy hun	39
Pennod 7	Yr ysgol newydd	43
Pennod 8	Cofio Owen Bryn Edwards, Tyddyn Ronnen	46
Pennod 9	Ysgol Ramadeg y Bala	48
Pennod 10	Dyddiau Farmers Marts	57
Pennod 11	Gwersyll yr Urdd, Glan-llyn	61
Pennod 12	Dyddiau'r Coleg Normal	70
Pennod 13	Ysgol Ynys-boeth	82
Pennod 14	Ysgol Bryntaf, Caerdydd	86
Pennod 15	Gwyneth, Ton-teg, a'r plant	90
Pennod 16	Yn ôl i Feirionnydd	127
Pennod 17	Cwm Rhyd-y-Rhosyn	139
Pennod 18	Llandegfan	143
Pennod 19	Gwyneth a'r plant	158
Pennod 20	Atgyfodi Nant Gwrtheyrn	166
Pennod 21	Heddlu Gogledd Cymru	173
Pennod 22	Y Sioe Fawr	176
Pennod 23	Undeb y Cymry ar Wasgar	178
Pennod 24	Ymweliad trist ag Israel a Phalesteina	181
Pennod 25	Blynyddoedd Côr Godre'r Aran	187
Pennod 26	Ac hyd heddiw	194
Pennod 27	Cloi	209
A rhai caneuon		215

Cyflwyniad

1955 oedd hi pan symudodd ein teulu ni i Lanuwchllyn o Frynaman. Doedden ni ddim yn siŵr beth i'w ddisgwyl o symud mor bell, ac o symud o ardal y pyllau glo i ardal wledig, er ein bod wedi clywed llawer o sôn am gysylltiadau diwylliannol Llanuwchllyn: O.M. Edwards, gwersyll Glan-llyn, Michael D. Jones, Côr Godre'r Aran ac ati. Ond yr hyn a wnaeth yr argraff fwyaf arnaf fi a 'mrodyr yn 12 oed oedd cynhesrwydd y croeso a'r bobol, ac un o'r aelwydydd a fu'n rhan o'r croeso hwnnw oedd aelwyd Eithinfynydd, cartref Edward.

Roedd Edward yn yr un flwyddyn ysgol ag Arthur, fy mrawd. Arthur oedd partner Edward am y blynyddoedd cyntaf hynny, a buan y daeth y ddau i chwarae gitâr gyda'i gilydd (roedd Arthur ymhell o 'mlaen i fel gitarydd), gan arbenigo ar chwarae caneuon y Shadows a'u tebyg. Ond ar ein hymweliadau ag Eithinfynydd, yr hyn a wnaeth y mwyaf o argraff arnaf oedd creadigaethau Edward gyda'r Meccano. Wrth i mi fodloni ar greu ambell ferfa neu gerbyd syml, roedd Edward yn creu campweithiau enfawr, gyda pheiriant yn gyrru pob math o graeniau ar hyd traciau rhyfeddol. A dyna danio fy edmygedd o ddoniau Edward Morus Jones!

Pan gefais wahoddiad gan John Edwards o gwmni Teldisc, sawl blwyddyn yn ddiweddarach, i recordio rhai o fy nghaneuon, yr un amlwg i ofyn iddo ymuno â mi yn yr antur fawr oedd Edward. Er nad oeddem wedi canu fawr ddim gyda'n gilydd cyn hynny, mi wyddwn y gallwn ddibynnu ar Edward, y cerddor a'r canwr, ac roedd ganddo gitâr 12-tant! Does gen i fawr o gof am ymarfer, er mae'n debyg inni gwrdd unwaith neu ddwy gan fod Edward yn athro yn ardal Pontypridd, a minnau'n fyfyriwr yng Nghaerdydd. Ond perthynas fel yna fuodd rhyngom drwy gydol ein cyfnod fel deuawd – cyfarfod ar dro, a gadael i'r caneuon ganfod eu llwybrau eu hunain, gydag Edward yn harmoneiddio yn ôl yr angen, weithiau yn uwch na mi, weithiau yn is, ac weithiau'n unsain. Rhyw ddull o ganu hollol organig ydoedd, a ni'n dau yn cael hwyl ar arbrofi wrth berfformio.

Nid anghofiaf fi byth y sesiwn recordio cyntaf hwnnw, yng Nghlwb Cymdeithasol Crynant yng Nghwm Dulais, y cwm sy'n rhedeg yn gyfochrog â Chwm Nedd. Bore Sul oedd hi, a gwirfoddolwyr y clwb yn golchi gwydrau'r noson gynt am y pared â ni. Roedd yn brofiad cwbl newydd i'r ddau ohonom, a safem o flaen un meicroffon a pheiriant recordio Ferrograph, a ffwrdd â ni! Doedd Jo Jones (a weithiai i Teldisc ar y pryd, cyn gadael i sefydlu cwmni Cambrian) ddim yn poeni rhyw lawer am safon y canu, ond swniai yn fodlon iawn wedi inni recordio 4 cân ar gyfer EP. Gan i'r gwaith gael ei wneud mor gyflym, 'O's rhagor o ganeuon gyda chi?' oedd cwestiwn Jo, 'wa'th inni neud EP arall tra bo' ni 'ma.' Wedi meddwl am sbel, daeth Edward a minnau i'r casgliad fod tair cân arall yn barod, ond methwyd â chael hyd i eiriau Cymraeg Edward i glasur Woody Guthrie, 'This Land is My Land', felly doedd dim amdani ond cyfansoddi penillion i honno'n y fan a'r lle. A'r fersiwn a glywir ar yr EP honno oedd y tro cyntaf i Edward a minnau ei chanu, er i gannoedd o berfformiadau ddilyn wedyn.

Does gen i ond lle i ddiolch i Edward am ei gyfeillgarwch a'i gefnogaeth ar hyd y blynyddoedd; mi gafodd o fi allan o dwll droeon gan iddo fod mor barod i ddod gyda mi, ar fyr rybudd yn aml, i gynnal cyngherddau amrywiol ar hyd a lled y wlad mewn neuaddau o bob llun, ar gert a chefn lorri, ac mewn ambell gae hwnt ac yma. Cyfaill triw, a chwbl ddibynadwy yw

Edward, ac y mae fy nyled iddo'n fawr. Mae'r ddau ohonom yn gweld y byd drwy'r un sbectol, ac yn rhannu ein cred a'n ffydd yn Nuw ac yng Nghymru – y ddau beth sydd wedi ein cynnal drwy'r blynyddoedd.

Ac o bosib, y greadigaeth y mae'r ddau ohonom yn fwyaf balch ohoni yw'r casgliad caneuon a straeon *Cwm-Rhyd-y-Rhosyn*, a braint o'r mwyaf oedd troedio llwybrau'r cwm hyfryd hwnnw gyda chyfaill mor driw. Am bob dim, diolch o galon, Edward.

Dafydd Iwan, 2024

Pennod 1

Dod i'r byd yn Eithinfynydd

Roedd hi'n 1944, a'r Ail Ryfel Byd dieflig yn rhygnu ymlaen heb arwydd y deuai terfyn ar y tywallt gwaed a'r creulondeb. Yng nghysgod y rhyfel hwnnw y'm ganwyd i, ar yr ail ar hugain o Fai.

Yn ôl Tecwyn, fy unig frawd a oedd yn naw oed ar y pryd, deuthum i'r byd yn y 'llofft ben parlwr', y llofft orau yn ffermdy hynafol Eithinfynydd, Llanuwchllyn. Fe'm ganwyd yn fab i Annie a Dafydd (David) Cadwalader Jones. Nyrs Gwen Morgan Jones o'r Bala, 'chwedl' o nyrs cefn gwlad, a'm gwelodd i gyntaf, ac fe'm hatgoffodd o'r ffaith honno sawl tro dros y blynyddoedd o flaen cynulleidfa barchus rhyw gymdeithas neu'i gilydd, lle byddwn yn westai. Roedd Nyrs Gwen yn gweithio o Feddygfa'r Bala, a bu'n ffefryn yn ardaloedd Penllyn am flynyddoedd lawer.

Fe'm ganwyd ar ddechrau tymor yr haf felly, ac ar ddechrau cyfnod Gemini, a gynrychiolir gan efeilliaid sêr y sidydd, pe bai gennych chi ddiddordeb mewn pethau felly! Roedd Mam yn un o efeilliaid ei hun, gyda llaw. Ond y bardd telynegol, Eifion Wyn, a'i dywedodd hi orau:

Gwn ei ddyfod, fis y mêl,
Gyda'i firi, gyda'i flodau,
Gyda dydd fy ngeni innau,
Gwyn fy myd bob tro y dêl.

Yn ôl Tecwyn, daeth storm o fellt a tharanau ddiwrnod ar ôl fy ngeni. Daeth Doctor Bob y Bala i'r golwg o'r tu ôl i'r cwt mochyn, gyda'r cetyn hir yn ei geg a'r ffon golff unigryw yn ei law. Roedd mwy o ddŵr yn llifo o gantel ei het na Rhaeadr Buarthmeini! Ond mae'n rhaid bod y fam a'i babi newydd yn iawn, oherwydd o'r hyn a glywais, y tywydd mawr a gafodd y sylw mwyaf ddiwrnod yn unig wedi fy ngeni.

Roedd Eithinfynydd yn un o ffermydd Stad Glan-llyn, a'r stad honno'n ei thro yn rhan o diroedd eang Syr Watkin Williams-Wynn, Wynnstay, un o dirfeddianwyr mwyaf Prydain yn ei gyfnod. Fel dwsinau o anheddau tebyg ar Stad Glan-llyn, fferm fynyddig, gymysg, ychydig dros gant ac ugain o aceri oedd hi, gyda thir ychwanegol i rai cannoedd o ddefaid ryw dair milltir i ffwrdd ar y bryniau i gyfeiriad y Dduallt a Dolgellau.

Pontiai tir Eithinfynydd, ynghyd â'n fferm fechan arall, Llwyncadi, y gefnen rhwng dau gwm, Cwm Penaran (neu Gwm Peniel) ar y naill law, a Chwm Pennantlliw ar y llall. Mae priffordd yr A494 yn teithio i fyny drwy Gwm Peniel, ar hyd yr hyn a arferai fod yn dir comin â thai unnos hynafol, ac ymlaen i ben y Garneddwen. Yno mae'r cefndeuddwr yn golygu bod teithwyr ar i lawr bob cam am oddeutu un milltir ar ddeg ar hyd dyffryn afon Wnion i Ddolgellau. Mae pen y Garneddwen yn gefndeuddwr arbennig iawn.

I lawr dyffryn y Ddyfrdwy i'r dwyrain o dŷ fferm Pantgwyn, mae'r defnydd o 'e' wrth drafod enwau yn amlwg yng Nghymraeg pawb, bron hyd at y ffin â Lloegr. Dyma 'e' dafodieithiol yr hen Bowys a thafodiaith ardal Rhoslannerchrugog a Dyffryn Maelor. 'Defed' a 'cheffyle' gewch chi y ffordd yma, ac 'emyne' a 'phethe' am y deng milltir ar hugain nesaf i lawr dyffryn afon Dyfrdwy a thros y Berwyn i ddyffrynnoedd Sir Drefaldwyn. Eto, o fewn cwta filltir o Bantgwyn i lawr afon Wnion i'r gorllewin, mae'r 'e' wedi troi yn 'a'. 'Emyna', 'ceffyla' a 'phetha' a gewch chi yn y fan hon, ac fe glywch fod 'cacen' yn troi'n 'giacan' a chath yn 'giath', hyd yn oed.

O ddyffryn gweddol lydan y Ddyfrdwy â phentref hir Llanuwchllyn ar ei draws, mae ffordd gulach yn arwain i fyny at Gwm Pennantlliw, gan godi'n serth heibio i gapel Carmel i ucheldiroedd pell a diarffordd blaen afon Lliw a'r Feidiog. Mae dros ddeng milltir o daith unig rhwng blaenau ardal Llanuwchllyn a Phenstryd, Bronaber, a Thrawsfynydd ar ben arall y siwrne.

Er mwyn cwblhau'r darlun o safle pentref Llanuwchllyn wrth draed y tri chwm yn dwt, rhaid cyfeirio at y trydydd cwm, sef Cwm Cynllwyd. Afon Twrch sy'n llifo trwy hwn gan arllwys i lawr dan bont garreg i ben de-ddwyreiniol y pentref. Os am fynd i Gynllwyd rhaid codi o'r Pandy i ben y groesffordd, uwchben gorsaf Rheilffordd Llyn Tegid, a throi'n siarp i'r dde. Byddwch yn awr yn dringo ac yn dod yn fuan at ffordd gul sy'n arwain i lawr at fuarth Coed y Pry, a'i gysylltiad amlwg â Syr O. M. Edwards. Filltir neu ddwy ymhellach byddwch yn cyrraedd ffermdy Talardd, a bydd llwybr afon Twrch yn cwrdd â chwm arall, Cwm Croes, gydag afon o'r un enw. Mae ffordd cwm y Twrch yn ein harwain i ben Bwlch y Groes, cyn syrthio yn serth a dramatig i ardaloedd Llanymawddwy, Dinas Mawddwy, Mallwyd ac i mewn i'r hen Sir Drefaldwyn.

Beth am Eithinfynydd felly? O ben gogledd-orllewinol pentref Llanuwchllyn, dilynwch yr A494 i gyfeiriad y Garneddwen. Ymhen rhyw filltir mae Capel Bedyddwyr Ainon ar y dde, a Rhesdai Pensylfania ar y chwith. O ddilyn afon Dyfrdwy heibio i'r Garreg Lyncu, i fyny Allt y Goeden Briodas, gan basio Tŷ Mawr, Penaran, ar y dde a Thal y Bont ar y chwith. Yn fuan bydd Capel Peniel o'ch blaen ar groesffordd canol y cwm. Yno, mae'r ffordd sy'n troi i'r chwith, dros bont Rhydysarn, yn eich arwain ymhen dim at y man lle'r arferai gorsaf fechan ar reilffordd Rhiwabon i'r Bermo fod. Aiff y ffordd gul yn ei blaen dros y *crossing* lle, ers talwm, roedd giatiau gwynion trwm dan gyfrifoldeb Mrs Guest, neu Anti Bet y Crossing. Yn fferm fechan Llys Arthur gerllaw, roedd teulu yr Evansiaid yn byw.

Mae'r ffordd o groesfan y rheilffordd yn eich arwain heibio i Ddwrnudon ar fin y ffordd, ymlaen am aelwydydd y Rhosydd, fferm Cwm Onnen i'r chwith, a Llechweddalchen i'r dde. O ddod yn ôl at Gapel Peniel, ar y groesffordd mae ffordd fach gul yn troi o'r briffordd am Barc Carafannau Hendre Mawr. Ymhellach ar hyd y ffordd gul hon mae fferm Llwynllwydyn, a phlasty bychan hanesyddol Llwyngwern. Uwchben yr Hendre mae ffermdy Maesgwyn.

Y drydedd ffordd, yr un sy'n arwain yn ôl i gyfeiriad Llanuwchllyn o Gapel Peniel sy'n berthnasol i ni. Ewch i fyny'r rhiw a chyrraedd buarth fferm Rhyd y Sarn. Hon yw'r hen ffordd Rufeinig, ac mae'n arwain at y pentref drwy fuarth fferm Prys Mawr i gyfeiriad y gaer Rufeinig, Caer Gai. Y tro cyntaf i'r chwith oddi ar yr hen ffordd wedi gadael Rhydysarn yw'r ffordd sy'n arwain at Eithinfynydd.

Mae talcen isaf y tŷ i gyfeiriad Llyn Tegid a'r tŷ hir ei hun yn wynebu'r Garth Fawr, mynydd Cefn Gwyn a thrumiau Aran Benllyn. I aelodau iau fy nheulu, fy wyrion a'u ffrindiau, bob un ohonynt yn byw y tu allan i Lanuwchllyn, mae rhyw hud rhyfedd yn perthyn i Eithinfynydd. Mae ei leoliad yn gysgodol iawn, gyda'r goeden dderw fawr yn parhau i warchod ei gefn a'r nant fechan yn dal i redeg heibio iddo o dan y bompren gul. Yng nghysgod y dderwen mae'r ffynnon fach betryal a'i dŵr yfed grisial yn ddihysbydd.

Yn Eithinfynydd erbyn heddiw, mae toreth o goed bach, llwyni hardd a blodau amrywiol – y cyfan ymhlith gwrychoedd a lawntiau trefnus – a phwll bach addurniadol o flaen y ty. I'm hwyrion, mae hyd yn oed yr adeilad bach ychydig lathenni o'r drws cefn, gyda'i gorn simnai twt a'r dringlys yn tyfu'n gnwd dros fetel du ei do, yn 'eiconig' (yn eu geiriau nhw!). Tŷ golchi Mam oedd hwn, un cyfleus gyda thap dŵr oer modern ynddo, peth anghyffredin iawn yn y pedwardegau. Roedd ynddo foiler nobl a gawsai ei gynhesu â choed tân bob bore Llun.

Mae'r tŷ golchi yn ennyn sawl atgof cynnes, ar wahân i'r diwrnod hyll hwnnw bob blwyddyn y byddai'r tŷ'n troi'n lladd-dy i fochyn. Roedd yr achlysur yn uffern i mi, ac mae sgrechian gofidus yr hen fochyn, a fyddai dim ond diwrnod neu ddau ynghynt yn ffrind hamddenol i mi, yn dal yn fyw yn y cof. Does ryfedd felly nad apeliodd y syniad o fagu anifeiliaid i'w lladd erioed ataf.

Drwy ffenestri cefn Eithinfynydd, yn y pellter mae Moel Llyfnant ac ail brif fynydd Penllyn, yr Arennig Fawr, i'w gweld. Mae'r Arennig yn gwarchod blaenau cymoedd Prysor, y Parc a'r Waun. Dyma hefyd ardal y cwm tristaf yn hanes Cymru, Cwm Celyn. Arferai afon Tryweryn lifo i lawr drwy'r dyffryn cyn i Lerpwl godi'r argae, a dyna pam fod 'Cofiwch Dryweryn' yn symbol mor bwysig y dyddiau hyn. Mae'n hanfodol ein bod ni'n dal i gofio.

O un man ar dir Eithinfynydd mae golygfa na allwn beidio sôn amdani. Yng nghae Penrhos-wen, bydd yr olygfa sy'n ymagor o'ch blaen yn siŵr o fynd â'ch gwynt. I'r chwith mae golygfa o Gwm Pennantlliw gyfan, o ucheldiroedd Blaenlliw i lawr y dyffryn nes cyrraedd y Weirglodd Ddu a'r Weirglodd Wen. Yn syth o'ch blaen mae holl bentref Llanuwchllyn yn glir ar wastad y dyffryn, ond i'r dde mae rhan isaf Cwm Cynllwyd yng nghudd dan drumiau'r Garth Fach a'r Garth Fawr. Yn is i lawr, gallwch weld dros holl ddolydd Llanuwchllyn a'r gwastatir at dreflan fechan Gwern y Lôn. I lawr ar y chwith mae Gwersyll yr Urdd ar lan llyn naturiol mwyaf Cymru, Llyn Tegid. Dros wyneb Llyn Tegid mae plwy Llangywer ar ei dde, a thref y Bala ryw bedair milltir arall i ffwrdd ar ben y llyn. Gallwch weld heibio i'r Sarnau i ben bryniau Bethel, y Berwyn ac ymlaen am Gorwen yn Edeirnion. Byddai'n hawdd troi'n dipyn o fardd yma, dwi'n siŵr.

I'r cyfeiriad arall yn llwyr mae'r olygfa o Aran Benllyn a

Chwm Peniel yn arwain at ben y Garneddwen ac ymlaen at Gwm y Geg a Rhydymain. Uwchben fferm Pant Gwyn mae'r Penmaen a moelydd Llwyngwern, Maesgwyn, y Graig a Thyddyn Ronnen. Yna, yn gylch cyflawn mae'r Arennig Fawr, y cyfan yn banorama sy'n fy llorio.

Yr unig newid amlwg yr hoffwn ei weld yn amgylchfyd Eithinfynydd heddiw yw gweld y goedwig ddiweddar sydd rhwng y cartref a'r gorllewin yn cael ei chynaeafu, ac i'r rhostiroedd gynt ddod unwaith yn rhagor yn gartref i goed mwy brodorol.

Profiad annisgwyl iawn oedd cael cais gan y diweddar Athro Gwyn Thomas rai blynyddoedd yn unig cyn ei farw. Ar ddiwedd oedfa dan fy ngofal yng Nghapel Pendref, Bangor Uchaf, holodd Gwyn Thomas a oedd hi'n wir fy mod wedi fy ngeni a'm magu yn Eithinfynydd, Llanuwchllyn. Wedi i mi gadarnhau hynny, daeth y sylw nesaf yn gryn sioc. Holodd Gwyn tybed fyddwn i'n mynd â fo yno!

Gallwch ddychmygu imi gytuno'n syth, ac o fewn rhai misoedd roedd y ddau ohonom yn dychwelyd i Feirionnydd ein plentyndod, ac ar y ffordd cefais eglurhad am ddiddordeb Gwyn yng nghartref fy ngeni. Yn dilyn gwaith ymchwil academaidd diweddar, cadarnhawyd mai fy Eithinfynydd i oedd cartref 'Y Fun o Eithinfynydd', sef Morfudd, y ferch a oedd, yn ôl yr hanes, yn ffefryn o blith cariadon yr anghymharol, grwydrol, Dafydd ap Gwilym. Gwyddwn fod rhan o adeilad hir ffermdy'r cartref yn hen iawn, ond pedwar, pum cant oed a rhagor? Bobol bach! Dim ond yn nechrau'r unfed ganrif ar hugain y daeth y cadarnhad hwnnw.

Yn gyfleus iawn i minnau a Gwyn, digwyddai Eithinfynydd fod rhwng dau berchennog ar y pryd, ac roedd y lle'n wag, ac roedd gan Dei, Rhydsarn, cymydog a ffrind da ers degawdau, allwedd! Roedd Dei, y Cymro diwylliedig, wrth ei fodd fy mod wedi dychwelyd adre i'r Cwm, a dod â'r Athro o Danygrisiau gyda mi.

Dyna gyrraedd blaen y tŷ, ac roedd y wal gerrig dwt a amgylchynai'r ardd flodau yno o hyd, wedi ei phennu â dwsinau o gerrig gwynion grisial o hen waith aur Carndochan, nid nepell o'r cartref.

Aethom i mewn drwy'r giât fach, ac ar y llwybr byr o flaen y drws ffrynt dyna sylwi ar y patrwm diemwnt tlws, wedi ei lunio o'r un cerrig gwynion, grisial; rhai bychain y tro hwn. Fe'u gosodwyd yn ofalus gan chwaer fy nhaid ugeiniau o flynyddoedd yn ôl. Aethom i mewn i'r tŷ a rhyfeddu o'r newydd at drwch y waliau cadarn a maint y gegin fawr. Wrth ddringo'r staer dyma ramantu, a meddwl tybed oeddwn i wedi cysgu, ac o bosibl wedi cael fy ngeni, yn yr un stafell lle'r arferai Morfudd deg geisio deffro tipyn ar awen Dafydd ap Gwilym.

Byddaf yn trysori'r ymweliad unigryw hwnnw ag Eithinfynydd, yn ogystal â'r cyfle i ddangos rhai o'm hoff lecynnau yn Llanuwchllyn i Gwyn, a phryd o fwyd campus yng Ngwesty'r Eryrod (yr Îgyls ydi o i mi o hyd!). Troesom yn ôl am lannau'r Fenai a'n cartrefi, gyda hanes Eithinfynydd yn fyw yn ein meddyliau.

Un noson, sbel cyn i mi gael fy ngeni, gollyngodd awyren ryfel o'r Almaen beth o'i llwyth, wyth i ddeg o fomiau i gyd, mewn stribed ar draws dyffryn afon Dyfrdwy ym mhlwy Llanuwchllyn. Diolch byth, osgowyd difrod i gartrefi'r pentref ei hun, ond disgynnodd dau o'r bomiau ar dir Eithinfynydd.

Roedd y cyntaf yn fom tân olew a ddisgynnodd ryw dri chanllath o'r fferm. Chwythodd y bom arall dwll maint ffermdy ar gae y Buarthau Mawr, ryw dri chanllath o'r tŷ i gyfeiriad Cwm Pennantlliw. Achosodd y ffrwydrad anferth i sawl bricsen ddod yn rhydd o gorn simnai'r tŷ, uwchben y llofft lle byddwn i'n cysgu! Mae gen i gof ohono'n cael ei drwsio. Cael a chael oedd hi felly i Tada, Mam, Tecwyn ynghyd â'r gweision a oedd ar y fferm ar y pryd!

Pennod 2
Tada

Bwriodd yr Ail Ryfel Byd ei gysgod dros gymdeithas am sawl blwyddyn wedi fy ngeni. Roedd prinder tanwydd ar gyfer cerbydau a pheiriannau amrywiol yn parhau, a llyfrau dogni bwyd yn ffaith. Roedd canfod bocsys mygydau nwy ac ambell len blacowt o gwmpas y tŷ yn peri chwilfrydedd. Fodd bynnag, ychydig iawn o effaith y brwydro uffernol a fu ar fy nho i o blant y rhyfel. A dweud y gwir, cawsom fagwraeth freintiedig a chysgodol iawn yn Llanuwchllyn o gofio cymaint a ddaeth i ran fy rhieni yn y blynyddoedd cyn fy ngeni – o golli anwyliaid yn y Rhyfel Mawr a chrafu byw drwy ansicrwydd economaidd y dauddegau a'r tridegau, i Ryfel Byd arall. Mae'n destun edmygedd mawr i mi sut y llwyddodd fy rhieni a'u tebyg i ddyfalbarhau drwy'r cyfan.

Gan fod fy mrawd gymaint yn hŷn na mi, tyfais i fyny bron iawn fel unig blentyn yr aelwyd. Wedi'r cyfan, pan oeddwn i'n dair roedd Tecwyn yn dair ar ddeg. Ond er na chefais chwarae cwffio ag o erioed, mae'n debyg fod ei ofal dros ei frawd bach yn fawr iawn bob amser. Does gen i ddim cof o'r ddau ohonom yn cael gair croes, ac mae hynny wedi parhau dros tri chwarter canrif a mwy, hyd heddiw.

Fy nhad oedd y chweched o wyth o blant Morris Jones, Eithinfynydd a'i wraig Catherine, un o ferched Garth Isaf, Llanuwchllyn. Roedd Morris Jones yntau'n un o bedwar o blant, ond Catherine yn un o dri ar ddeg! O ganlyniad mae teulu Tada i'w canfod ymhob man dros y deyrnas, a'r byd, ond yn bennaf yn siroedd Meirionnydd a Threfaldwyn.

'Tada' oedd o i mi bob amser, heb erioed fod yn 'Dad'. 'D.C' i'w ffrind agos David John (Davies), Prys Mawr, ond 'Dafydd Eithinfynydd' i bawb arall yn y gymdogaeth. Ac roedd hi'n gymdogaeth glòs, boed yng nghynulleidfa Capel Peniel, fel rhieni yn magu eu teuluoedd, neu ym musnes y ffermio. Dwi'n hollol argyhoeddedig erbyn hyn na allai gwaith amaethu dydd i ddydd y cyfnod hwnnw fod wedi llwyddo o gwbl yn ein hardal ni oni bai fod pawb mor barod eu cymwynas.

Pan ddeuai'n amser hel defaid o'r mynydd i'w golchi a'u cneifio, deuai'r ffermwyr i helpu ei gilydd drwy ddealltwriaeth a elwid yn y cylch yn 'ffyrnewid', ac ni fyddai'r cneifio ar unrhyw ddwy fferm yn y gymdogaeth yn digwydd ar yr un diwrnod. Byddai Tada, yng nghwmni gwas neu ddau, yn gadael Eithinfynydd yn y bore i gynnig eu llafur yn rhad ac am ddim i gymydog, a'r cymydog yn ei dro'n talu'r gymwynas yn ôl. Roedd y dull o gyfathrebu o un fferm i'r llall cyn dyddiau'r ffôn yn arwydd arall o'r brawdgarwch hwn hefyd. Byddai lliain gwyn yn cael ei osod mewn man amlwg ar y fferm, a gwyddai pawb wedyn y byddai'n bryd paratoi i olchi neu gneifio'r defaid. Gallai ffermwr fod oddi cartref am ddyddiau yn cneifio, yn Rhyd y Sarn neu Dyddyn Llywarch, neu cyn belled â'r Prys neu Lechweddalchen. Afraid dweud bod ffyrnewid yn bwysig i economi'r ffermydd unigol, ond roedd o hefyd yn gyfle da i gymdeithasu neu i drafod prisiau'r farchnad, a phob hyn a hyn, i drafod ambell sgandal! Roedd prydau bwyd cyfnod y cneifio yn rhan hollbwysig o'r dyddiau difyr hynny ar ddechrau'r haf hefyd. Yr un oedd y drefn ar ddiwrnodau cario'r ŷd a chodi tatws, ac yn arbennig felly ar ddiwrnod dyrnu'r cynhaeaf, ym mis Hydref neu Dachwedd.

Yn ôl yr hyn a adroddwyd yn ôl wrthyf yn gyson ers ei farw

ym 1986, roedd Tada yn gymwynaswr hael ar hyd ei oes, gymaint felly fel y byddai'n aml yn rhoi blaenoriaeth i helpu eraill ar draul ei waith ei hun yn Eithinfynydd. Roedd ganddo athroniaeth werinol iach, a 'ffarmio i fyw' nid 'byw i ffarmio' oedd ei fwriad pan oeddwn i'n blentyn.

Wrth imi ysgrifennu'r geiriau hyn daeth neges gan Rhian o Ddyffryn Dyfi oedd wrthi'n pori drwy'r achau pan ganfu adroddiad papur newydd o 1903 yn sôn am farw Mr Morris Jones o Lanuwchllyn. Tad fy nhad oedd Morris, a'm taid innau. Dyma gynnwys yr adroddiad:

Llanuwchllyn [1903-06-24]

Yr Wythnos a'r Eryr [papur newydd Penllyn, Edeirnion, Uwchaled, a Dyffrynnoedd Clwyd a Llangollen]

Marwolaeth. Blin gennym gofnodi marwol-aeth Mr Morris Jones, Eithinfynydd, yr hyn a gymerodd le ddydd Gwener diweddaf, yn 45 mlwydd oed. Yr oedd yr ymadawedig yn aelod ffyddlawn iawn gyda'r Methodistiaid yn Glanaber, yn gymydog tawel, caredig, cym-wynasgar, ac yn gyfaill pur hyd angau, colled fawr i ardal fel Llanuwchllyn ydyw colli dyn o natur Morris Jones. Nid yn aml y cyfarfyddir â chymydog mor barod i estyn cynorthwy neu gymwynas i'r rhai oedd mewn angen amdanynt. Cymerodd y claddedig-aeth le yn y fynwent newydd, ddydd Llun diwethaf, pryd y daeth tyrfa luosog i dalu y gymwynas olaf iddo. Gwasanaethwyd gan ei weinidog, y Parch. Owen Ellis, y Parch D. Roberts(A)., a Mr H.D. Lloyd. Gadaw-odd weddw a saith o blant i alaru ar ôl tad tyner, a phriod gofalus. Nawdd yr Arglwydd fyddo drostynt yn nydd eu profedigaeth.

Roedd darllen yr adroddiad am farw Taid ym 1903 yn union yr un fath â darllen yr adroddiadau am golli Tada ym 1986, gyda'r ddau mor debyg o ran natur a chymeriad.

Roedd y Cadwalader yn bresennol yn enwau teulu fy nhad ers blynyddoedd lawer. Câi weithiau ei dalfyrru i 'Dwalad', 'Dala' ac 'Wali'. Roedd Yncl Dala, ewythr Tada a'i deulu, yn ffermio Cefn Gwyn ar draws y cwm, a Robat a Mary, cefnder a chyfnither iddo, yn Llechweddalchen, y fferm agosaf ond un ati.

Ar gyrion y pentref roedd cefnder arall, Dwalad Jones yn ffermio Dôl Fach a Glandŵr ac ap Morris Jones, brawd Tada yn cadw fferm fechan y Werddon ar fin y rheilffordd i'r Bala. Ym Mryn 'Raber, ger afon Twrch a'r orsaf reilffordd roedd eu cefnder, John Morris Jones yn byw. A'r tu allan i Lanuwchllyn, ym Mro Ddyfi bu'r Dr Wali Jones, mab i Dafydd Jones, Parc, Llangadfan, cefnder Tada, yn feddyg teulu am flynyddoedd lawer. Yn ôl ym Mhenllyn roedd y diweddar Wali Jones, Moelygarnedd, Llanycil, y ffermwr a'r porthmon annwyl, yntau yn gefnder agos i Tada.

Gallaf olrhain llinach teulu ochr Tada yn ddi-fwlch i'r unfed ganrif ar bymtheg, ac ymhellach na hynny hefyd. Bu fy hynafiaid ym Mhenllyn ers o leiaf 1578, ac mae'n bosibl olrhain y wythïen yn ôl yn uniongyrchol i'r ddeuddegfed ganrif i Arglwydd Penllyn, Rhirid Flaidd.

Yn y bôn dyn ceffyl, praidd a chi defaid oedd Tada. Byddai wedi bod wrth ei fodd yn gweld parhad oes y ceffyl, ac yn wir, mae gen i gof byw o'i wylio'n aredig gyda dau geffyl gwedd nerthol. Cofiaf wedyn ei weld yn rhesio tatws ac yn torri gwair gydag injan lladd gwair fodern Deering o Chicago. Dwi'n cofio rhoi help llaw i Tada a'r gwas i hau ceirch efo llaw. Byddai'r llestr metel, crwm yn drwm ac yn hongian fel iau o'r ysgwyddau. Doedd pethau heb newid fawr ddim ers dyddiau Dameg yr Heuwr yn y Testament Newydd!

Mae gen i frith gof o wrthwynebiad i gael tractor ar y fferm. Ond bob yn dipyn ar ôl y rhyfel, daeth tractor i gynorthwyo'r gwaith yn Eithinfynydd. Fordson bach, gwyrdd, ail law oedd y cyntaf, un araf, gweddol drwm yr oedd yn rhaid i chi ei danio efo handlen! Roedd rhyw gadernid pwyllog yn perthyn i'r hen GDD239 wedyn. Bu'n was dibynadwy i ni am sawl blwyddyn cyn i'r Ffyrgi bach llwyd chwedlonol â'i system heidrolig gyrraedd, a symud ffermio gam mawr ymlaen.

Er gwaethaf dyfodiad y peiriannau, cafodd Tada barhau i ymdrin â'i ddefaid a'i gŵn. Roedd ei ddawn i hyfforddi cŵn defaid yn destun edmygedd i lawer, a deuai ffermwyr o gryn bellter i ofyn iddo, yn eu geiriau nhw, 'i gael y ci 'ma i weithio!' Anaml iawn y methai.

Roedd gan fugeiliaid yn y cyfnod hwn i gyd eu ci arbennig, a Meic oedd yr un hwnnw yn Eithinfynydd. Bu'r cyfaill blewog yn ysbrydoliaeth i mi pan oeddwn i tua deuddeg oed, i drosi cân Saesneg Elvis Presely, 'Old Shep', i'r 'Hen Gi'. Fe'i cenais ar lwyfannau cyngherddau lleol am sawl blwyddyn cyn i Hogia Llandegai ofyn am hawl i'w recordio. Roeddwn i wrth fy modd, wrth gwrs. Rai blynyddoedd yn ddiweddarach fe'i recordiwyd gan Trebor Edwards, y tenor o fugail annwyl o Fetws Gwerful Goch. Flynyddoedd yn ddiweddarach ysgrifennais gân wreiddiol 'Y Bugail Mwyn', cân arall am Tada. Fe'i perfformiwyd ar lwyfan, sgrin a record yn llwyddiannus iawn am flynyddoedd gan Trebor.

Roedd Tada'n mwynhau darllen ac fe ysgrifennai ambell rigwm ac ati o dro i dro. Byddai hefyd yn mwynhau ymwneud â cherddoriaeth, emyn-donau gan fwyaf, ac ymunai â chôr y capel weithiau. Hoffai wrando ar unawdwyr a chorau, ond doedd ganddo mo'r hyder i ganu ar ei ben ei hun. Serch hynny, cofiaf fel y byddai'n canu nerth ei ben y llinell 'Why do the Nations' allan o Feseia Handel, yn ei lais bariton ysgafn, ag yntau ynghanol rhyw orchwyl neu'i gilydd ar y fferm.

Ni fynnodd Tada fod yn geffyl blaen yng Nghapel Peniel neu'r Hen Gapel, er y byddai'n addolwr ffyddlon. Er hynny, cafodd ei ethol yn gyson i'r Cyngor Plwy lle'r oedd o'n dipyn o hen ben, ac wrth ei fodd yn ymwneud â hawliau llwybrau cyhoeddus ac ati. Yn ôl sawl un roedd Dafydd Jones yn rhoi dos o synnwyr cyffredin i ddadleuon!

Roeddwn felly'n hen gyfarwydd â gweld Tada yn newid o'i ddillad ffermio ac yn gwisgo coler a thei i fynd i'r Cyngor Plwy. Gofynnodd Yncl Llew, brawd Mam imi unwaith tybed a wyddwn beth oedd Tada yn ei wneud yn y Cyngor Plwy, ac mae'n debyg i mi ateb ar unwaith mai darllen y Beibl a chanu emynau y bydden nhw. Roedd dylanwad Capel Peniel yn sylweddol arnaf, mae'n amlwg!

Roedd Tada'n berson diymhongar, bron yn swil, ond pan ddeuech i'w adnabod, roedd yn gwmni difyr. Byddem wrth ein boddau'n gwrando arno'n sôn am ei fywyd, am helyntion ei ymwneud â chymeriadau ac ag aelodau ei deulu estynedig mawr a'i ffrindiau dros y blynyddoedd. Ac ambell waith, byddai wrth ei fodd yn dweud stori-celwydd-golau i dynnu coes. Roedd sawl stori wir hefyd, yn cynnwys ei hanes yntau a'r gwas fferm Lloyd yr Hendwr, Llandrillo. Bryd hynny, ar ddechrau'r pumdegau, roedd clywed Tada'n brolio am ddanfon mil a hanner o ddefaid ar droed bob cam o Fachynlleth i Forfa Rhuddlan yn destun rhyfeddod.

Soniai hefyd am berfformiadau dramâu'r gorffennol yn Llanuwchllyn, am ddywediadau cymeriadau fel Jo'r Craswr neu Dafydd y Graig, ac yn ddiweddarach, droeon trwstan rhai fel y Parch. J. C. Jones, Drwscaergwenyn neu John Parry Tyddyn Llywarch. Byddai angen cyfrol gyfan i groniclo straeon Tada, ond dyma bedair stori am y tro.

Yn fuan ar ôl y Rhyfel Mawr, daeth y War Ag, neu'r War Agricultural Executive Committee i Eithinfynydd i gynorthwyo â'r gwaith o drin tir y fferm. Cyrhaeddodd yr annwyl Wil

Roberts o fferm gyfagos y Deildre gyda'i dractor a'i aradr lusgo i aredig rhyw gae neu'i gilydd. Gofynnodd Wil i Tada sefyll rhyw hanner canllath o'i flaen gan nad oedd na choeden na phostyn i roi cyfeiriad iddo. Dyma Tada'n gweld ei gyfle am fymryn o hwyl. Pob tro yr oedd yn rhaid i Wil droi i edrych yn ôl i wneud yn siŵr bod yr aradr lusgo yn troi'r tir yn wastad, byddai Tada'n cymryd cam mawr i'w chwith. Yna i'r dde. Yna i'r chwith eto. Gallwch ddychmygu ymateb Wil Roberts pan edrychai'r rhych yn debycach i bry genwair na llinell syth! Dyma Wil yn neidio oddi ar gefn y Fordson Bach, yn taflu ei gap ar y llawr gan regi, 'Dafydd Eithinfynydd, y diawl drwg!'

Roedd John Edwards, Penygeulan yn ŵr busnes llwyddiannus a pharchus, ac yn berthynas i Tada. Un diwrnod, roedd y ddau yn negesa yn siop sylweddol y Post yn y Pandy – Tada'n aros ei dro a John wrthi'n sgwrsio gyda Llew Davies y perchennog. Yn ddiarwybod i John, dyma Tada'n ychwanegu ambell eitem hollol ddi-angen o silffoedd y siop i fagiau siopa John; yn cynnwys welington, hanner rhaff o nionod a het law! Yna trodd John am adre'n fodlon. Soniodd John lawer tro iddo gyrraedd adre a gwagio'r neges ar y bwrdd gan ryfeddu o weld yr eitemau dieithr yn eu plith. Ond fe dalodd y pwyth yn ôl rhyw dair wythnos yn ddiweddarach. Un prynhawn Gwener roedd John Edwards yn gyrru ei lorri warthog a gwelodd Tada'n cerdded adre o ben arall i bentref Llanuwchllyn, a bagiau neges yn ei ddwylo. Cynigiodd lifft i Beniel iddo, ac roedd Tada'n falch o'r cynnig. Dringodd i gaban y lorri ac i ffwrdd â nhw am Gapel Peniel. Ond wrth i Tada baratoi i ddisgyn o'r lorri, nid arafodd John, ac fe aeth yn ei flaen. Yn wir, aeth yr holl ffordd i Ddolgellau, ddeuddeg milltir o Beniel, i nôl anifeiliaid o'r mart. Cafodd help llaw gan Tada i lwytho'r lorri, cyn troi'n ôl i Lanuwchllyn dan chwerthin. Roedd Tada awr a hanner yn hwyrach na'r disgwyl yn cyrraedd adre, ac fe gafodd John ddial.

Stori arall sy'n werth ei chrybwyll yw'r diwrnod yr oedd

Tada'n disgwyl Johnny Rowlands o'r Red Lion, y Bala, i Eithinfynydd i brynu ŵyn. Roedd Mr Rowlands yn ŵr dibynadwy, ac roedd wedi addo dod i Eithinfynydd ddydd Gwener 'os byw ac iach.' Dyma ddydd Gwener yn dod a daethpwyd â'r defaid i mewn ben bore, ond doedd dim sôn am John. Daeth y prynhawn, ac unwaith eto, nid oedd arlliw ohono. Yr un oedd y stori pan ddaeth y nos, a gwyddai Tada na fyddai'r porthmon hoff yn dod y diwrnod hwnnw. Cofiodd Tada am addewid Johnny Rowlands, a dyma estyn am y papur sgwennu a'r feiro ac ysgrifennu llythyr cwrtais at Mrs Rowlands yn y Bala yn cydymdeimlo'n ddwys â hi yn ei phrofedigaeth lem o golli ei gŵr mor sydyn. Postiwyd y llythyr a chyrhaeddodd y Red Lion fore Llun!

Fi aeth â'm tad fy hun yn fy nghar bach un prynhawn i Garej Huw Goronwy, Glanrafon, ger Corwen i edrych am gar ar ei gyfer. Car, yn eiriau ei hun, 'heb fod yn rhy fawr, i gael mynd â Mam am dro.' Doedd Tada heb yrru car cyn ei fod yn chwedeg pump oed! Achosodd y sefyllfa'r fath embaras i mi yn fy ugeiniau cynnar, wrth i Tada geisio prynu'r car bach, ail law, fel pe bai'n prynu ceffyl neu fuwch! Morris Mini gwyrdd a dynnodd ei lygad, a rhywbeth yn debyg i'r canlynol oedd y sgwrs gyda'r gwerthwr ceir, yr annwyl Norman Roberts o Landderfel.

Tada:	Am faint y gwerthwch chi hwn i mi, Norman?
Norman Roberts:	Mae o ar werth gynnon ni yn y papur am dri chant a phum punt ar hugain. Mae'n gar da, un perchennog, ac mi wnaiff yn iawn i chi, Dafydd Jones.
Tada:	Hm, mymryn yn ddrud ... Mae angen teiar ôl arno, 'ndoes?
Norman Roberts:	Olreit, mi rown ni deiar ôl i chi.

Tada: Wn i be wna i. Mi ro i ddau gant a hanner i chi.

Roeddwn i a Norman yn gegrwth wrth wrando ar fy nhad yn cynnig saith deg pum punt yn is na'r pris gofyn.

Yn y diwedd, prynodd Tada'r car bach am £280, yn cynnwys teiar newydd a thanc yn llawn petrol! Roedd profiad y ffermwr yn bargeinio ar y buarth yn amlwg, ac mae'n anodd gen i gredu fod y garej wedi gwneud fawr, os dim elw ar y Mini bach gwyrdd y diwrnod hwnnw.

Yn ddigon cyfleus, roedd yna ryw chwarter milltir o ffordd breifat i lawr o fuarth Eithinfynydd at ymyl olion chwarel lechi'r Gloddfa, ac roedd y ffordd hon yn gymorth mawr i Tada i ymgyfarwyddo â gyrru'r car. Roedd y ffordd gul yn rhoi'r cyfle iddo rifyrsio, cychwyn ar allt a brecio'n sydyn, a hynny heb neb arall ar y ffordd, bron. Wedi hynny, mentrodd ar hyd yr Hen Ffordd, ffordd y Cyngor Sir, a hynny yng nghwmni aelodau o'r teulu, ffrindiau a chymdogion fel gyrwyr mwy profiadol. Tyfodd yn ei hyder a mentrodd ar y Ffordd Fawr, yr A494, gan yrru i'r Llan ac i'r Bala, unwaith eto, yng nghwmni gyrrwr profiadol.

Serch hynny, methodd Tada i basio'i brawf gyrru y tro cyntaf, na'r ail, na'r trydydd. Ond doedd diffyg hyder ddim yn rhwystr, oherwydd dechreuodd yrru ar ei ben ei hun heb gwmni gyrrwr profiadol! Byddai'n cyrraedd fferm Prys Mawr ac yn rhoi'r car o'r neilltu cyn bwrw ymlaen i'r pentref i wneud ei neges. Roedd David John y Prys yn gyfaill da i Tada, a gwyddai'n iawn beth oedd yn digwydd. Daeth nifer o bobol leol i wybod fod fy nhad yn gyrru heb yrrwr profiadol, a gwaetha'r modd, yn eu plith, roedd y plismon lleol, y Cwnstabl Elwyn Jones.

Un diwrnod braf o wanwyn, daeth Tada allan o'r siop yn y Llan a'i neges lond ei gafflau. Roedd y 'sheriff' lleol, y Cwnstabl Jones, yn sefyll y tu allan i'r siop a dyma Tada'n ei gyfarch yn siriol. Gofynnodd Mr Jones i Tada a oedd o wedi cerdded bob cam o Eithinfynydd i'r siop. Oedd, wrth gwrs, atebodd Tada. Dyn hynaws oedd Elwyn Jones, a dyma fo'n cynnig danfon Tada peth o'r ffordd am adre, gan gymryd un o'r bagiau o'i ddwylo. Cerddodd y ddau yn hamddenol o'r pentref, i fyny'r briffordd o'r Tyrpeg am Ddolgellau. Erbyn hyn roedd Tada'n diolch i'r cymwynaswr o blismon ac yn ei annog i droi am yn ôl i'r pentref. Ond dal i gerdded wnaeth Elwyn Jones, a throi i fyny am fferm Prys Mawr. Ceisiodd Tada ei orau i dynnu sylw Elwyn, ac arwain ei drem tuag at ochr arall y cwm, ac i ffwrdd o'r car! Dyma'r ddau yn gadael buarth Prys Mawr a cherdded yr holl ffordd adre i Eithinfynydd, bron i ddwy filltir i ffwrdd! Ffarweliodd Elwyn Jones yn siriol â Tada cyn troi'n ei ôl am y pentref, ond nid cyn siarsio, 'Efallai y base'n well peidio gyrru'r car i lawr i'r Prys ar eich pen eich hun eto, Dafydd Jones.' Roedd Tada wedi dysgu ei wers.

Pasiodd ei brawf yn fuan wedyn, ond cymaint oedd y sôn am y digwyddiad hwnnw gyda'r cwnstabl, fe gyrhaeddodd y stori fy nghlustiau i ym mhencadlys Heddlu Gogledd Cymru ym Mae Colwyn ddeng mlynedd ar hugain yn ddiweddarach! Ond mwy am y cyfnod hwnnw'n hwyrach ymlaen.

Fel y soniais ynghynt, bu Tada wrthi am flynyddoedd yn hyfforddi cŵn defaid iddo ei hun yn ogystal ag i sawl bugail arall yn y cylch. Cafodd lwyddiant yn nifer o Dreialon Cŵn Defaid yr ardal, ac er iddo roi'r gorau iddi, ag yntau ymhell yn ei chwedegau, daeth awydd ailgydio ynddi.

Roedd ganddo ast ufudd, addawol o'r enw Nel ar y pryd, a phenderfynodd gystadlu yn y sioe gŵn yn Llangywer. Daeth Tada yn ei ôl o'r sioe â chlamp o wên ar ei wyneb. Holodd Mam sut hwyl y cafodd arni, a chwarddodd Tada lond y lle wrth adrodd y stori. Roedd tro Tada wedi dod yn y sioe, ac fe gafwyd dechrau addawol. Aeth Nel fel mellten i fyny'r cae gan godi'r defaid o'r top a dechrau dod â nhw i lawr, gan fynd drwy'r rhwystrau gosod yn iawn. Ond ymhen 'chydig funudau, fe dynnwyd llygaid Nel gan hen feudy ar ymyl y cae. Roedd y beudy hanner canllath o'r fan lle'r oedd y corlannu swyddogol i fod i ddigwydd! Yn groes i gyfarwyddiadau a chwiban Tada, penderfynodd Nel mai i fanno y dylai'r defaid fynd, ac fe'u corlannwyd fel sardîns yn y beudy. Safodd Nel yn falch yn y drws a'i thafod allan yn disgwyl canmoliaeth gan Tada!

Bu farw Tada ar 12 Mehefin, 1986. Cynhaliwyd ei angladd yng Nghapel Peniel yn ei hoff gwm, ond yn ogystal â dwyster a hiraeth, roedd sawl gwên a phwl o chwerthin wrth ddiolch am fywyd Dafydd, y gwerinwr cymwynasgar o Eithinfynydd. Tada.

Pennod 3

Mam

Roedd gwreiddiau fy mam hefyd ym Mhenllyn, ac roedd hanes teulu ei thad, Edward R. Evans, ym mhlwyfi Llanuwchllyn, Llandderfel a thref y Bala ei hun. Ar y llaw arall, ar ochr Elen ei mam, hanai'r teulu o ardal Ardudwy, ac yn arbennig felly o Landecwyn. Clywswn enw'r cartref yn Llandecwyn sawl tro, Pen Bryn y Pwll Du, a rhyw bum mlynedd yn ôl teimlais dynfa i ddod o hyd iddo. Roeddwn i wedi disgwyl dod o hyd i fwthyn, fferm fechan, a thipyn o dir efallai. Ond cefais fwy na mymryn o syndod! Fe âi'r golygfeydd yn fwy trawiadol bob munud wrth i mi ddringo'r camffyrdd cul yn y car am filltir a mwy o ddyffryn Maentwrog. Edrychwn ar fynyddoedd Eryri i'r gogledd, a thros aberoedd y Ddwyryd a'r Glaslyn. Roedd arfordir a thiroedd eang Eifionydd ac ymlaen am Benrhyn Llŷn am y gwelwn i'r de-orllewin. Roedd Pen Bryn y Pwll Du yn dal yno, ond yn dra gwahanol i'r hyn yr oeddwn i wedi ei ddychmygu. Mae'n glamp o dŷ nobl, gydag adeiladau crand yn ei amgylchynu. Wrth ichi gyrraedd mae'r enw Plas Pen Bryn y Pwll Du yn eich croesawu. O'r fan hon, felly, roedd teulu'r Williamsiaid, a'm Nain Cefn Rhos yn eu plith, yn dod. Cefais groeso tywysogaidd gan y gŵr bonheddig, di-Gymraeg a agorodd y drws. Bu'n byw yno ers rhai blynyddoedd, a dangosodd ddiddordeb byw yn y ffaith fod gen i dylwyth yn byw yno rywdro cyn, ac yn ystod y 1800au.

Mae'n debyg i rywun o deulu Pen Bryn y Pwll Du adael

Llandecwyn i fagu teulu ar fferm Caemabseifion yn ardal Llanelltyd ger Dolgellau. Un o ferched y teulu hwnnw oedd Elen, fy nain, a briododd Edward R. Evans a dod i fyw i Gefn Rhos, Llanuwchllyn. Roedd Mam, Annie, yn un o naw o blant i Edward ac Elen, ac yn un o efeilliaid a anwyd ar ŵyl Sant Padrig, 1905. Jennie oedd enw ei hefaill, ac roedd bwthyn Cefn Rhos yn un o dai unnos ar gomin y Garneddwen, rhyw filltir a hanner o Eithinfynydd. Mae'n debyg mai taid Mam, Edward Evans a gododd bwthyn Cefn Rhos yn ôl hen arfer y ddeunawfed ganrif. Roedd hawl codi tŷ ar dir comin, a thaflu bwyell neu gryman mor bell ag oedd yn bosibl o safle'r tŷ arfaethedig. Byddai hynny'n rhoi hawl i bennu ffiniau cyfreithiol y tir a fyddai'n perthyn, yn rhydd-ddaliad, i'r perchennog. Fel y byddai'r haul yn machlud, dechreuid ar y gwaith o roi tywarchen ar dywarchen a charreg ar garreg drwy'r nos i godi bwthyn. Cyn belled a'i fod yn bosibl cynnau tân ar yr aelwyd o'i fewn, ac i fwg ddod ohono erbyn y wawr, chi oedd y perchennog. Caech wedyn, wrth eich pwysau, dacluso ac addasu'r gragen a'i throi'n gartref.

Roedd nifer o dai unnos ar y Garneddwen ym mhen Cwm Penaran, mae'n siŵr, ac mae'r rhan fwyaf ohonynt yn dal yno. Penyffridd oedd yr agosaf at Gefn Rhos i gyfeiriad Llanuwchllyn, a Than y Ffordd a Thyn-y-Cefn i'r cyfeiriad arall. Heb fod nepell hefyd roedd Rhyd-y-drain a Bryn Amlwg.

Ym mwthyn syml Cefn Rhos y magodd Edward ac Elen Evans naw o blant: Robert John, William, Llewelyn ac Edward (Ned), Mary Ellen, Jennie ac Annie (fy mam), John, Ellis Owen yn iau eto.

Roedd blynyddoedd cyntaf eu bywyd priodasol yn gyfnod anodd. Bu farw un o'r plant, Mary Ellen druan, cyn troi'n chwech oed. Yn laslanciau aeth y bechgyn hynaf i weithio yma ac acw yn ardal Penllyn. Fodd bynnag, enillodd Mam ysgoloriaeth i Ysgol Ramadeg y Merched yn y Bala. Roedd hi'n ddisgybl addawol, a chafodd flas ar ei blynyddoedd cyntaf. Mae ei hadroddiadau gen i hyd heddiw. Ond mae ffawd yn beth creulon, ac yn fuan duodd yr awyr uwch Ewrop a'r byd, ac ym 1914 torrodd y Rhyfel Byd Cyntaf. Fel miloedd o fechgyn ar draws Cymru, ymunodd Robert John a Wil â'r Royal Welch Fusiliers yn Wrecsam. Ym 1916 roedd y ddau frawd ifanc o Gefn Rhos yn ymladd yn un o frwydrau mwyaf gwaedlyd ac angheuol y rhyfel, sef y Somme. Mae'n debyg bod y ddau wedi'u hanafu'n ddifrifol ar 12 Gorffennaf, 1916, ac fe aed â'u cyrff drylliedig yn gyntaf i ysbytai'r milwyr, cyn eu cludo dros y Sianel i ysbytai ym Mhrydain. Roedd Wil wedi ei glwyfo'n erchyll, a *shrapnel* wedi mynd drwy'i wyneb, ei gorff a'i goes. Er bod ei fywyd yn y fantol, gweithiodd y llawfeddygon yn Glasgow yn ddiflino, ac ymhen misoedd, daeth drwyddi. Nid felly Robert John. Roedd ei glwyfau yntau'n waeth byth, a bu farw yn Ysbyty Filwrol Ionic Penbedw ar 8 Medi, 1916.

Yncl Robert John Evans, Cefn Rhos, oedd yr unig filwr o'r Rhyfel Mawr y cafodd ei gorff ei ddychwelyd i ardal Llanuwchllyn. Y mae ei fedd a'i chroes fach wen yn y Fynwent Newydd. Yn wir, pan benderfynodd ardal Llanuwchllyn gynnal oedfa i gofio'r Rhyfel Mawr yn 2018, o gylch bedd Yncl Robert John y casglodd pawb. Cawsom fel teulu gyfle gwerthfawr i dalu teyrnged.

Daliodd Mam ati i astudio yn Ysgol Ramadeg y Merched, y Bala. Ond â hithau a'i hefaill, Jennie, yn ddim ond pymtheg mlwydd oed, trodd ei bywyd a'i ben i waered yn llwyr. Trawodd clefyd didostur y dicáu ar aelwyd Cefn Rhos, ac ym 1920, bu farw ei thad, Edward Robert a'i mam, Ellen o'r haint, a hynny o fewn pythefnos yn unig i'w gilydd. Doedd dim dewis gan Mam druan ond gadael yr Ysgol Ramadeg a dod adre i gynnal yr aelwyd. Gofalai am Jennie, nad oedd ei hiechyd yn rhy dda, a'i dau frawd iau, John ac Ellis Owen.

Ymhellach, cafodd Ned, ei thrydydd brawd, ddamwain foto-beic angheuol yn ardal Rhydymain, ag yntau'n ei ugeiniau cynnar. Roedd newydd briodi â Mair o'r ardal honno ychydig cyn y ddamwain. Mam oedd angor a chalon ei theulu mewn cyfnod o brofedigaeth flin, ac yn ddiweddarach profodd yn ganolbwynt yr un mor allweddol a chynnes i'n teulu bach ni. Tipyn o wraig, ac i Tecwyn a minnau, yn fam fendigedig.

Ym 1926 priododd Mam â Dafydd, un o blant Eithinfynydd, fferm cwta filltir a hanner o Gefn Rhos. Ym 1934 ganwyd eu mab cyntaf, Tecwyn, a minnau i ddilyn ddeng mlynedd yn ddiweddarach! Ar wahân i helpu Tada ar y fferm pan oedd galw, yn ogystal â holl orchwylion cadw aelwyd, prif ddiddordeb Mam oedd gweithgarwch Capel Peniel i lawr y ffordd. Yn y capel hwnnw y bu ei thad yn ddiacon uchel ei barch. Yn ôl y sôn, roedd canu crefyddol yn gysur mawr iddo ar hyd ei oes, ac roedd Mam yn dod o'r un mowld. Soniai'n aml fod deuawdau Annie a Jennie Cefn Rhos yn destun canmol ymhlith pobol 'y pethe', oherwydd ansawdd eu lleisiau a'r asio rhwng y ddwy. Roedden nhw'n efeilliaid, wedi'r cwbl!

Yn wahanol i'r rhelyw o'r aelwydydd yn yr ardal yn y cyfnod o gwmpas yr Ail Ryfel Byd, roedd dau beth anarferol ar aelwyd Eithinfynydd. Y cyntaf oedd radio Pye a'i batri 'sych' anferth ar fwrdd bach yng nghornel y gegin. Roedd yn ogystal 'fatri gwlyb' y byddai'n rhaid mynd ag o i'w wefru at Bob Ellis, Glanffrwd yn y pentref bob tair wythnos. Cefais fy magu yn sŵn darllediadau Cymraeg cynnar y BBC, ynghyd â seiniau sawl rhaglen gerddorol Saesneg. Yr ail beth annisgwyl oedd piano yn y gegin fawr. Meistrolodd Mam rai o sgiliau sylfaenol yr offeryn, ond i mi roedd hi'n ddewines oherwydd gallai chwarae emyn pedwar llais o'r *Caniedydd Cynulleidfaol Newydd* wrth ddilyn y sol-ffa! O dro i dro ar nos Sul byddai Einion Edwards, Tyddyn Ronnen, ac ambell gyfaill arall yn galw heibio i Eithinfynydd am sgwrs, paned a chân ar ôl yr oedfa. Rhai o'm hatgofion cynhesaf yw gorwedd yn glyd yn fy ngwely a gwrando ar ganu emynau mewn pedwar llais lawr staer.

Yn y dyddiau hynny roedd sawl cyfle i berfformio o flaen

cynulleidfa. Cynhelid y Cyfarfod Bach bob blwyddyn, rhyw eisteddfod fach yng nghapeli tri chwm Llanuwchllyn a dau gapel y pentref, y Presbyteriaid yng Nglanaber ac Ysgoldy'r Annibynwyr. Pump eisteddfod bob gaeaf felly, ac roedd 'na frwdfrydedd ym Mheniel wrth ffurfio côr a phartïon er mwyn cystadlu.

Ddechrau pob haf hefyd cynhelid Eisteddfod y Llungwyn mewn pabell eang ynghanol pentref Llanuwchllyn. Fe ddenai'r Eisteddfod gystadleuwyr o bell, yn unigolion a chorau, a byddai côr mawr yn cael ei ffurfio yn Llanuwchllyn i gystadlu bob blwyddyn. Roedd eisteddfodau'r 'pedwar Llan' yn ddigwyddiadau arbennig hefyd. Âi'r côr i Landderfel ar Ddydd Gwener y Groglith, i Lanfachreth ym Mehefin, cyn cloi'r gylchdaith flynyddol rai wythnosau wedyn ar lwyfan pabell Eisteddfod Llangwm. Eisteddfod Llangwm yw'r unig un sydd wedi diflannu o'r calendr erbyn hyn.

Byddai Mam wrth ei bodd yn cael bod yn aelod o'r côr ac yn eisteddfota. Roedd teulu Yncl Emrys ac Anti Cathrin, Rhydsarn, yn gymwynaswyr ac yn cludo Mam i ymarferion y côr ac ambell eisteddfod.

Yn ogystal â'r eisteddfodau byddai Mam yn mynychu'n ddi-ffael pob cyfarfod gweddi a phregeth a gynhelid ym Mheniel ar y Sul, ac yn mwynhau pob seiat, cyfeillach ac ymarfer ar gyfer cymanfa ganu a ddigwyddai gyda'r nos yn ystod yr wythnos.

Byddai Mam yn mwynhau coginio, gwau, gwnïo a darllen cyfrolau Cymraeg gan awduron fel Daniel Owen, W. J. Gruffydd, T. Rowland Hughes ac Islwyn Ffowc Ellis. Byddai hefyd yn cael blas ar y rhaglenni radio Cymraeg prin oedd i'w cael ar Welsh Region y BBC, yn ogystal ag ambell gyfres Saesneg fel *Mrs Dale's Diary* hefyd.

Ychydig iawn o amser mewn blwyddyn fyddai Mam yn ei dreulio oddi cartref, ac roedd hi'n hapus ar yr aelwyd. Tada a wnâi'r siopa i gyd, oni bai am ymweliad blynyddol y 'siopa mawr' i Wrecsam!

Pennod 4
Fy mrawd mawr

Fel pob brawd bach, edmygwn bopeth a wnâi Tecwyn; boed adre, yn y capel, neu yn yr Aelwyd. Dysgodd Tecwyn sut i ganu'r piano mewn gwersi wythnosol gyda Miss Greta Williams, Llwynteg, y Pandy. Pan oedd yn ddisgybl yn Ysgol y Bala, Bala Boys Grammar School yn swyddogol, mwynhâi astudio'r Gymraeg a Cherddoriaeth, ac roedd wrth ei fodd gyda gwersi Ysgrythur, Hanes a Mathemateg. Fodd bynnag, gadawodd yr ysgol yn bymtheg oed a dod adre i helpu ar y fferm – rhywbeth a oedd yn groes i'w ddymuniad, mae'n debyg. Yn ôl Tecwyn, byddai wedi bod wrth ei fodd yn cael ymuno â'r heddlu, ond fel yn achos Mam ddeng mlynedd ar hugain a rhagor ynghynt, nid felly oedd hi i fod.

Mae gen i gof o Tecwyn yn dod adre o Ysgol y Bechgyn gyda chylchgrawn, ag ynddo stori am fwnci. Anrheg i mi oedd y cylchgrawn, ac enw'r mwnci oedd Siaco, a'r cylchgrawn, wrth gwrs, oedd *Cymru'r Plant*.

Ei hoffter o bobol ac o gerddoriaeth sydd wedi nodweddu bywyd Tecwyn. Gweithiodd yn ddiflino gyda chryn lwyddiant gydag Aelwyd yr Urdd, Llanuwchllyn, a gyda'r capel. Perfformiai mewn dramâu lleol, yn ogystal â chwarae yn y gôl i'r tîm pêl-droed.

Fel ei dad a'i daid gynt, gwasanaethodd Tecwyn ei gymdeithas yn ddiflino ar hyd ei oes. Treuliodd gyfnod Etholiad

Cyffredinol 1959 yn Drefnydd Plaid Cymru yn etholaeth Meirionnydd. Gwynfor Evans oedd yr ymgeisydd addawol bryd hynny. Methodd y Blaid ag ennill, ond bu'r cyfan yn brofiad i Tecwyn, ac yn rhan o siwrne at ethol aelod o Blaid Cymru dros Feirionnydd yn San Steffan. Bu'n rhaid aros hyd 1974 cyn llwyddiant nodedig Dafydd Ellis-Thomas.

Ers pan oedd o'n ifanc roedd gan Tecwyn lais bariton cyfoethog, a chafodd ei feithrin ymhellach dan hyfforddiant y dewin llais, Ifan Maldwyn Jones, Machynlleth. Daeth Tecwyn yn unawdydd cyngherddau ac eisteddfodau llwyddiannus, ac roedd ymhlith aelodau ieuengaf Côr Godre'r Aran yn y cyfnod cynnar. Ymhen dim, enillodd ar yr unawd bariton o dan 25 yn Eisteddfod Genedlaethol yr Urdd.

Penderfynodd Tecwyn nad oedd am weithio'n llawn amser ar y fferm, ac aeth i weithio ym myd cyflenwi bwydydd anifeiliaid ac offer fferm yng nghanolfan amaethyddol Bro Aran yn Llanuwchllyn. Dysgodd i yrru lorïau trymion a bysys, gan basio'r prawf HGV a PSV i gludo pobol. Daeth wedyn yn yrrwr bysys i gwmni Crosville yn y canolbarth am sawl blwyddyn. Ym 1965 priododd â Maglona Davies o Lanwrin, a setlo yn nhref Machynlleth. Ganwyd iddynt ddau o blant, Ann Powys, sy'n byw â'i theulu yn Nhalgarth, de Powys, ac Eilir sy'n byw yn ardal enedigol ei fam yn Llanwrin yn Nyffryn Dyfi.

Yn fuan wedi iddo setlo ym Machynlleth, aeth Tecwyn ati i atgyfodi côr meibion y diweddar Ifan Maldwyn Jones, ei hen athro llais. Llwyddodd i gynnull ynghyd cwmni da o fechgyn lleol o bob llais canu, ac am y rhan helaethaf o'r deng mlynedd ar hugain wedyn roedd yr enw Côr Meibion Powys yn gyfystyr ag adloniant o safon mewn cannoedd o wyliau a chyngherddau. Aeth sain y côr drwy bob cornel o ganolbarth Cymru a thros y ffin i Loegr. Crëwyd perthynas agos â chorau meibion eraill Cymru gan ymddangos mewn sawl cyngerdd yn yr Albert Hall yn Llundain. Crëwyd perthynas agos â chorau a gwyliau ar y cyfandir hefyd, yn arbennig yn yr Iseldiroedd a thref Hertogenbosch. Teithiwyd yno sawl gwaith, ac ailgyneuwyd y berthynas agos rhwng milwyr o ganolbarth Cymru â chyfeillion yn yr Iseldiroedd a fu dan sawdl y gelyn. Canodd y côr mewn oedfa ddyddiol ym Menin Gate hyd yn oed. Cododd Côr Meibion Powys, gyda Tecwyn yn arweinydd, filoedd ar filoedd o bunnoedd at achosion dyngarol ymhell ac agos. Fe'i anrhydeddwyd yng Ngorsedd Beirdd Powys, ac fe'i enwebwyd i dderbyn anrhydedd MBE i gydnabod ei gyfraniad oes i ddiwylliant cerddorol yng Nghanolbarth Cymru.

Am flynyddoedd bu Tecwyn yn aelod o Gyngor Tref Machynlleth, a bu'n Faer yn ei dro hefyd. Yn rhinwedd y swydd honno roedd ganddo gysylltiad â'r ysgol uwchradd leol, Ysgol Bro Ddyfi gynt, Bro Hyddgen heddiw. Treuliodd flynyddoedd yn bregethwr lleyg drwy ganolbarth Cymru, ac adre ym Machynlleth roedd yn ddiacon ac yn organydd yng Nghapel y Graig.

Rhoddodd datblygiad cyffrous Canolfan Diwylliant y Tabernacl, neu MOMA ym Machynlleth fywyd newydd i Tecwyn. Gwirfoddolodd yn ddiwyd am flynyddoedd i hyrwyddo llwyddiant y fenter y bu'r Capten a Mrs Lambert, Garthgwion a'u timau mor allweddol yn ei chefnogi.

Bûm yn ffodus o gael Tecwyn yn frawd mawr. Roedd yn ddyn caredig, yn llawn hiwmor, ac yn dipyn o gymeriad; yn ddigon tebyg i Tada.

Pennod 5
Dros y cloddiau terfyn

Un o'r pethau oedd yn destun diddordeb a dryswch i Gwyneth fy ngwraig oedd sut y gallwn ddweud fod cymaint o bobol yn arfer 'byw drws nesa', neu yn y 'fferm agosaf inni ers talwm'. I ferch a anwyd yn Lerpwl, cyn i'r teulu ddychwelyd i Gymru, yn naturiol dim ond dau neu dri o 'bobol drws nesa' oedd yn bosibl eu cael! Ond yn raddol, daeth i sylwi fod pethe'n wahanol mewn ardal wledig! Yn Eithinfynydd, pe baech chi'n mynd o gwmpas tir y fferm fel taech chi'n dilyn y cloc, mi ddechreuech efo Maesgwyn i'r gorllewin. Ar draws rhosydd y Rhos Wyllt a Bryn Coch wrth droed y ddwy Foel, deuech at Dyddyn Ronnen, Llwyncadi, yna Hafod yr Haidd. Fymryn i lawr wedyn, deuech at y ddau Ddeildre, Deildre Ucha a Deildre Isa, cyn cyrraedd terfyn fferm Cefn Prys. Yna, rhwng Eithinfynydd â chyfeiriad pentref Llanuwchllyn, mae'r Tŷ Ucha (Llety'r Cripil oedd yr hen enw), a Thyddyn Llywarch y drws nesaf iddo. Roedd Tŷ Mawr, Penaran wedyn hefyd, lle'r oedd Yncl Llew, brawd Mam yn ffermio. Er nad oedd y fferm yn ffinio â ni'n union, roedd yn ddigon agos! Rhydysarn yw'r fferm olaf ond un i'r de ar lan afon Dyfrdwy, ac yna'n cau'r cylch fel petai, mae Hendre Mawr.

Yn Hendre Mawr roedd Mrs Kate yn byw ar ôl symud o'i siop yn y Llan. Bu farw ei gŵr cyntaf, Edward Edwards, yn ganol oed wedi cyfnod o salwch hir. Ailbriododd Kate â Griffith Jones o Dŷ Nant, Cwm Cynllwyd, a daeth y ddau yn ôl i fyw yn ei hen gartref hi. Mrs Jones yr Hendre oedd hi felly. Ganwyd iddynt ferch o'r enw Mai Morris-Jones, merch ddeallus a fu'n fawr ei chyfraniad i'r capel a'r ysgol Sul ym Mheniel. Roedd gan Mrs Jones yr Hendre ferch arall, Mena, a fu'n ffrind i'r teulu drwy'r blynyddoedd. Aeth Mena yn ei blaen i fod yn athrawes ym Mro Ddyfi, a phriodi mab y Felin, Pantperthog, ger Corris.

Roedd gan Kate a Ted fab hefyd, Robert John Edwards, neu Robin Jac i gynifer drwy Gymru a thu hwnt. Yn ei ddydd, roedd Robin yn seren ddisglair ym maes rasio moto-beics. Ym mhedwardegau a phumdegau'r ganrif ddiwethaf, cystadlodd yn llwyddiannus yn erbyn rhai o fawrion y byd ar Ynys Manaw, ac heb os, y fo oedd Elfyn Evans ei ddydd. Deuthum i nabod Robin tuag at ddiwedd ei gyfnod o lwyddiant, ac roedd digonedd o adroddiadau papur newydd am 'y Fellten Goch' o Lanuwchllyn. Bûm fy hun ar y piliwn am ddwy neu dair milltir y tu ôl i Robin un tro. Do, mi ges i fyw!

Pennod 6

Ac yna, fi fy hun

Ni allaf honni fy mod i'n cofio fy ymdrech lew i ddringo allan o'r cot pan nad oeddwn i ond rhyw flwydd oed, ond fe wnes i, a disgyn ar lawr y llofft gan dorri pont fy ysgwydd! Serch hynny, â minnau'n ddwy a hanner yn nechrau 1947, mae gen i frith gof o John Evans, un o'r gweision yn Eithinfynydd, yn fy nghodi i ben silff y ffenestr i weld yr eira trwchus y tu allan. Dwi hefyd yn cofio eistedd efo Mam mewn Cyfarfod Gweddi yng Nghapel Peniel yn bump oed pan ddaeth sŵn moto-beic yn mynd heibio'r capel, gan darfu ar y tawelwch. Er cywilydd mawr i Mam a digrifwch i bawb arall, mae'n debyg i mi gyhoeddi yn reit uchel, 'Robin Jac, myn diaw'!'

Doedd Mam na Tada ddim yn awyddus iawn i'm gweld i'n dechrau'r ysgol ddyddiol; doedd Deddf Addysg 1944 ddim yn poeni llawer ar aelwyd Eithinfynydd! Ond dechreuodd nifer o blant eraill yr un oed â mi holi amdanaf, ac mi ges i ddechrau yn yr ysgol yn syth ar ôl fy mhen-blwydd yn chwech oed. Dwi bron yn siŵr i Tada fynd â fi i lawr efo Poli'r ferlen a'r cert at fferm y Prys Mawr, cyn cerdded ymlaen i Ysgol y Pandy.

Dwi'n cofio dechrau'r ysgol yn 'yr inffans' yng ngofal Miss Olwen Thomas, athrawes ifanc o rywle pell o'r enw Dyffryn Ardudwy! Does gen i ddim cof i mi deimlo'n anhapus am eiliad wedi dechrau yn yr ysgol. Roedd y dyddiau'n llawn, Miss Thomas yn ffeind a'r gwaith yn dod yn weddol hawdd.

Roeddwn i'n un o'r rhai a dreuliodd y lleiaf o amser yn nosbarth y babanod, ac o fewn ychydig, roeddwn yn cael ymuno â gweddill plant 1944 yn y *top class*. On'd oeddwn i wedi dysgu darllen yn yr ysgol Sul efo Anti Cathrin Rhydsarn, yn ogystal ag ar yr aelwyd efo Mam?

Yn y *top class*, Miss Elizabeth James o'r Bala oedd y bòs, ac roedd ei threfn a'i gweledigaeth yn ein cynnal wrth inni wibio drwy'r pynciau. Un munud, byddem yn sgwennu brawddegau yn Gymraeg, a'r munud nesaf, yn dysgu gwnïo! Fe'n cyflwynodd ni i ddarllen cerddoriaeth sol-ffa a hen nodiant, yn ogystal ag agor byd newydd y Saesneg inni. Mewn nodyn bach at fy mam un prynhawn, awgrymodd Miss James y byddai o fudd imi gael cylchgrawn wythnosol i'm helpu i fynd ymhellach efo fy Saesneg. Yn fuan iawn daeth *Sunny Stories*, drwy law Mrs Williams Tegid View a ddosbarthai'r papurau newydd yn lleol, yn ffefryn gen i. Ar yr un pryd, cyflwynodd Miss James fi a'm ffrindiau i *Cymru'r Plant*, cylchgrawn misol gan yr Urdd.

Bob gwanwyn yn ystod fy nghyfnod yn yr ysgol gynradd byddai Miss James yn trefnu ymgyrch gwerthu llyfrau Cymraeg yn yr ardal, a byddem ninnau'n perswadio ein rhieni, ffrindiau a'n cymdogion i brynu llyfr neu ddau.

Flynyddoedd yn ddiweddarach, roedd 'Tîm Miss James' o Ysgol Gynradd O. M. Edwards, Llanuwchllyn yn parhau i ennill y prif wobrau drwy Gymru am nifer y llyfrau Cymraeg a werthid gan ysgol yn Ymgyrch Lyfrau'r Urdd. Mae gan genedlaethau o blant Ysgol y Pandy, ac yna Ysgol O. M. Edwards, y parch mwyaf tuag at Miss James.

Y flwyddyn ganlynol, roeddem y drws nesaf yn nosbarth Mr Evans. Cofiaf sut y bu rhaid i Mr Evans a ninnau ymladd i gadw'r hen stof ddu, lychlyd, i fynd yn ystod dyddiau oer y gaeaf! Fe ddysgom sut i 'sgwennu sownd' gyda'r inc du roedd yn rhaid cymysgu ei bowdwr cyn llenwi potyn bach ar bob desg.

Fe'n dysgwyd ni i wrando ar storïau yn y ddwy iaith, a sgwennu rhai ein hunain hefyd.

Roedd Mr Evans yn dipyn o gymêr y tu allan i'r dosbarth, ac fe hoffai wneud i bobol chwerthin mewn cyngerdd neu noson lawen. Serch hynny, yn yr ysgol, pan fyddai rhai o'r hogiau fymryn yn anystywallt, mi fyddai ffiws yr athro o Abergynolwyn yn fyr, a gallai ei lais ysgwyd prif adeilad Ysgol y Pandy.

Yn nosbarth Mr Evans y cefais fy unig anghydfod erioed efo un o'r hogiau – ond wedi'r achos hwnnw o gwffio a thynnu gwallt, bu Bili Baines a minnau'n ffrindiau da! Dyna pa mor anghyffredin yn fy mhrofiad i oedd tynnu'n groes rhwng plant Ysgol y Pandy.

Dwi'n cofio'n ystod fy nghyfnod ym mlynyddoedd Safon Dau a Thri, i deulu'r Baileys ddod i fyw i Afonfechan, Cwm Cynllwyd. Roedd ganddynt fab uniaith Saesneg, Bill, ac ymunodd â'n dosbarth ni. Un amser cinio roedd golwg bryderus ar wyneb Bill, am nad oedd syniad ganddo beth fyddai rhan nesaf y pryd bwyd. Dyma finnau'n mentro yn fy Saesneg Cwm Peniel, 'I think, Bill, it's *cwstard* and Mary plums!' Fe wnes i fy ngorau.

Ar yr un trywydd, pan oeddwn i'n rhyw saith oed, cyfarfûm ag oedolyn di-Gymraeg am y tro cyntaf; gŵr siriol o'r enw Davies Osmonds a fyddai'n galw heibio i'r buarth unwaith y flwyddyn i werthu stwff i chwistrellu ŵyn bach. Byddai'n cyfarch Tada â'i 'Good Morning' ac roedd ganddo sgwrs Gymraeg gyfyngedig am y tywydd a'r teulu, hen ddigon i gwblhau'r orchwyl flynyddol.

Yn ôl ym myd addysg gynradd canol y pumdegau yn Llanuwchllyn, roedd pethau mawr ar droed! Yn gyntaf, roedd Miss Gwladys Bowen, y brifathrawes, yn ymddeol. Miss Bowen a benodwyd i olynu ei thad, Mr Thomas Bowen, i'r swydd, a gwasanaethodd y ddau yr ardal am flynyddoedd maith. Bu Mr

Bowen yn gyfrifol am yr United School yn Llanuwchllyn o'i hagor ym 1890 hyd at 1914. Cyfeiriai'r 'United' at y ffaith bod y bechgyn a'r merched o hynny ymlaen yn cael eu haddysgu o dan yr unto. Bu ei ferch, Gwladys, yn brifathrawes o 1914 hyd at 1953, a rhyngddynt buont yn gyfrifol am Ysgol y Cyngor yn Llanuwchllyn am drigain a thair o flynyddoedd!

Chafodd fy nho i erioed mo'r cyfle i fynd i 'ddosbarth plant mawr' Miss Bowen felly! Ond nid ei hymadawiad hi oedd yr unig newid mawr i addysg y pentref. Wedi'r Ail Ryfel Byd roedd galw am well cyfleusterau i addysgu plant. Roedd Ysgol y Pandy yn dangos ei hoed, a byddai wedi bod yn anodd iawn i addasu dim ar du mewn yr adeilad. Roedd y gwresogi'n druenus, a sefyllfa'r tai bach y tu allan yn gywilyddus.

O'r herwydd, cytunodd Pwyllgor Addysg Meirionnydd – yn dilyn pwysau gan reolwyr a rhieni'r ysgol – ei bod hi'n hen bryd i Lanuwchllyn gael ysgol gynradd newydd. Felly, erbyn i mi gyrraedd dwy ris olaf Ysgol y Pandy, roedd adeilad yr ysgol newydd yn barod, a fy ffrindiau a minnau'n rhan o'r newid mawr.

Pennod 7

Yr ysgol newydd

Roedd ysgol newydd yn golygu bod addysg gynradd dipyn yn nes i 'nghartref i yn nhopiau Cwm Peniel! Pan fyddai'r tywydd yn arw a'r gwynt o'r Aran yn fain, gallai fod yn hegar. Byddai symud i adeilad ysgol yn y Llan yn braf.

Wedi profi gofal mamol Miss Thomas yn y babanod, y chwedlonol Miss James yn pontio i'r adran iau a Mistyr Evans yn cadw trefn ar bethe ynghanol yr ysgol, roeddwn i a fy ffrindiau wedi cyrraedd dosbarth Mr Owen. Roedd Mr Owen, Ivor bryd hynny, yn dal yn newydd yn Llanuwchllyn. Daeth yn amlwg yn fuan iawn i blant y Llan nad oedd angen ysgol newydd ar Mr Owen i wneud ei waith! Gallasai'r gŵr arbennig, efo'i ddoniau disglair a'i weledigaeth flaengar fod wedi ein hysbrydoli mewn cwt sinc ar ochr y Garth Bach!

Gyda'r pedwar athro ac adeilad newydd sbon, teimlai'r dyfodol yn gynhyrfus iawn, er y byddai hiraeth am Ysgol y Pandy, yn enwedig i'r bechgyn hŷn a fyddai'n gorfod ffarwelio â'r Iard Fawr. Ar yr iard roedd dwy neu dair coeden braff lle bu cyllyll poced y blynyddoedd yn prysur gerfio'r rhisgl. Ar yr iard hwn hefyd y chwaraewyd cymaint o gemau pêl-droed 'rhyngwladol', ac yn y pen pellaf roedd gweithdy bychan y saer a stof gyntefig, encil yr annwyl Mr Tomi Gittins Owens. Byddai'r crefftwr gwlad yn troi'n athro gwaith coed i ni fechgyn am brynhawn cyfan, unwaith yr wythnos.

Roedd diwrnod y symud yn llwydaidd. Tynnwyd llun ohonom cyn gadael, a cherddodd cant ohonom, fwy neu lai, fesul dau, gyda'n llyfrau gwaith yn ein dwylo, i lawr Rhiw'r Gwalia am y Llan. Dwi'n cofio Anti Ethel Jones, Bro Aran a chyfaill iddi yn sefyll ar ganol y ffordd fawr wrth ei chartref yn ein croesawu fel yr oeddem yn mynd drwy giât yr Ysgol Newydd.

Wedi treulio cyhyd yn hen adeilad Ysgol y Pandy, roedd camu i mewn i'r un newydd yn brofiad rhyfeddol. Dim ond yn Ysbyty Gobowen, pan oedd Anti Jennie yn sâl, yr oeddwn i wedi gweld coridor mor hir! Dwi'n cofio hyd heddiw profi gwres canolog am y tro cyntaf. Roedd y toiledau'n lân a golau ac roedd arogl newydd ym mhob un o'r pedair ystafell ddosbarth. Rhyfeddais at y neuadd eang, a'r llawr pren yn sgleinio fel swllt, heb sôn am y llwyfan a'i lenni moethus!

Fodd bynnag, yng nghanol y newydd-deb i gyd, mor braf oedd gweld drws y gegin yn agor ac wynebau siriol, cyfarwydd y ddwy 'Anti', Gwen Rowlands, a Grace Williams a oedd wedi cyrraedd yno o'n blaenau yn barod i'n bwydo.

Roedd yr ysgol yn ferw o ddiwylliant, perfformio a cherddoriaeth. Rwy'n cofio fel ddoe John Hughes y Canu yn dod atom ac yn canu'r piano newydd. Ar achlysur arall daeth grŵp bach o bobl ifanc o'r Almaen i ganu, gyda gitâr yn gyfeiliant. Roedd hwnnw'n offeryn prin iawn yng Nghymru ar y bryd, ond mi syrthiais mewn cariad â'i sŵn ar unwaith! Ymhen rhai misoedd yn unig roeddwn innau ac Arthur, Garth Gwyn oedd newydd ddod i fyw i'r ardal, wedi prynu gitâr! Fe chwaraeon ni'n egnïol, gan ennill, a cholli ambell gariad yn y broses.

Roedd yn fraint bod o dan ddylanwad Mr Owen y prifathro newydd. Roedd yn athro wrth reddf, a chanddo'r ddawn i ysbrydoli. Roedd eistedd o'i flaen ar ddiwedd prynhawn Gwener yn gwrando arno yn darllen nofelau fel *Yr Etifedd Coll* yn bleser pur.

Safodd y criw o'r ysgol newydd y sgolarship ym mis Mai 1956. Paratois i a'm ffrindiau i symud eto, ond bûm mor ffodus i gael y fath gyfoeth o gyfleoedd yn fy mhlentyndod cynnar yn fy nwy ysgol gynradd yn Llanuwchllyn.

Pennod 8
Cofio Owen Bryn Edwards, Tyddyn Ronnen

Roedd Bryn flwyddyn a thipyn yn iau na fi, ac yn byw yn Nhyddyn Ronnen, un o'r deg o ffermydd oedd yn ffinio â ni yn Eithinfynydd. Cynhelid ysgol Sul lewyrchus ym Mheniel, ac ar y boreau Sul hyn y deuthum i adnabod plant Tyddyn Ronnen: Gwawr, Awel, Bryn a Glesni; yn sgwrsio, chwerthin a dysgu wrth draed pobol dda fel Anti Cathrin, Mai'r Hendre, Dodo Pantgwyn, Martin Jones ac Ifan Edwards, Drws Nant. Byddai plant Peniel i gyd, a Bryn a minnau yn eu plith, yn brysur yn ymhél gyda phob parti canu a chôr plant, y *Band of Hope* neu'r tonic sol-ffa, a daeth Bryn a minnau'n dipyn o ffrindiau. Y tu hwnt i furiau'r dosbarth, roedd cyfle i chwarae pêl-droed ar ganol y ffordd fawr y tu allan i'r capel!

Rhwng cyfarfodydd y Suliau, dechreuodd Bryn a minnau dreulio ambell Sadwrn braf yn chwarae, naill ai yn Nhyddyn Ronnen neu yn Eithinfynydd. Roedd anturiaethau i'w cael yn chwarae cuddio neu'n chwarae cowbois, yn chwilio am wyau llyffaint, neu'n dal penbyliaid ac ambell fadfall. Mae gen i gof byw o godi waliau o gerrig a mwd ar gyfer adeiladu tŷ hefyd! Roeddem ein dau'n falch iawn o'n campwaith, yn enwedig pan benderfynwyd darparu dŵr i'r tŷ o lyn cyfagos gyda phibell wedi ei gwneud o hen diwb beic!

Daeth cyfnod cynhyrfus dysgu reidio beics ar rai o gaeau llethrog ein cartrefi, ac fe gâi'r ddau ohonom hwyl yn dringo'r

Foel i hel cnau, llus neu lygaid eirin yn eu tymor. Pan oeddem ni'n hŷn, roedd cyfle i ymuno â'n rhieni yn ngwaith y fferm hefyd, yn cynnwys y seilej, y cynhaeaf gwair traddodiadol a chario'r rhedyn efo'r car llusg.

Mae sawl nos Sadwrn hynod yn aros yn y cof o'm cyfeillgarwch â Bryn pan ddaeth set deledu newydd, nobl i gegin Tyddyn Ronnen. Byddwn yn croesi'r caeau a'r Rhos draw at Bryn i wylio rhaglenni cynhyrfus fel *Quatermass and the Pit* a *The Scarf*.

Chofiaf i ddim inni unwaith ffraeo na phwdu yn y blynyddoedd hynny, ac roedd yn braf hel meddyliau am y cyfnod llawen hwn wrth lunio teyrnged iCed i Bryn ar achlysur trist ei farwolaeth ddisymwth adre yn Nhyddyn Ronnen yn 2018. Diolch am fywyd Bryn Tyddyn Ronnen, am ei waith a'i gyfraniad i'w gymuned, ac am ei gyfeillgarwch gwerthfawr.

Pennod 9
Ysgol Ramadeg y Bala

Roedd pawb oedd â'u penblwyddi cyn y cyntaf o Ebrill yn cael sefyll y sgolarship i fynd am ysgolion y Bala ym 1956, ond cadwyd plant y pum mis dilynol, y rhai a anwyd rhwng y cyntaf o Ebrill a diwedd Awst, hyd y flwyddyn wedyn.

Gan fod fy mhen-blwydd i ym mis Mai roeddwn i bron yn ddeuddeg oed yn cael sefyll y sgolarship am y tro cyntaf. Roedd dechrau yn y Boys Grammar School yn y Bala, ysgol uwchradd heddiw, yn golygu llawer mwy na dim ond mynd i adeilad newydd. Roedd yn rhaid inni deithio yno, ac oddi yno, ar drên, efo'r tocyn tymor yn ein pocedi! Daliem y 'trên mawr' am chwarter wedi wyth bob bore o orsaf fechan y Llys ar waelod Cwm Peniel. Byddai rhyw ddeg ohonom, pawb rhwng un ar ddeg a dwy ar bymtheg oed, yn chwilio am le i eistedd ynghanol teithwyr arferol y bore. Stopiem mewn tair gorsaf cyn cyrraedd y Jyncshiyn ar gyrion y Bala. Deuai'r rhan fwyaf o'm ffrindiau ar y trên yng ngorsaf Llanuwchllyn, un neu ddau yn halt Glanllyn, a'r criw olaf yn halt Llangywer. Wedi cyrraedd Jyncshiyn y Bala, roedd yn rhaid newid trên yn sydyn am fod y trên mawr yn parhau ar ei siwrne i lawr dyffryn afon Dyfrdwy am Riwabon, a ninnau'n mynd yn ein blaenau ar drên llai i orsaf y Bala.

Adeilad Ysgol Ramadeg y Bechgyn ar gwr *green* y Bala oedd yr adeilad cyntaf ar y chwith wedi gadael yr orsaf. Roedd yr adeilad, ac mae'n parhau i fod heddiw, yn un trawiadol, hynafol ei olwg. Mae'r cynllun, gyda'r ffenestri a'u cwareli plwm yn atgoffa rhywun o eglwys. Clywais ddweud i'r rhan hynaf ohono sy'n wynebu Stryd Fawr y Bala gael ei ysbrydoli gan gynllun Coleg yr Iesu, Rhydychen. Gellir yn hawdd gredu hynny, am i'r ysgol wreiddiol gael ei chodi ar y safle ym 1715 fel Tŷ Tan Domen, yn dilyn derbyn arian o ewyllys y clerigwr a'r noddwr addysg cyfoethog, Edmund Meyrick. Yr Edmund Meyrick hwn oedd un o brif noddwyr Coleg yr Iesu, Rhydychen, hefyd. Afraid dweud bod y cyferbyniad rhwng yr adeilad hwn yn y Bala â'r ysgol gynradd newydd yr oeddem ni newydd ei gadael ym mhen arall Llyn Tegid yn syfrdanol!

Yn fy achos i, mi setlais i'r bywyd newydd heb fawr o drafferth. Roeddwn yn ffodus o gael criw o fechgyn Llanuwchllyn o'm cwmpas – Arthur Garth Gwyn, Arwel y Bronnant, Dei Tŷ Mawr, Rhys Bro Aran a Bernard o'r Ffatri Laeth. Bron ar unwaith ymunodd Ian Pen y Bryn a'i ffrind Gerallt Lloyd Owen o'r Sarnau â ni, ac yna'r ddau fachgen o Felin-y-wig, Will Lloyd Davies a Stephen Griffiths. Roeddwn yn ffodus hefyd o gyfeillgarwch Gwyn Frongain ac Iorwerth Ellis Williams o Ryduchaf, a Dei Roj, Cledwyn, Dwyfor Glyn, a Robert Foulkes. Stan Hudson o Dre'r Ddôl, ger Corwen oedd yr unig un mewn dosbarth o ddeugain o gefndir hollol ddi-Gymraeg. Yn fuan iawn daeth Stan yn un o'm ffrindiau agosaf, a chefais yr anrhydedd ymhen blynyddoedd o fod yn was priodas iddo yng Ngharrog.

Roedd dwy dref yn anfon eu plant i Ysgol y Bechgyn bryd hynny; y Bala ei hun, wrth gwrs, a thref Corwen rhyw ddeng milltir i'r dwyrain.

Edrychwn ymlaen bob bore at ddal y trên wrth halt y Llys, a chefais i ddim o'r profiadau diflas a gafodd O. M. Edwards, Coed y Pry, yn yr hen ysgol yn ei ddyddiau o.

Er hynny, dwi'n cofio sylweddoli, er ein bod yn y Bala yn Sir Feirionnydd, bod tipyn go lew o Saesneg o'n cwmpas. I

Form One yr aethon ni, a 'Bala Boys Grammar School' oedd ar glawr pob gweithlyfr. Saesneg oedd prif iaith y gwersi Mathemateg a'r Gwyddorau.

Fodd bynnag, roedd athrawon newydd ar y staff bryd hynny, ac yn eu plith roedd Vernon Jones, athro Daearyddiaeth. A 'daearyddiaeth', nid 'geography' oedd ar gloriau llyfr ei wersi. Roedd yn ddyn annwyl, ac yn fwy na hynny yn Gymro cadarn. Athro Hanes oedd Geraint James wedyn, â chanddo hanes lleol ar flaen ei fysedd. Roedd Tecwyn Ellis yn athro Cymraeg a Cherddoriaeth, a Threfor Edwards yn athro Cymraeg hefyd. Rhwng y pedwar hyn, ynghyd ag Owen Owens (a ddaeth yn Owain Owain), Cymro ifanc, brwd arall a ymunodd â'r ysgol fel athro Cemeg, roedd sawl crac yn ymddangos yn yr hen drefn 'lessons history, lessons geography' y mae Dafydd Iwan wedi'i chrisialu yn ei gân.

Tra gwahanol wedyn oedd Mr Willot, yr athro Clasuron, Mr Lewis English a Mr Nicholas Mathematics. Roedd Mr Willot yn athro cydwybodol, ac roeddwn i'n hoff ohono fo a'i bwnc. Tipyn o syndod oedd cyfarfod Mr Lewis y tu allan i'r ysgol ymhen rhai blynyddoedd, a'i gael yn siarad Cymraeg cystal, a gwell o bosibl, na fi fy hun! Yn yr un modd, roedd sylweddoli bod Mr James Nicholas, y mathemategwr praff, yn Gymro Cymraeg yn dipyn bach o sioc! A pham hynny? Efallai am fod ganddo lais cryf, awdurdodol a wnâi ichi ymsythu mewn ofn. Roedd acen Saesneg Sir Benfro Mr Nicholas yn dra gwahanol i acen Saesneg a glywech gan Gymro o Feirionnydd!

Y Mr Nicholas hwn a ddaeth ymhen blynyddoedd, wrth gwrs, yn Jâms Niclas – Prifardd, Archdderwydd a Chofiadur Gorsedd Beirdd yr Eisteddfod Genedlaethol. Roedd gen i feddwl mawr ohono fel bardd ac fel Arolygydd Ysgolion. Ond mae'n debyg mai fel Cristion, ac fel Cymro cadarn, diflewyn-ar-dafod a'n cefnogodd ni ynghanol ymgyrchoedd iaith Cymru y byddaf yn ei gofio, yn hytrach nag am y ddwy flynedd cyn iddo adael y Bala a dychwelyd i Sir Benfro.

Siaradai Philip Jones Woodwork Gymraeg gyda ni. Gan nad oedd cymaint o nodiadau yn y gwersi gwaith coed, a llai fyth yn y gwersi arlunio, roedd y rhain yn wersi Cymraeg naturiol.

Erbyn yr ail flwyddyn roedd ein dosbarth fymryn y llai, a hynny am fod rhai o'r hogiau wedi cael cyfle i wneud gwaith mwy ymarferol yn y dosbarth a elwid bryd hynny yn Form 3B. Roedd y dosbarth hwnnw'n ynys fach ddiddorol, anghonfensiynol yn yr Ysgol Ramadeg. Roedd yn ddosbarth hapus, a dwi'n cofio bod gardd yr ysgol yng ngofal y bechgyn hŷn, a chaent gyfleoedd gwerthfawr i wneud gwaith coed, gwaith metel ac ati. Gwn i'r dosbarth, dros y blynyddoedd, esgor ar grefftwyr ac adeiladwyr medrus, ffermwyr llwyddiannus, cynghorydd sir, mecanics, awdur, ac o leiaf un Prifardd!

Roedd Eisteddfod yr Ysgol ar Ŵyl Ddewi yn achlysur arbennig. I fi a'm tebyg, roedd y diwrnod yn debycach i'r hyn a gawsom ein magu yn ei ganol yn Llanuwchllyn. Byddai'r ysgol yn cael ei rhannu'n dri thŷ: Aran, Arenig a Berwyn. I dŷ Arenig oedd fy nheyrngarwch i drwy'r blynyddoedd. Bûm yn brysur gyda'r cystadlaethau gwaith cartref, yr adrodd unigol ac roeddwn yn aelod o bartïon amrywiol. Mentrais ar ambell unawd, a dwi'n cofio'r nerfau wrth sefyll o flaen tri chant o ddisgyblion, a'r mwyafrif yn llawer hŷn na fi.

Ac mi gefais lwyddiant yn canu i gyfeiliant fy gitâr. Un o ffefrynnau Bob Roberts Tai'r Felin, 'Mari', oedd y gân. Fe'i canais ddegau o weithiau dros y blynyddoedd.

Erbyn cyrraedd Form Two, roeddem yn fechgyn mawr, ac wedi dewis pynciau penodol i'w hastudio. Ffrangeg aeth â'm bryd i, ac roedd mantais amlwg o ddewis y pwnc arbenig hwnnw. Golygai ein bod yn cael gadael Ysgol Tŷ Tan Domen ddwywaith yr wythnos i ymuno â'r merched yn eu hysgol nhw i lawr y ffordd! Erbyn y drydedd flwyddyn roeddwn wedi cael gafael dda ar elfennau sylfaenol iaith y Ffrancwr dan adain Miss Harvey, ac roeddwn wedi dod i adnabod sawl un o'r merched yn reit dda hefyd!

Daeth y bedwaredd flwyddyn, a rhywdro cyn y Nadolig fe'm galwyd i swyddfa Mr Puw, y prifathro. Roedd o wedi penderfynu cyflwyno fy enw i sefyll arholiad allanol Lefel O mewn tri phwnc, flwyddyn ynghynt na'r arfer! Byddai'n rhaid i mi gwblhau gwaith blwyddyn gyfan o waith mewn tri phwnc, a hynny mewn tymor a hanner! Cytunais i wneud hynny, a thrwy ryw wyrth cefais lwyddiant yn y tri phwnc, Cymraeg, Saesneg a Hanes, flwyddyn yn gynharach na'r disgwyl!

Fel prifathro, Mr Puw fyddai'n llywyddu'r asembli boreol, a hynny yn y capel a'i furiau paneli derw golau. Codwyd y capel i goffáu'r cyn-ddisgyblion a gollodd eu bywydau yn y Rhyfel Mawr. Caem wasanaethau Cymraeg a Saesneg bob yn eilddydd, ac eisteddai'r athrawon oll yn eu gynau duon y tu ôl i'r prifathro, a Mr Ellis wrth ei biano ar flaen y llwyfan. Ar ôl y gwasanaeth wedyn, y tu allan i'r capel, gallai llais Mr Pugh ddiasbedain drwy'r adeilad i gyd. Fyddai neb yn dadlau ag o, yn enwedig os byddai'r wefus isaf yn dod allan fymryn ymhellach na'r un uchaf, neu pan oedd o'n astudio'r *Financial Times* yn ei stydi.

Cafwyd un gwasanaeth boreol arbennig o gofiadwy, pan oeddwn innau yn Form Five. Erbyn hyn, roedd athrylith o athro Saesneg wedi dychwelyd i ardal y Bala. Roedd Mr Maurice James yn gymêr galluog, ac roedd yn ei elfen yn rhannu profiadau bywyd â ni. Wedi'r cyfan, roeddem erbyn hyn ymhlith bechgyn hynaf yr ysgol. Byddai rhai, mae'n siŵr, yn beirniadu'r ffaith ei fod o'n smocio'n amlach nag y dylai, a'i fod yn bur hoff o ddiferyn neu ddau o'r ddiod gadarn! Er hynny, roedd Maurice yn chwip o athro!

Roedd disgwyl i athrawon y Gymraeg a'r Saesneg ofalu bod rhai o'r bechgyn yn helpu yn y gwasanaethau drwy ddarllen emyn neu ddarn o'r Beibl. Roedd hi'n dipyn o sioc, a braint hefyd, pan ofynnodd yr athro Saesneg i mi, un o hogiau Llanuwchllyn, gymryd rhan yn y gwasanaeth Saesneg un wythnos. Cytunais i wneud, wrth gwrs. Gofynnodd Mr James imi ddarllen o Efengyl Ioan, lle mae Iesu Grist yn troi'r dŵr yn win yn y briodas. Yn y cyfieithiad Saesneg arbennig hwn, eglurwyd bod dau neu dri mesur safonol o hylif ymhob llestr. Cwblheais fy nyletswydd yn ddidrafferth ddigon, ac ar ddiwedd y gwasanaeth euthum i lawr y grisiau o'r llwyfan. Yno, roedd Mr James yn aros amdanaf i ddweud gair. Aeth y sgwrs Saesneg rhywbeth yn debyg i hyn:

Mr James:	Thank you very much, Edward. Well done!
Fi:	Thank you, Mr James. Was it alright?
Mr James:	Excellent! Everybody could hear you and understand every word. Maybe, just one piece of advice, if you read those verses again.
Fi:	Yes?
Mr James:	The standard measure of liquid mentioned is a 'firkin'. There would be two, maybe three 'firkins' in each larger vessel. You should always pronounce the word as 'fer-kins'!
Fi:	And what did I say?
Mr James:	'There were three f***ing measures in each one!'

Gellwch gredu imi gochi, ond mi chwarddodd y ddau ohonom ar ben fy anffawd.

Mae'n debyg i Mr James fod o gymorth mawr i mi ar achlysur arall yn yr ysgol. Yng nghanol gwarth boddi Tryweryn, roedd nifer ohonom yn berwi gan ddicter oherwydd yr hyn roedd dinas Lerpwl yn ei wneud i Gapel Celyn. Gallwn i a'm ffrindiau ddeall yn iawn pam yr aeth Emyr Llewelyn, John

Albert Jones ac Owain Williams ati i weithredu'n uniongyrchol drwy osod bom i achosi difrod i offer trosglwyddo trydan ar safle adeiladu'r argae. Cafodd y tri eu dal a'u herlyn, a daeth yr hachos i'r llys o dan y cloc yn y Bala. Cynhaliwyd y gwrandawiadau yn ystod diwrnodau ysgol, a chan ein bod yn awyddus i ddangos ein cefnogaeth, gadawsom yr ysgol heb ganiatâd a'i hanelu hi am y llys yn ystod yr awr ginio. Cofiaf i Wil Lloyd Davies, Gerallt Lloyd Owen, Arthur Morus a minnau gael mynd i mewn ac eistedd yn y gynulleidfa. Buom yno am awr neu fwy cyn meddwl y byddai'n well inni ei throi hi'n ôl am yr ysgol. Pan oedd y criw'n agosáu at yr adeiladau, fe sylweddolom fod Mr Pugh o gwmpas. Mae'n siŵr y clywsom ei lais yn galw ar rywun, a gwyddem y byddai'n o arw arnom pe caem ein dal yn dod o'r dre ganol y prynhawn.

Gwaetha'r modd, cafodd y lleill eu dal, a bu tipyn o helynt. Ond mae Wil yn grediniol i Maurice James achub fy nghroen i wrth fy llusgo i mewn drwy ddrws agored ei ddosbarth! Wrth edrych ar y sticer 'Cofiwch Dryweryn' ar ben ôl fy nghar heddiw, mae mwy nag un ystyr iddo.

Fel oedd yn wir am Lanuwchllyn, cawsom gyfleoedd gwerthfawr yn yr Ysgol Ramadeg i ymddangos ar lwyfan o flaen ein cyd-ddisgyblion. Yn arbennig felly'r cyfle i berfformio yn y ddrama Saesneg *The Stolen Prince*, wedi'i gynhyrchu gan Mr Lewis, yr athro Saesneg. Dwi'n cofio'r wefr a deimlais ein bod ni, yn Gymry Cymraeg i gyd ar wahân i un, wedi gallu cyflwyno'r stori wahanol honno drwy'r Saesneg, a hynny'n gredadwy iawn, mae'n debyg. Flynyddoedd lawer wedyn cofiaf ddangos y sgript i Gwyneth fy ngwraig a oedd yn athrawes Gymraeg a Drama. Hoffodd y stori, o Tsieina yn wreiddiol, ac fe'i cyfieithodd i'r Gymraeg. Cydiodd y ddrama yn nychymyg to o actorion ifanc yn Ysgol Syr Thomas Jones, Amlwch, ac enillodd Gwyneth a'r *Tywysog Bach* un o gystadlaethau cenedlaethol yr Urdd am lwyfannu'r ddrama!

Bydd amryw o'm cyd-ddisgyblion o'r cyfnod yn siŵr o wenu pan y soniaf am ymweliadau achlysurol act gerddorol y Bangor Trio â'r Bala. Fe aem i lwyfan Ysgoldy Capel Tegid i'w gwylio, ac roedd rhywbeth yn gartwnaidd am y perfformiad. Dwi'n dal i deimlo braidd yn euog hyd heddiw ein bod ni fechgyn yn cael pwl o chwerthin wrth edrych ar ein gilydd yn ystod y perfformiadau.

Gŵr gweddol ifanc oedd ar y ffidil, Mr Eric Morris – tipyn o giamstar a thestun edmygedd i nifer ohonom. Yr ail roedd Mr Frank Thomas, pianydd medrus canol-oed-a-mwy. Mae'n debyg bod ei wyneb, wrth ganolbwyntio mor ddifrifol ar y chwarae, yn rhannol i gyfri ein bod wedi methu peidio â chwerthin ar adegau. Rhwng y ddau roedd gwraig a'i gwallt melyn hir wedi'i dynnu'n ôl yn dynn. Miss Ballantyne oedd hon, ac fe chwaraeai'r soddgrwth, neu'r cello. I griw o hogiau anystywallt o'r wlad, roedd gweld merch mewn ffrog ag ystum arbennig, yn chwarae soddgrwth mawr rhwng ei phengliniau yn ddiddorol a dweud y lleiaf!

Ond i fod o ddifri am eiliad, roeddwn i wrth fy modd â phob darn gan y tri. A dweud y gwir, dwi'n meddwl mai yn ystod ymweliadau'r Bangor Trio y dechreuodd fy niddordeb go iawn mewn cerddoriaeth offerynnol, glasurol ddechrau tyfu.

A beth arall sydd i'w ddweud am flynyddoedd Ysgol Tŷ Tan Domen wedyn? Dylid sôn, mae'n siŵr, am ddyddiau rhewllyd 'y chwaraeon tai' yng nghanol y gaeaf! Byddai'r caeau pêl-droed fel concrit, a'r barrug yn drwch, ac er fod pawb yn fferru, roedd yn rhaid dal ati 'er mwyn y tŷ'!

Welais i erioed bêl rygbi yn y Bala yn ystod y blynyddoedd hynny. Y tro cyntaf i mi gyffwrdd ag un erioed oedd yng Ngwersyll yr Urdd, Llangrannog, pan oeddwn i'n tua deuddeg oed. Fodd bynnag, roedd 'na gemau pêl-droed o safon yn cael eu chwarae yn y Bala yn y gaeaf, a chriced yn yr haf. Byddai pawb yn cael cyfle i redeg ras draws gwlad unwaith y flwyddyn, ac fe ddes i'n drydydd neu'n bedwerydd parchus o griw o tua hanner cant o redwyr mewn ras ym mlynyddoedd olaf yr ysgol. Roeddwn i'n cael hen ddigon o ymarfer yn rhedeg i ddal y bws boreol oherwydd, erbyn hynny, roedd y rheilffyrdd lleol wedi cau.

Yn ein blwyddyn ysgol ni, mae cyflymder eithriadol John Brei dros y canllath yn aros yn y cof. Roedd o fel sgwarnog! Roedd Meical Green o Gorwen wedyn yn beryglus yn y naid hir a'r naid uchel. Yn hŷn wedyn roedd enw David Phillips, Dei Phil o'r Bala, yn chwedl. Roedd yn dal sawl record am flynyddoedd am redeg y pellterau canol. Roedd hefyd yn chwaraewr pêl-droed penigamp, a daeth yn y man yn gapten tîm pêl-droed Prifysgolion Prydain.

Daeth hi'n bryd inni symud yn ein blaenau o Ysgol Bechgyn y Bala yn haf 1963, a dim ond am ryw flwyddyn arall y bu'r hen le ar agor cyn i'r bechgyn a'r merched ddod o dan yr unto yn adeilad newydd Ysgol y Berwyn. Diflannodd Ysgol y Berwyn hithau bellach hefyd, ac mae addysg holl blant ac ieuenctid ardal y Bala sydd rhwng pump a deunaw oed ar un safle. Dyma Ysgol Godre'r Berwyn heddiw. I mi, buont yn ddyddiau da. Dyddiau da iawn.

Pennod 10

Dyddiau Farmers Marts

Ym 1961 roedd y rhan fwyaf o'm ffrindiau o'r Ysgol Ramadeg yn treulio gwyliau'r haf yn helpu ar y ffermydd, yn gweithio mewn siopau, yn chwynnu i'r Comisiwn Coedwigaeth, neu'n cael hwyl yn yr hufenfa yn Rhydymain.

Hwyrach am fy mod i'n mwynhau Mathemateg yn yr ysgol, ac yn weddol dda am wneud syms yn sydyn yn fy mhen, daeth y cyfle i mi fynd yn glerc i'r Farmers Marts (R. G. Jones gynt) yn Nolgellau. Roedd y cyfle i ennill fy chwephunt yr wythnos yn gweithio gyda chwmni difyr mewn swyddfa a mynd allan i blith pobol cefn gwlad mewn sêls yn ddeniadol. Roedd y bòs, Mr Tom Jones, wedi trefnu bod gan y prentis distadl lifft o Lanuwchllyn i Ddolgellau bob bore gan y nifer o ysgrifenyddesau oedd yn gweithio yn swyddfeydd Cyngor Sir Feirionnydd. 'Ac mi gei di roi ryw saith a chwech iddyn nhw bob wythnos am y reid,' oedd ei awgrym doeth. Roedd o'n fyd newydd, difyr, a datblygodd yn dipyn o goleg bywyd i hogyn gweddol swil o'r wlad. A gyda'r Farmers Marts y treuliais i'r chwe haf dilynol.

Mae'r gweithlu, y cymeriadau diddorol a galluog yr oeddwn yn eu cwmni bob dydd, wedi aros yn y cof. Dafydd Roberts, Dinas Mawddwy oedd fy mhennaeth i wrth i mi ddysgu sut i gadw llyfrau, talu gwerthwyr, ysgrifennu a rhestru sieciau, a balansio seli ac ati. Roedd yn rhaid cyfrifo i'r geiniog, mewn pownds neu shilings an' pens, a hynny heb help cyfrifiannell. Ta waeth, gallai Dafydd gyfri pres yn gyflymach na'r un teclyn, a gwneud hynny wrth iddo gyfansoddi englyn neu osodiad cerdd dant!

Roedd Peter Elfyn Watkin, Dolgellau, yn arwerthwr wrth reddf wedyn, ac roedd wedi gweithio i hen Gwmni R. G. Jones, cyn bod sôn am Farmers Marts. Roedd y bonheddwr wedi gwneud argraff arnaf ers blynyddoedd, ers ei wylio a gwrando arno'n gweithio mewn seli ffermydd. Roedd yn chwim ei dafod a'i feddwl, ac yn enwog am wneud ei orau glas dros y gwerthwr oedd yn dibynnu ar gael pris da yn y farchnad ar adegau caletach.

Roedd gwaith y sêl yn cyrraedd y safon uchaf, a doedd gan Brynle Jones, Dolgellau – peiriant o weithiwr a pherffeithydd – ddim amynedd ag unrhyw un nad oedd yn cyrraedd ei safonau o. Roedd cyfle am hamdden hefyd, cofiwch, a byddai Brynle'n mwynhau sgwrs efo ffrindiau yn y Cross Keys wedi diwrnod o waith. Byddai Bryn wrth ei fodd pe gwyddai mai Barry, ei fab, sy'n gwneud hen swydd ei dad heddiw.

Ces innau droi fy llaw at waith ocsiwnïar, yn gwerthu lloi bach ac ambell ddodrefnyn, a hynny'n brentis i Elwyn Williams, Dolgellau, rheolwr y mart wedi iddo olynu Tom Jones. Roedd brawd Elwyn, Ieuan Williams, yn byw yn ardal ei deulu yng Ngellilydan. Bu'n Ysgrifennydd Cofnodion y Cwmni, ond bu farw'n llawer iawn rhy ifanc.

Awel Edwards, Llanuwchllyn, oedd unig ferch y gweithlu bryd hynny, a daeth o'r coleg yn Lerpwl â'i doniau llaw fer. Doedd *dictaphone* ddim yn bodoli bryd hynny! Roedd Awel a minnau yn ffrindiau ysgol, ac roedd ei gwreiddiau yn y fferm agosaf atom, Tyddyn Ronnen. Cyfrannodd Awel a'i theulu gymaint i'r pethe yn y fro drwy'r blynyddoedd, ac mae'n parhau i wneud hynny heddiw.

'Fi di'r Mart Superintendent' oedd sylw cellweirus cyson

Edward (Ned) Williams, rheolwr y mart. Luned, gwraig Ned oedd rheolwr caffi'r mart yn Nolgellau ar ddyddiau sêl hefyd. Dau fòs ar un aelwyd!

Fel prentis, roedd yn rhaid imi ddysgu ateb y ffôn yn gwrtais, i drafod gyda darpar brynwr, gwerthwr tŷ, adran gynllunio'r Cyngor Sir, adran amaeth y Llywodraeth neu gyda ffermwr di-amynedd. Gallai trafod yn broffesiynol pan fyddai panig a phrysurdeb y swyddfa yn eich llethu fod yn heriol, ond bu'n ddisgyblaeth werthfawr i mi yn nes ymlaen yn fy mywyd. Felly hefyd clercio ar y planciau uwchben y corlannau defaid. Roedd y llwybrau'n gul a llithrig, y tudalennau cofnodi yn wlyb, a'ch dwylo'n oer. Roedd 'lotio', sef rhestru cynnwys tŷ cyfan, ar fy mhen fy hun yn brofiad newydd hefyd, a gorfu imi fynd i dŷ galar lle'r oedd y perchennog wedi mynd i ysbyty a phopeth wedi ei adael yn ei le.

Ond er gwaetha'r elfen brudd achlysurol, roedd digon o chwerthin i'w gael, hyd yn oed os oeddwn i'n colli'r *toss*, ac yn gorfod talu am baned canol bore i bawb!

Unwaith, oherwydd prinder staff, roedd yn rhaid i mi drefnu arwerthiant mawr a fyddai'n para deuddydd neu dri. Trefnais ugeiniau o lotiau o gwmni peirianneg sifil lleol oedd wedi mynd yn fethdalwyr. Ymhlith y lotiau roedd *steam rollers*, lorïau, siediau, tractors, craeniau a mwy! Roedd y sêl yn llwyddiant, ond ar ôl y gwerthu darganfuwyd fy mod i, rhywsut, wedi llwyddo i golli *steam roller* anferth yn rhywle! Yr hyn ddigwyddodd mewn gwirionedd oedd bod rhywun wedi prynu dwy *steam roller* ond bod y sawl oedd yn clercio ar y dydd (nid fi!) heb sylweddoli bod angen cofnodi'r taliad ddwywaith!

Gallwn lenwi silff lyfrau gyda straeon o dynnu coes y brif swyddfa yn y dyddiau hynny. Soniwyd unwaith am darw mawr a tharw ifanc ar dop y cae yn edrych ar ugain o heffrod yn pori ar waelod y cae. Dywedodd y tarw ifanc yn llawn cynnwrf wrth y tarw mawr: 'Mŵ! Gad i ni redeg i lawr y cae at yr heffrod acw, ac mi gawn ni un bob un!' Wedi ysbaid, dyma'r tarw mawr yn ateb y tarw iau: 'Na! Mi nawn ni *gerdded* i lawr, ac mi gawn ni nhw i gyd!'

Yn 2014, cefais y fraint o olygu cyfrol a gomisiynwyd gan Farmers Marts yn olrhain hanes trigain mlynedd cyntaf y cwmni, o 1953–54 ymlaen. Mae *Gwybod Gwerth Cydweithio* yn gofnod diddorol o hanes un o sefydliadau busnes cydweithredol mwyaf llwyddiannus Cymru erioed.

Pennod 11

Gwersyll yr Urdd, Glan-llyn

Â minnau yn byw yn Llanuwchllyn ac yn edrych i lawr ar Lyn Tegid o'm cartref, roedd enw Syr Ifan ab Owen Edwards a'i fudiad, Urdd Gobaith Cymru, yn gyfarwydd iawn i fi a'm ffrindiau. Deuthum yn aelod o Adran yr Urdd yn Llanuwchllyn, gan ddechrau cyfnod hir o gysylltiad ag eisteddfodau'r mudiad. Daeth cyfle yn fy arddegau i fod yn aelod o'r Aelwyd yn y pentref wedyn, a chyfle i gystadlu, yn unigol mewn chwaraeon a gyda ffrindiau mewn partïon llefaru a cherdd dant, cyn graddio i gôr yr Aelwyd. Wrth inni brofi llwyddiant a chyrraedd llwyfan Eisteddfod Genedlaethol yr Urdd, dechreuais ddod i adnabod Cymru a chyd-ieuenctid ymhell y tu hwnt i Lanuwchllyn.

Ar y pryd roeddwn i ac Arthur Morus, ffrind agos yn y blynyddoedd hynny, wedi bwrw ati o ddifri i ddysgu chwarae'r gitâr! Byddem yn ymarfer darnau offerynnol y cyfnod, yn ffurfio grŵp neu barti canu ysgafn. Byddai'r Aelwyd yn cynnig cyfle gwerthfawr inni berfformio, yn y Llan i ddechrau, cyn y deuai gwahoddiadau i fentro i ardaloedd cyfagos. Byddai un o frodyr hŷn Arthur yn taro arnom o dro i dro, ac yn dangos tipyn o ddiddordeb yn ein gitârs a'r sŵn newydd hwn. A phwy oedd y brawd hŷn arbennig hwnnw, tybed? Wel, neb llai na Dafydd Iwan ei hun! Mae'n gysur i mi ac Arthur wybod na fu ein hymarfer cyson ar y gitârs yng Ngarth Gwyn, tua thrigain mlynedd yn ôl, yn wastraff!

Â minnau dros un ar bymtheg oed, daeth cyfle i ymweld â chanolfan gampus i aelodau'r Urdd ar garreg ein haelwyd yng Nglan-llyn! Roedd pobl ifanc yn tyrru yno o bob cwr o Gymru bob wythnos, ond gallwch faddau imi feddwl bryd hynny fod Glan-llyn fymryn yn rhy agos i Lanuwchllyn i mi fynd yno ar fy ngwyliau!

Brawd ieuengaf fy nhad, Mr ap Morris Jones o Lanuwchllyn, fu'n gyfrifol i raddau helaeth am addasu'r hen blasty bychan a gwireddu breuddwyd Syr Ifan o'i droi o fod yn gartref hela i gyfeillion y meistr tir, Syr Watcyn Williams Wynn, i ddod yn ganolfan lle deuai ieuenctid Cymru i fyw yn sŵn y Gymraeg am wythnos. Nid dyna'r unig gysylltiad teuluol. Rai blynyddoedd cyn i mi ddechrau ymweld â Glan-llyn, roedd Tecwyn fy mrawd yn Drefnydd yr Urdd ym Meirionnydd, ac yn swyddog yng Nglan-llyn yn yr haf.

Yn y coleg cyfarfûm â sawl ffrind agos a fyddai'n treulio amser yng Nglan-llyn, yn cynnwys Celt o Benrhyndeudraeth. Dyma benderfynu felly, o flwyddyn olaf y coleg ymlaen, y byddwn innau yn neilltuo wythnos neu ddwy bob haf i'w treulio yn y gwersyll. Cawsai'r gwersyllwyr a'r swogs ofal da gan benaethiaid yn ystod wythnosau'r haf, yn cynnwys John Eric Williams, Pwllheli heddiw. Yn bersonol, dysgais lawer oddi wrth ei agwedd dawel ond cadarn wrth ymdrin â phroblemau pobol o bob oed, a doedd rhyfedd i John Eric yn y man ddod yn Gyfarwyddwr llwyddiannus i'r mudiad yn genedlaethol.

Rhaid peidio ag anghofio'r cyfnod yr oeddem ni'r to iau yn byw ynddo ar y pryd. Y tu hwnt i Gymru, roedd llais y genhedlaeth ifanc i'w glywed yn uchel yn America yn protestio'n erbyn y rhyfel yn Fietnam. Ar draws y byd roedd annhegwch rhemp sefyllfa pobol ddu yn berwi'r gwaed. Roedd ymysgwyd yn erbyn y grymoedd Sofietaidd yn nwyrain Ewrop, ac fe deimlai pobol ifanc Cymru eu bod yn rhan o'r deffroad. Roeddem yn gandryll am warth boddi Cwm Celyn a oedd o fewn tafliad carreg i Lan-llyn. Roeddem yn deffro i rybudd darlith radio Saunders Lewis, 'Tynged yr Iaith' ym 1962, a sefydlu Cymdeithas yr Iaith Gymraeg a ddigwyddodd o'i herwydd. Roedd yn gyfnod o ymgyrchu am hawliau'r Gymraeg, gyda brwydr teulu'r Beasleys yn y de a Geraint 'Twm' Jones yn Arfon ac eraill, yn arwydd y byddai'n rhaid aberthu drosti. Nid oes amheuaeth fod y deffroad cenedlaethol hwn, ac ethol Gwynfor Evans yng Nghaerfyrddin ym 1966, yn dylanwadu'n sylweddol ar fywyd pobol ifanc Glan-llyn yn y cyfnod, yn ogystal ag ar y caneuon cyfoes.

Roedd sŵn gitâr yn dod yn fwy cyffredin mewn sesiynau cymdeithasol yng Nglan-llyn, ac mae'n debyg fod unrhyw un a oedd yn chwarae'r offeryn yn cael ei ystyried fymryn yn cŵl! Chwaraeem rai o alawon caneuon pop y cyfnod, o'r gwledydd hyn ac o America, gan eu haddasu a'u cyfieithu. Mae caneuon fel 'Ji Ceffyl Bach' a 'Bryniau Bro Afallon' gan Dafydd Iwan yn dod i'r cof, ac erbyn hyn roedd Dafydd yn fyfyriwr yng Nghaerdydd ac yn perfformio ar deledu annibynnol yn aml. Roedd Dafydd yn ymwelydd cyson â Glan-llyn ac roedd ei frawd hŷn, y diweddar Huw Ceredig, wedi tyfu'n rhan o sefydliad y gwersyll! Fo oedd yn gyfrifol am osod holl lampau paraffin y lle. Ystyriwch nad oedd trydan yng Nglan-llyn hyd ganol y chwedegau!

Gydag Arthur wedi gadael Cymru i ddilyn cwrs Celfyddyd, daeth ei frawd Dafydd a minnau at ein gilydd i wneud ambell gyngerdd. Roeddem yn asio'n dda, a dyna ryddhau record, un gyntaf Dafydd, 'Wrth Feddwl am fy Nghymru' ym 1966, ac un arall, 'Mae'n Wlad i Mi' yn ymddangos ym mhen dim ar ei hôl! Tyfodd y rhestr dros y blynyddoedd gyda hen ffefrynnau fel 'Fe Orchfygwn Ni', ac 'Elen, O Elen', yn ogystal ag alaw 'He's Got the Whole World in His Hands' yn enwi holl aelodau tîm rygbi Cymru yn y cyfnod! Jasiwyd emynau hefyd, ac arbrofwyd yn gyson.

Mae ambell noson o adloniant yn glynu yn y cof o'r cyfnod hwn. Dwi'n cofio Hywel Gwynfryn, yn ddarlledwr ifanc, dawnus, yn cyflwyno ei gân roc 'Y Fo!' yng Nglan-llyn, gyda phawb yn ei morio hi. Daeth merch ysgol benfelen, dlos o Gaerdydd a oedd ar gwrs dysgu Cymraeg i'n swyno hefyd, ac mae Heather Jones yn un o'n cantorion mwyaf adnabyddus erbyn hyn, wrth gwrs.

Gallai Huw Jones, yntau hefyd o Gaerdydd, drin gitâr yn egnïol yn ogystal â chyfansoddi geiriau praff, a bydd ei gân 'Dŵr' ynghlwm â hanes Tryweryn am byth. Yng Nglan-llyn y daeth Huw i sylw Cymru'n ehangach. Roedd grŵp roc cyntaf y Gymraeg, y Blew, yn llwyddiant wedi Eisteddfod Genedlaethol y Bala nid nepell o Lan-llyn hefyd, a chanddynt cawsom ddeunydd dawnsio Cymraeg newydd, yn ychwanegiad at 'Ti yw'r unig un i mi', Helen Wyn (Tammy Jones wedyn), a Hebogiaid y Nos oedd wedi cyfeilio dawns Glan-llyn ers sawl blwyddyn!

Roedd y cyd-ganu yng Nglan-llyn yn werth ei gofnodi, ac felly gofynnwyd imi gasglu deunydd ar gyfer record hir, neu LP o ganeuon i Qualiton Records. Gofynnais i ffrindiau ar draws Cymru, rhai a fyddai'n mwynhau canu ysgafn, i ymuno â ni am ddiwrnod llawn o recordio. Cytunodd pawb, a daeth dros gant o gantorion a chyfeilyddion ynghyd, yn cynnwys John Garnon o Aelwyd yr Urdd, Aberystwyth yn arwain, y canwr gwerin Parch. Elfed Lewis o Faldwyn, yr anghymharol Olwen Lewis o Fôn ar y piano, fy nghyfaill Robin James Jones, Dolwyddelan yn trin telyn fel petai hi'n rhan ohono, a Dafydd Idris a minnau ar y gitâr. Mae copïau o *Caneuon Gwersyll Glan-llyn* o 1968 yn dal o gwmpas heddiw.

Daeth y chwedegau â chyfnod yr ymgyrch arwyddion ffyrdd a jamborî frenhinol Caernarfon ym 1969, wrth gwrs. Esgorodd y digwyddiad penodol hwnnw ar glasuron fel 'Croeso Chwe Deg Nain', 'Carlo' ac 'O dyna le fydd yn y dre!'

Yn y cyfnod hwn roedd gan y BBC yng Nghymru gyfres radio arbennig i roi llwyfan i berfformwyr newydd yn y Gymraeg, sef *Sêr y Siroedd*. Roedd pwyslais ar annog pobl ifanc, a phenderfynodd fy ffrind agos Arthur Morus a minnau, dan anogaeth y diweddar Arthur D. Jones, ffurfio grŵp o fechgyn o Aelwyd yr Urdd Llanuwchllyn i gymryd rhan yn y gyfres. Na, doedden ni ddim yn Hogia Bryngwran nac yn Hogia Llandegai, dau o grwpiau canu cyfoes amlycaf y cyfnod hwnnw, ond cawsom beth llwyddiant yn y rownd gyntaf yn Sir Feirionnydd, a daeth ambell wahoddiad i ganu mewn nosweithiau llawen lleol.

Rai blynyddoedd yn ddiweddarach, dwi'n cofio Gwyn Williams, cynhyrchydd y rhaglen, yn sôn cymaint o dalcen caled oedd dod o hyd i gyfranwyr ar gyfer y rhaglen yn ne Cymru, yn arbennig felly yn y de-ddwyrain. Fodd bynnag, o'r de-ddwyrain, ac yn benodol o bentref glofaol Ynys-y-bwl y daeth un o syrpreisys mwyaf y gyfres. Roedd rhywbeth ffres a gwahanol yn sŵn Parti Sgiffl Aelwyd Ynys-y-bwl.

Boneddiges siriol o'r enw Mrs Sali Owens ddaeth â'r saith merch ysgol at ei gilydd yn Aelwyd yr Urdd y pentref. Roedd hi'n arian byw o ddynes, ac roedd hithau a'i gŵr, yn ei geiriau hi, yn 'whilia'r Gwmrâg'! Cofiwch nad oedd hi bryd hynny, yn niwedd y pumdegau a dechrau'r chwedegau, yn ffasiynol i fyw drwy'r Gymraeg yng nghymoedd y de. Roedd y capeli yn gwarchod y Gymraeg yn ddewr, ond cyn dyddiau'r Ysgol Uwchradd Gymraeg yn Rhydyfelin, Pontypridd, roedd y frwydr yn un anodd. Mae'n debyg mai Parti Sgiffl Aelwyd Ynys-y-bwl oedd y *girl band* cyntaf yng Nghymru yn Gymraeg, os nad yn Saesneg hefyd! Wedi iddynt brofi llwyddiant yn *Sêr y Siroedd* yn Sir Forgannwg, roedd y merched, i gyd tua phymtheg oed, yn dipyn o ryfeddod i lawer, yn enwedig i rai o hogiau Aelwyd yr Urdd, Llanuwchllyn! Ond digwydd bod, pwy gyfarfu Arthur a minnau un min nos yn Eisteddfod Genedlaethol yr Urdd

Dolgellau, 1960, yn fuan ar ôl *Sêr y Siroedd*, oedd Caryl, Margaret ac Eiri, aelodau'r grŵp. Roeddent i fyny yn cystadlu gyda chôr merched Ysgol Ramadeg y Merched Pontypridd.

Dim ond un ohonynt, Caryl, oedd yn siarad Cymraeg gartref, ond wedi hyn bu'r saith yn canu ar sawl rhaglen radio a theledu, yn cynnwys *All your Own* ar rwydwaith teledu'r BBC, rhaglen a gyflwynid gan y gŵr a ddaeth yn ddiweddarach yn 'Syr' Huw Wheldon. Roedd criw Ynys-y-bwl wedi cyrraedd yr uchelfannau.

Ta waeth, ychydig a feddyliais y byddwn, dair blynedd ar ôl Eisteddfod yr Urdd Dolgellau, yn cyfarfod â Caryl a Margaret eto. Roedd y ddwy am fod yn athrawon, ac yn cychwyn fel myfyrwyr yng Ngholeg y Normal, Bangor ar yr un diwrnod â mi. Bron ar unwaith datblygodd awydd cryf i ddod at ein gilydd i ganu, a dyna a fu! Mentrwyd ar ddwy neu dair o ganeuon i'w cyflwyno mewn rhyw ddigwyddiad cymdeithasol neu'i gilydd, ac fe'n galwyd ni'n Driawd y Normal gan sawl un. Cawsom ein gwahodd i bob math o ddigwyddiadau ac, wrth gwrs, roedd yn rhaid bod yn rhan o griw Noson Lawen y coleg a âi i berfformio i gymdeithasau amrywiol yng ngogledd hen Sir Gaernarfon a de Sir Fôn. Bu cyfnod y triawd, o ddiwedd 1963 hyd gyfnod gadael y Normal ar ddechrau haf 1966, yn un difyr iawn i Caryl, Margaret a minnau.

Roedd Caryl a Margaret yn gwrando ar lawer o ganu gwlad a chanu gwerin America yn y cyfnod. Byddai Caryl yn canu rhai o unawdau Joan Baez yn gampus, ac fe'n cyflwynodd i enwau fel Bob Dylan a Pete Seeger hefyd. Margaret ddaeth â chân yr ymgyrchydd hawliau dewr, Woody Guthrie, 'This Land is Your Land', i'm sylw am y tro cyntaf, ac fe apeliodd ataf o'r dechrau. Euthum ati i'w throsi i'r Gymraeg, a Thriawd y Normal a ganodd 'Mae'n Wlad i Mi' am y tro cyntaf erioed ar lwyfan ac ar y radio.

Yng ngaeaf 1965–66, cafodd fy nghyfaill, y bytholwyrdd

Ddafydd Iwan, wahoddiad i recordio ei EP gyntaf un. Es innau yn gwmni iddo i ychwanegu mymryn o gefndir acwstig ac ymuno mewn ambell gytgan ac ati ar y record. Aeth y recordio mor dda nes i Jo Jones o gwmni Teldisc yn y Creunant, Cwm Tawe, ofyn a oedd gennym ragor o ganeuon. Peth braf ydy hyder ieuenctid! Dyna ganu'r gân ysgafn ddoniol, 'Ji Ceffyl Bach', fel deuawd, a chanodd Dafydd y gân werin, 'Mae'r Esgid Fach yn Gwasgu'. Yna cenais innau eiriau newydd ar alaw draddodiadol. 'Crwydro' oedd honno, ond roedd yn rhaid cael un gân arall o rywle! Roeddwn i newydd gyfansoddi 'Mae'n Wlad i Mi' ar gyfer Triawd y Normal, ond allwn i yn fy myw â chofio holl eiriau'r tri phennill yn Gymraeg. Serch hynny, cyfansoddwyd penillion newydd sbon ar y pryd! Dafydd biau'r rhan fwyaf, ond chymerodd y cyfanwaith gorffenedig ddim ond cwta dri chwarter awr! Roedd 'Mae'n Wlad i Mi', yr ail, wedi ei geni! Mae'r ddau fersiwn yng nghefn y gyfrol hon.

Mae'n destun rhyfeddod i mi bod y gân yn dal yn cael ei chwarae a'i chanu heddiw, bron i drigain mlynedd yn ddiweddarach! Canodd Dafydd a minnau y ddeuawd ugeiniau o weithiau, a gwnaeth artistiaid a grwpiau eraill hefyd. Yr achlysur a roddodd y wefr fwyaf i mi oedd ei chlywed yn cael ei pherfformio o flaen tyrfa anferth o Lwyfan y Maes yn Eisteddfod Genedlaethol Caerdydd, 2018, gan neb llai na Band Ukulele Cenedlaethol Cymru! Roedd yn gyfle i ystyried a gwerthfawrogi cwmnïaeth hir Dafydd Iwan, ac ysbrydoliaeth Woody Guthrie drwy'r ferch o Ynys-y-bwl yr holl flynyddoedd yn ôl!

Aeth Caryl ac Eiri yn eu blaen yn ddiweddarach, ynghyd â Bob yn ôl ym Morgannwg, i ffurfio'r grŵp rhyfeddol o lwyddiannus y Triban. Gellir dadlau mai'r Triban oedd un o'r grwpiau mwyaf graenus a phroffesiynol yn y Gymraeg am flynyddoedd o ddiwedd y chwedegau ymlaen. Mae caneuon fel 'Llwch y Bore yn y Ddinas', 'Paid a Dodi Dadi ar y Dôl', 'Dilyn y Sêr' ac eraill yn sefyll ochr yn ochr â chaneuon grwpiau rhyngwladol y cyfnod hwnnw, ac hefyd â seiniau llawer o grwpiau mwy technegol ddatblygedig ein dyddiau ni.

Felly, cafodd Gwersyll Glan-llyn gryn argraff ar fy ngyrfa gerddorol, yn bennaf o'm cyfnod yn swogio yno. Byddai dyletswyddau swog, neu'r swyddogion gwirfoddol, yn amrywio cryn dipyn. Dim ond ychydig iawn cyn fy amser i yno y daeth trydan i Lan-llyn, ac roedd yn rhaid cael swog cyfrifol i ofalu am y lampau paraffîn gyda'r nos! Roedd angen helpu yn y caban bwyta yn ystod prydau bwyd, yn cynnwys golchi llestri a chlirio sbarion bwyd i besgi moch y ffermydd cyfagos! Brafiach o lawer oedd mynd ar deithiau cerdded neu helpu arwain y myrdd chwaraeon. Fin nos wedyn byddai gofyn i'r swogs helpu mewn twmpathau dawnsio gwerin, creu cwisiau neu baratoi eitemau ar gyfer noson lawen neu gyngerdd tai. Yn fy nghyfnod i daeth pwll nofio dan do i Lan-llyn hefyd.

Ei leoliad ar lan llyn naturiol mwyaf Cymru a wnâi'r gwersyll yn un unigryw, wrth gwrs. Roedd cwch modur nobl, y Brenin Arthur, yn rhan bwysig o fywyd Glan-llyn yn nechrau'r pumdegau. Ym mlynyddoedd cynnar y gwersyll, cyrhaeddai'r ymwelwyr ar drên i halt y Fflag ar ochr Llangywer i'r llyn. Yno byddai'r Brenin Arthur yn aros amdanynt wrth y lanfa, yn barod i'w cludo am wythnos i'r plas! Daeth yr arfer hon i ben gyda chau'r rheilffordd o Riwabon i'r Bermo ym 1965, a byddai pawb yn cyrraedd mewn bysys o bob cwr o Gymru.

Yn dilyn anogaeth gan Gwennant Davies, Aberystwyth, un o gewri trefniadaeth yr Urdd gynt, plannwyd y syniad o ddefnyddio'r gwersylloedd i gynnal cyrsiau iaith. Arbrofwyd â'r syniad, a daeth disgyblion i mewn i Langrannog am benwythnos i ddechrau, gyda grŵp arall yn dod i Lan-llyn yn ystod gwyliau'r Pasg. Cynhelid gwersi mewn grwpiau bychan yn y bore, ac roedd cyfle i fwynhau adnoddau cyfoethog y gwersyll yn y prynhawn, yn cynnwys chwaraeon yn y gampfa, hyfforddiant ar y llyn, dawnsio gwerin yn y neuadd a chanu caneuon gwersyll yn y siop. Ar ôl te roedd sesiwn iaith bellach am ryw awr, cyn cael cwis, eisteddfod neu noson lawen fin nos. Roedd y cyfan yn gyfanwaith bywiog wedi ei gynllunio'n ofalus, gydag Alun Jones, pennaeth adran y Gymraeg yn Ysgol Ramadeg Pontypridd ac arloeswr praff ym myd dysgu'r Gymraeg, yn gyfrifol am arwain y gwaith. Deuai'r dysgwyr yn bennaf o Chweched Dosbarth ysgolion y de a'r gogledd-ddwyrain, lle'r oedd brwdfrydedd am ddysgu'r Gymraeg ar gynnydd. Cefais y fraint fawr o fod yn y lle iawn, ar yr adeg iawn, yng nghanol y cyfan. Eto, dyddiau da.

Pennod 12

Dyddiau'r Coleg Normal

Wedi ffarwelio ag Ysgol y Bechgyn, y Bala, edrychwn ymlaen yn fawr at ddechrau bywyd newydd yn y Coleg Normal ym Mangor. Ar y llaw arall, teimlwn beth pryder wrth feddwl am adael adre yn Eithinfynydd, yn benodol am adael fy nau riant, ill dau yn eu chwedegau, adre ar y fferm ar eu pennau eu hunain am y tro cyntaf ers bron i ddeng mlynedd ar hugain.

Yn ei ragymadrodd i'r gyfrol Bywyd Normal mae'r Athro Gareth F. Roberts, prifathro olaf Coleg Normal cyn iddo uno â Phrifysgol Bangor, yn egluro hanes yr enw. Mae'n debyg i 'ysgolion normal' gael eu sefydlu ym mlynyddoedd cyntaf y ddeunawfed ganrif mewn rhannau o'r Almaen, a hynny ar gyfer paratoi dynion ifanc i fod yn athrawon. Un o ystyron 'normal' yn Almaeneg yw 'safonol', ac mae'n debyg mai bwriad yr ysgolion oedd gosod y safon, neu'r 'norm' ar gyfer addysg. Aethpwyd ati i sefydlu colegau ar gyfer hyfforddi athrawon, yn hytrach na'u hanfon i ysgolion cyffredin, ac wrth i'r drefn ledu i wledydd eraill yn Ewrop yn ystod y bedwaredd ganrif ar bymtheg a'r ugeinfed ganrif, cafodd y label ei fabwysiadu'n eang. Sefydlwyd colegau tebyg ym Mhrydain i osod y safonau hyn, ond prin yw'r enghreifftiau yng Nghymru a Lloegr o sefydliadau'n arddel y gair 'normal' fel rhan o'u teitl, ar wahân i Goleg Normal Bangor, wrth gwrs. Dyna hanes y Normal felly, a'r 'Normalyddion' oedd yn astudio yno. Mae'r enw yn parhau ym Mangor o hyd, er gwaethaf uno'r Coleg Normal â Phrifysgol Bangor, a Safle'r Normal yw'r enw bellach ar yr adran o'r brifysgol sy'n cynnig hyfforddiant i athrawon.

Ar ddechrau fy nghyfnod i yn y coleg yn Hydref 1963, bu'n rhaid i'r awdurdodau ohirio ein derbyn fel myfyrwyr am wythnos neu ddwy oherwydd gwaith adeiladu yn y Coleg Uchaf, ar safle hen westy'r George i lawr yr A5. Ers blynyddoedd roedd neuaddau preswyl y merched ar safleoedd ym Mangor Uchaf, a'r dynion o'r neilltu yn y George. Fodd bynnag, roedd chwyldro ar droed wrth i'r coleg ehangu ac roedd bwriad i godi neuadd breswyl newydd sbon i'r merched ar safle sanctaidd y dynion yn y George! Fodd bynnag, roedd popeth yn ei le erbyn 10 Hydref, 1963; fy niwrnod cyntaf fel myfyriwr ym Mangor.

Roedd tri ohonom a fu'n ddisgyblion a ffrindiau yn Ysgol y Bala yn dechrau yn y coleg ar yr un diwrnod, sef William Lloyd Davies, y bachgen bach o Felin-y-wig, Gerallt Lloyd Owen neu Gerallt Siop y Sarnau, a minnau, Edward Eithinfynydd, Llanuwchllyn, y trydydd. Flwyddyn neu ddwy yn hŷn na ni hefyd, ag yntau wedi treulio blwyddyn neu ragor mewn sefydliad addysg arall, roedd Elfed Griffiths o dre'r Bala, yn ein gwneud yn bedwarawd. Cafodd Gerallt, Wil ac Elfed lety i lawr yn hen westy urddasol y George ei hun, neuadd breswyl fawr gyda thri llawr a gysgai nifer sylweddol o fyfyrwyr. Fodd bynnag, yn Neuadd Ardudwy, ryw ddau ganllath yn nes at Fangor y cefais i a rhyw ddau ddwsin o ddynion eraill ein rhoi. Er ei fod yn adeilad llai o lawer na'r George, roedd ei chwaeth yn ein hatgoffa mai hwn ar un adeg oedd Palas Esgob Bangor. Llysenw rhai o'r myfyrwyr ar Neuadd Ardudwy oedd y Cêj, a'i fasgot yn dderyn pren cerfiedig, tebyg i ryw hebog neu dylluan! Yn naturiol felly, llysenw'r warden ar y pryd, yr annwyl Emlyn Davies o Dywyn, Meirionnydd, oedd 'Pecker'!

Roedd Celt Roberts o Benrhyndeudraeth a John 'Jet' Harris

o Lanbedrog yn gwmni da yn y llofft honno uwchben y drws ffrynt. Chafwyd erioed yr un gair croes, a mwynhawyd ambell sesiwn mwy bywiog na'i gilydd tua'r Glôb neu'r Vaults! Gyda thristwch cafodd John wybod sawl blwyddyn yn ôl ei fod yn dioddef o glefyd difrifol, heb obaith am wellhad. Aeth nifer dda o hen hogiau'r Cêj a'r Normal i Lanbedrog i'r angladd, ac mae coffa arbennig o dda am 'Jet'.

Mae Celt a minnau yn dal mewn cysylltiad agos hyd heddiw, ynghyd ag un arall o fechgyn Ardudwy. Roedd yn gyd-ddigwyddiad i William Henry Owen gael ei roi mewn neuadd breswyl o'r un enw â'i fro enedigol. Mae'n debyg mai Wil o Ardudwy, y diweddar Brifardd Gerallt Lloyd Owen, Wil Lloyd Davies a Walter Glyn Davies, y cerddor, pregethwr ac ymgyrchydd di-flino dros ailagor lein Amlwch, a gadwodd y cysylltiad di-dor hwyaf â'n gilydd dros y blynyddoedd, a hynny ers 1963. Weithiau, wrth i ni gyfarfod am ginio a sgwrs yn weddol reolaidd, mae *Last of the Summer Wine* yn dod i'r meddwl!

Nid dim ond bechgyn oedd yn anelu am y Normal yn y cyfnod hwn wrth gwrs, ac mae gen i atgofion cynnes o bum merch o ardal Cader Idris yn ymuno â ni ym Mangor. Roedd Elsa Morris yn dod o dref Dolgellau ei hun, Aerona Jones o fferm y Pentre, Llanelltyd, Heddwen Lewis, Rhydymain, a'r tair arall yn dod o ardal Llanfachreth, Eurwen Evans, Gwyneth Foulkes ac Eifiona Ashton. Merch fferm o Flaen-y-glyn, Cwm Hermon oedd Eifiona. Roeddwn i'n nabod y pump ers pan oeddem i gyd yn tyrru i'r Ddawns Werin yn Neuadd Idris, Dolgellau, ar nos Sadwrn. Heb os, cyneuwyd sawl perthynas yn y nosweithiau dawnsio gwerin hynny dan arweiniad Iolo ab Eurfyl, neu Edwin Brandt, o ganol y pumdegau ac i mewn i chwedegau'r ganrif ddiwethaf.

Ym Mangor ar ddechrau'r Hydref cyntaf hwnnw y digwyddodd rhywbeth a ddylanwadodd lawer ar fy mywyd coleg. Er na threfnwyd dim, am wn i, fe wyddwn bod dwy neu dair o gyd-fyfyrwyr hŷn wedi bod yn ddyfeisgar er mwyn sicrhau bod Eifiona a minnau'n digwydd cyfarfod yn fuan iawn ar ôl inni ddechrau yn y Normal!

Yn syml, Eifiona oedd fy ffrind gorau un drwy'r blynyddoedd nesaf, boed ym Mangor yn ystod y tymor coleg neu adre ym Meirionnydd yn ystod y gwyliau. Mae gennyf o hyd y meddwl mwyaf ohoni, felly hefyd o'i diweddar rieni Mr Oswald a Mrs Glenys Ashton, a'i brodyr a'i chwiorydd, Beryl, Geraint, Luned a Meurig. Anghofiaf i ddim chwaith ei thaid a'i nain, y diweddar Mr Ifor a Mrs Gwladys Jones i lawr y ffordd yn Hafod Owen. Roedd Eifiona wastad yn oleuni siriol yn eu bywydau hwy, fel yr oedd hi i minnau. Yn fuan wedi inni gwrdd daeth fy ffrindiau i ac Eifiona yn ffrindiau i'w gilydd, ac fe barhaodd hynny gydol y tair blynedd ac ymhell wedi dyddiau Bangor.

Yn ystod ein blwyddyn olaf yng ngwanwyn 1966, digwyddodd rhywbeth a'n difrifolodd ni'n dau a'n ffrindiau. Â hithau ynghanol ei chyfnod ymarfer dysgu ym Mhorthmadog, bu farw Eurwen yn frawychus o sydyn. Cawsom ein hysgwyd i'r byw o'i cholli, a dwi'n cofio teithio Lanfachreth ar ddiwrnod trist ei hangladd. Tra byddaf byw, ni wnaf anghofio cymwynas fawr a wnaed â mi y diwrnod hwnnw. Daeth Mr Rowland Wyn Jones, pennaeth yr Adran Gerdd ataf yn ddistaw bach gan wybod na allai fy nghar bach i byth fynd â llwyth ar y daith. Heb feddwl ddwywaith, mynnodd ei fod yn rhoi benthyg ei gar teulu moethus ei hun i mi am y diwrnod. Wnes i ddim anghofio'r gymwynas honno. Bydd coffa da am Eurwen, a'r wên na phyla amser, am byth.

Yn wahanol i'r rhan fwyaf o'm cyd-lasfyfyrwyr a oedd yn bobol y celfyddydau, gwyddoniaeth, mathemateg a byd natur fu prif feysydd astudio fy mywyd coleg i. Roedd gen i ffrind da yng nghriw ffiseg Mr Roblin, John Charles o Fethesda, ac er bod y rhan fwyaf o'r dosbarth yn ddi-Gymraeg, deuai John o gefndir tebyg iawn i mi. Roedd ganddo hiwmor sych, ac roedd ei ffordd o ddweud tafod-yn-y-boch yn destun oriau o chwerthin! Gwaetha'r modd roedd John yn byw adre ac yn teithio i'r coleg yn ddyddiol, ac yn methu ymuno â gweithgareddau cymdeithasol a diwylliannol ehangach y coleg.

Dyma fi'n chwilio am gyfleoedd i gymdeithasu felly, rhywbeth a fyddai'n gwneud bywyd yn debycach i'r hyn oedd wedi fy nghynnal yn Llanuwchllyn. Dyma feddwl y byddai mymryn o gyd-ganu yn ddifyr, a chyn pen dim roeddwn i'n aelod o Gôr y Coleg. Nid yn unig y Côr Mawr, ond criw fymryn yn fwy dethol hefyd, sef y Côr Madrigal! Bu'n fraint bod yn aelod dros y blynyddoedd dilynol, ac yn bennaf o dan arweiniad dawnus Rowland Wyn Jones ac A. J. Heward Rees, cafwyd cyfnod llewyrchus iawn i'r ddau gôr. Cynhaliwyd cyngherddau yn y coleg a thu hwnt, a pherffromiwyd ar sawl rhaglen radio a theledu. Ymhlith yr achlysuron cofiadwy oedd canu gyda Cy Grant a'i gitâr yn Neuadd John Phillips, a thro arall darlledwyd ein perfformiad yng Nghastell Penrhyn i weddill Prydain. Dyddiau cofiadwy iawn!

Nid canu oedd yr unig gyfle i gymdeithasu yn y cyfnod hwn chwaith. Gydag agor Neuadd John Phillips ar safle'r Coleg Uchaf, roedd cyfle i lwyfannu cynyrchiadau theatrig mwy uchelgeisiol na chynt. Yn ogystal â'r adnoddau priodol, roedd tîm o athrawon tan gamp yn yr Adran Ddrama. Roedd Huw Lloyd Edward yn ddramodydd amlwg sy'n cael ei adnabod am weithiau fel *Gŵr o Gath Heffer*, *Y Gŵr o Wlad Us*, *Ar Ddu a Gwyn* a dramâu eraill. Yn bartner iddo yn yr adran roedd yr actor, a'r dewin cynhyrchu a chyfarwyddo, Edwin Williams.

Yn fy mlwyddyn gyntaf yn y coleg, dewisodd y Gymdeithas Ddrama Gymraeg ddrama Brecht, *Y Ferch Dda o Sechwan*, i'w pherfformio. Roedd yn fraint chwarae un o'r Tri Duw a ymwelai â'r ddaear, a hynny yn ein masgiau! Gwyndaf Roberts, Dolgellau erbyn hyn, oedd un o'r Duwiau eraill, yn ogystal â neb llai na Glyndwr Evans o Bennal, neu Gaerdydd bellach. Does rhyfedd i'w fab, Mathew Rhys, gyrraedd uchelfannau'r byd actio, â'i dad wedi chwarae Duw yn y coleg!

Roedd hwn yn gyfnod euraid i'r ddrama Gymraeg ym Mangor. Roedd Dr John Gwilym Jones yn ysgrifennu dramâu a llwyfannu campweithiau dros y ffordd yng Ngholeg Prifysgol Gogledd Cymru, ac yn eu plith roedd *Hanes Rhyw Gymro*, *Esther* a'r *Tad a'r Mab*. Cafodd rhai o gewri theatr a theledu'r dyfodol eu meithrin ym Mangor ein cyfnod ni, a byddai'n amhosibl peidio ag enwi'r ddeuawd enwocaf ohonynt, pâr priod theatr Gymraeg, John Ogwen a Maureen Rhys.

Roedd y Gymdeithas Gymraeg yn ei hanterth, ac ymhlith rhai o'r uchafbwyntiau oedd gweld Mair Owen, Pen-y-groes, a Gerallt Lloyd Owen yn ennill cystadleuaeth siarad cyhoeddus colegau Cymru ar y teledu, a Brysgyll y Cymro'n wobr. Hefyd, o flaen aelodau Cymdeithas Gymraeg y Normal y recordiwyd y clasur o record hir, 'Y Tri Bob', Bob Owen Croesor, Bob Lloyd (Llwyd o'r Bryn) a Bob Roberts, Tai'r Felin gan y Parchedig Robin (O.G.) Williams. Mae'n record gwerth chwilio amdani o hyd, yn enwedig gyda recordiau feinyl yn ôl mewn ffasiwn!

Mae gelyniaeth ddiniwed yn dal i fodoli rhwng colegau Cymru, ac roedd yr un peth yn wir yn y chwedegau. Mae buddugoliaeth felys Cwmni Noson Lawen y Normal mewn cystadleuaeth dda yn Aberystwyth yn aros yn y cof.

Roedd y coleg yn ganolbwynt diwylliannol felly, ac mae'n ddifyr cofio'r newyddiadurwr a'r llenor Caradog Prichard yn dod yn unswydd o Lundain i gyflwyno darlith hunangofiannol i'r Gymdeithas. Heb os, cawsom ninnau'r myfyrwyr fwynhad, ond mae'n ddiddorol cofio ymateb cymysg iawn gan yr athrawon i sylwadau amrwd yr awdur o Fethesda.

Yn ogystal â'r elfennau diwylliannol fel yr eisteddfod flynyddol a'r dawnsfeydd, roedd nosweithiau rheolaidd yn cael eu cynnal gan Fudiad Cristnogol y Myfyrwyr. Eisteddodd nifer ohonom ar Gyngor Cynrychioli Myfyrwyr y Coleg hefyd, corff wedi ei ethol yn flynyddol ac a fu'n ymladd yn barhaus dros faterion megis hawliau ychwanegol i fyfyrwyr y neuaddau preswyl.

Prin felly y byddai noson yn mynd heibio pan nad oedd cyfle i fod ynghlwm â rhyw gymdeithas neu fudiad. Ac eto, drwy'r cwbl dwi'n cofio bod fy ffrindiau a minnau yn gweithio'n gyson ddygn ar ein priod waith coleg. Ac mi ddadleuwn i o hyd fod y pethau allgyrsiol, ychwanegol hyn wedi ein gwneud, yn y pendraw, yn athrawon llawer ehangach ein cyfraniad mewn cymdeithas ac mewn bywyd.

Serch hynny, doedd dim yn well i ddod â chwrs addysg y coleg yn fyw na'r wythnosau hynny ar gyfnod o ymarfer dysgu mewn ysgol, ynghanol pobol a phlant go iawn. Yng ngwanwyn 1964 cafodd Gerallt Lloyd Owen a minnau ein gosod yn Ysgol Gynradd Gerlan, Bethesda, a chawsom dair wythnos i'w cofio! Gwnaeth Gerallt argraff gyda'i ddoniau arlunio a barddoni gyda phlant hynaf yr ysgol, o dan adain Miss Lewis y brifathrawes, ac roeddwn innau gyda phlant flwyddyn neu ddwy yn iau yn y stafell drws nesaf, dosbarth Mrs Mary E. Williams. Roedd Mrs Williams yn athrawes wrth reddf, ac roedd hi wrth ei bodd ynghanol ei phlant. Trysorais ei chwmni a'i hawgrymiadau doeth, a llwyddom i gadw mewn cysylltiad am flynyddoedd. Bedair blynedd yn ddiweddarach, ddiwrnod cyn i Gwyneth a minnau briodi, daeth cnoc ar ddrws fy nghartref yn Eithinfynydd, Llanuwchllyn. Roedd Mrs Williams a'i merch Rhiannon wedi teithio i Feirionnydd yn unswydd i ddod ag anrheg priodas o lechen Bethesda imi. Mae'r wyntyll gain gen i o hyd, yn gofeb fach i Mrs Williams. Roedd yn anrhydedd derbyn gwahoddiad gan y teulu i gymryd rhan yn angladd Mrs Williams yng Nghapel Jeriwsalem.

Fymryn yn wahanol oedd profiad ymarfer dysgu 1965.

Roedd gan y Coleg Normal arferiad o anfon myfyrwyr am gyfnodau i ysgolion ymhob rhan o ogledd Cymru, o Ben Llŷn yn y gorllewin, i Saltney a Wrecsam yn y dwyrain. Serch hynny, roedd yn gryn syndod clywed y byddai rhai o fyfyrwyr yr ail flwyddyn yn treulio mis ym mhellafion Sir Frycheiniog! Doedd gen i mo'r syniad lleiaf ym mhle'r oedd Bryn-mawr, a bron nad oeddwn i'n amau mai enw gwneud oedd o, wedi'i gymryd o un o nofelau William Jones ers talwm.

Roedd gwaith cynllunio sylweddol wrth anfon ugeiniau o bobol ifanc i'r ardaloedd hyn. Pe bai gan fyfyriwr gar, roedd disgwyl iddo gludo dau neu dri o ffrindiau eraill i'r de efo fo, i osgoi llogi bws, trên neu dacsi costus. Roedd gan ffrind i ni, Meirion Jones o Fethel, glamp o gar Vauxhall cyfforddus, yn hollol barod i fynd â thri neu bedwar o fyfyrwyr a'u heiddo i Fryn-mawr! Ond roedd 'na un anfantais. Doedd Meirion heb basio ei brawf gyrru, a byddai'n rhaid iddo gael gyrrwr trwyddedig wrth ei ochr cyn y câi gychwyn ar y siwrne! Ar yr union fore pan oedd trefnwyr yr ymarfer dysgu wedi ymgynnull yn Neuadd J.P. i gwblhau'r trefniadau, roeddwn innau'n sefyll fy mhrawf gyrru, ac roedd fy ffrindiau'n aros yn eiddgar i glywed a oeddwn wedi llwyddo. Yng ngeiriau heddiw, 'no pressure!' I wneud pethau'n waeth, ar fore'r prawf roedd fy nghar yn gwrthod tanio! Dyma guro ar ddrws myfyriwr oedd wedi parcio'i gar wrth ymyl fy un i a gofyn am fenthyg ei gar am awran. Diolch byth, cytunodd.

Er imi stolio ddwywaith, mi basiais, cyn dychwelyd y car i'w berchennog caredig, a mynd tuag at Neuadd JP. Dwi'n cofio cyrraedd, a dau neu dri o fodiau'n codi'n syth. Aeth y bodiau'n fwy niferus, a daeth sawl pwl o chwerthin, cyn cael fy llongyfarch am fy llwyddiant yn y prawf tyngedfennol! Ymhen rhai wythnosau roedd y Vauxhall a'i lwyth o ddarpar-athrawon chwilfrydig ar y ffordd.

Roedd hi'n aeaf, ac ar Fannau Brycheiniog roedd esgyrn eira

yn gwmni mewn sawl man. Deallais yn fuan mai tref Brynmawr yw'r dref uchaf uwchben lefel y môr yng Nghymru a Lloegr! Serch hynny, roedd y croeso'n gynnes gan y lletywraig ifanc ar Alma Street ac er bod y tŷ ei hun fymryn yn oeraidd a'r bwyd yn gynnil, fe wnaeth Meirion, y gyrrwr, Alun Lettsome Jones o Landdona, a minnau setlo'n o lew.

Roedd croeso'r ysgol yn gynnes hefyd, a'r prifathro blaengar Mr Morgan yn awyddus i mi gyflwyno'r Gymraeg a Chymreictod i'r plant bob cyfle posibl. Prin bod gair o Gymraeg naturiol drwy'r gymuned arbennig hon yn ne-ddwyrain Cymru ar y pryd, ac felly dysgu drwy gyfrwng y Saesneg a wnawn y rhan fwyaf o'r amser y tro hwn. Flwyddyn yr ymarfer dysgu roedd hi ganrif union ers pan hwyliodd y Mimosa o Gymru i sefydlu'r Wladfa Gymraeg ym Mhatagonia. Cawsom sawl cyfle i sôn am yr hanes, am Dde America, ac am y Gymraeg!

Er bod Mr Croker, y tiwtor Saesneg ei iaith o'r coleg, yn ddigon cefnogol ar y cyfan, roedd gen i gryn dipyn o hiraeth am deulu'r Gerlan. Serch hynny, yn ystod y cyfnod ym Mrynmawr digwyddodd rhywbeth a fyddai'n newid cyfeiriad fy mywyd. Yng Nghymru'r chwedegau, pe na bai'n bosibl i athro ifanc oedd yn gadael y coleg gael swydd yn ôl yn ei ardal enedigol, roedd yn beth cyffredin ymgeisio am swydd yn rhai o ardaloedd poblog Lloegr, yn cynnwys Lerpwl, Manceinion, Birmingham, Coventry a threfi mawr eraill yng nghanolbarth Lloegr. Yn ogystal, âi llawer i dde-ddwyrain Lloegr, ac i Lundain.

Roedd gen i benbleth, felly. Doeddwn i ddim am fynd yn ôl i Feirionnydd am sbel, ond doeddwn i ddim chwaith am fynd i weithio dros y ffin i Loegr. Roedd gan fy nghenhedlaeth i ymdeimlad o ddyletswydd, yn ogystal ag ymwybyddiaeth newydd o'n Cymreictod yn sgil darlith 'Tynged yr Iaith'. Penderfynais i mi fy hun y byddwn yn ymgeisio am swydd lle cawn i aros yng Nghymru, a rhoi mymryn o ysgwydd dan y baich mewn ardaloedd fel Bryn-mawr, lle'r oedd cymaint o waith i'w wneud o ran y Gymraeg. Heb amheuaeth, roedd cyfnod ymarfer dysgu Bryn-mawr wedi bwrw goleuni newydd ar bethau.

Fel y soniais, Bryn-mawr oedd y dref uchaf a mwyaf digysgod yng Nghymru, ac ar ôl rhyw bythefnos daeth eira mawr, cymaint o eira nes y bu'n rhaid cau'r ysgol am ddyddiau! Roedd hwn yn gyfle imi ddod i adnabod rhai o gymeriadau tref Bryn-mawr, ar y stryd, mewn caffi neu mewn bar llefrith. Dwi'n cofio gwrando ar y jiwcbocs mewn caffi, a chân The Seekers, 'I'll Never Find Another You', yn ennyn twtsh o hiraeth am ferch arbennig oedd yn teimlo'n bell iawn i ffwrdd ym Mangor!

Fodd bynnag, daeth y mis byr ym Mryn-mawr i ben yn gyflym, yn rhy gyflym a dweud y gwir, a dyma ddechrau ar epig o siwrne yn ôl i'r gogledd! Wrth ffarwelio â Sir Frycheiniog, penderfynodd y Vauxhall, a fu mor ffyddlon cyn hynny, ddechrau tynnu sylw ato'i hun! Aeth yn sychedig am betrol a dŵr ar yr un pryd, a bu'n rhaid aros wrth y ffordd am sbel. Dros yr wythnosau dilynol, bu'r hanes am y stiwdants ym Mryn-mawr a gymerodd ddeuddeg awr i gyrraedd Bangor yn dipyn bach o chwedl! Mae'n debyg hefyd inni fod yn destun sgwrs ar donfeddi radio heddluoedd canolbarth a gogledd Cymru!

Os oedd Bryn-mawr yn brofiad gwahanol, ymhell o gartref, ni allwn fod wedi dymuno cael treulio fy nghyfnod olaf o saith wythnos mewn ysgol well nag Ysgol Dolbadarn, Llanberis. Roedd yr ysgol yn gymysgedd o Ysgol y Gerlan a'm hen ysgol gynradd fy hun yn Llanuwchllyn.

Mae ffawd yn beth rhyfedd, ac o fewn pythefnos i mi ymuno â'i dosbarth o blant naw i ddeg oed yn Llanberis, trawyd Bessie Roberts yr athrawes ddosbarth yn wael. Er imi ddisgwyl y byddai'n rhaid i mi fod ar fy mhen fy hun gyda'r dosbarth am ddiwrnod neu ddau, bu i ffwrdd am rai wythnosau. Fodd bynnag, bwriais iddi, ac roedd cefnogaeth barod y cyd-athrawon a'r prifathro doeth, Mr R. E. Jones, yn amhrisiadwy. Yn ogystal â chefnogaeth yr ysgol, roedd gen i athro arbennig o gefnogol o'r coleg yn Mr Geraint Gruffydd. Daethom i adnabod ein gilydd yn dda, ac fe barhaodd y berthynas glòs am flynyddoedd wedyn.

Dechreuais ddeall cyfrifoldebau go iawn athro dosbarth, ac fe wibiodd yr wythnosau heibio. O fewn ychydig ddyddiau i ddiwedd y cyfnod o saith wythnos, daeth Bessie Roberts yn ei hôl i'r ysgol wedi cryfhau o'i salwch. Roedd cryn bryder gen i'r diwrnod hwnnw, ac ofnwn y byddai'r athrawes yn gweld gwaith y plant wedi dirywio, neu y byddai'r plant yn ddigywilydd efo fi yn ei gŵydd. Daeth Bessie Roberts i mewn a holi'n syth gan edrych dros y dosbarth, 'Ydyn nhw wedi bod yn blant da i chi, Mr Jones?' Mi gofiaf yr hen blant yn dal eu gwynt, cyn i mi ateb yn hollol onest, 'Do, Miss Roberts, yn blant da iawn.'

Yn goron ar y cyfan cefais rodd ariannol hael gan R. E. Jones am fy ymdrechion, nid yn unig am gymryd yr awenau yn ystod salwch Bessie Roberts, ond hefyd am roi help llaw sawl min nos a dyddiau Sadwrn yn ei ymgyrch i geisio ennill etholaeth Conwy i Blaid Cymru yn Etholiad Cyffredinol 1966.

Rai dyddiau wedi imi orffen yr ymarfer dysgu, dwi'n cofio ffonio'r ysgol i ddiolch o galon am y croeso. Gofynnais am gael gair bach efo Bessie Roberts, a dyma hi'n fy nghyfarch yn hanner blin, hanner chwareus gan ddweud, 'Ac Edward, be ydach chi'n ddisgwyl imi 'neud efo'r ddau beth mawr 'ma yn y jar fferins?' Roeddwn i wedi anghofio imi brynu dau o locustiaid newynog i'r dosbarth er mwyn eu hastudio! Es i nôl y trychfilod o Ddolbadarn, testun rhyddhad mawr i Bessie Roberts a chwerthin i'r staff! Mae'n siŵr bod disgynyddion y locustiaid yn dal i fwyta glaswellt yn dalog ar y llethrau rhywle rhwng Brynrefail a Deiniolen.

Gyda chyfnod y coleg yn tynnu tua'i derfyn a'r canlyniadau terfynol yn ffafriol, roedd hi'n bryd chwilio am waith! Ers fy nghyfnod ym Mryn-mawr roedd yr awydd i ymgeisio am swydd yn rhywle yn ne Cymru yn gafael yn dynnach, ac er i sawl un o ffrindiau Eifiona deimlo'r un awydd, fi oedd yr unig un o'r hogiau a fentrodd. Anfonwyd ein ceisiadau, ac fe aeth hanner dwsin i ddeg ohonom gyda'n gilydd i gyfweliadau swyddi gydag Awdurdod Addysg anferth Cyngor Sir Forgannwg.

Cafodd bob un ohonom addewid am swyddi ym Morgannwg. Yn ôl y gŵr bonheddig a oedd yn ein cyfweld y diwrnod hwnnw, John Brace, un o Gyfarwyddwyr Addysg Cynorthwyol y sir, roedd awydd mawr i benodi athrawon ifanc a fyddai'n hyderus i ddysgu'r Gymraeg i blant yn y sector cynradd er mwyn gwireddu dymuniad y Pwyllgor Addysg blaengar i weld yr iaith yn cryfhau ymhob rhan o Forgannwg. Dewisais i ac Eifiona fynd i ysgolion yn ardal Aberdâr ac Aberpennar.

Roedd y cyfnod pan benderfynom ein dau nad oeddem, gwaetha'r modd, yn gallu gweld dyfodol gyda'n gilydd yn un llwyd a thrist. Dydi gweld perthynas agos yn dod i ben byth yn hawdd i'r un o'r ddwy ochr, ond felly y bu i ni. Dwi'n mentro dweud mai fy ngholled i oedd hi'n bennaf, ond mi wnaethom ein dau ymwroli a cheisio ymgolli yn y byd newydd yr oeddem yn rhan ohono. Bu ffrindiau hen a newydd yn gymorth amhrisiadwy i ni, ond heb amheuaeth, dyna gyfnod tristaf fy mywyd hyd hynny.

Dros hanner canrif yn ddiweddarach, mae un ffaith yn destun llawenydd i mi: bu cyfraniad Eifiona, Cliff ei gŵr, a'r teulu, i addysg, capel a Chôr Godre'r Garth, yn llawer mwy nag a freuddwydiodd y ddau ohonom efallai pan ddaethom i Forgannwg yn 1966.

Pennod 13

Ysgol Ynys-boeth

Roedd Ysgol Iau Ynys-boeth rhwng pentrefi Abercynon a Phenrhiw-ceibr yng Nghwm Cynon yn ysgol Saesneg ei hiaith mewn ardal ddiwydiannol, bur ddifreintiedig. Hanner can mlynedd yn ddiweddarach mae'r ardal yn parhau felly i raddau helaeth. Eto, roedd y plant yn annwyl ac yn awyddus i ddysgu.

Fe'm penodwyd yn un o ddau *Welsh Specialist* newydd ar staff o wyth yn yr ysgol, ac Eryl Bailey o Aberdâr oedd y llall. Buom yn ffrindiau o'r dechrau, ond fel y gallwch ddychmygu, nid oedd pob aelod o'r staff yn ein croesawu ni ar y cychwyn. Roedd pryder bod bygythiad i gyflogaeth darpar-athrawon di-Gymraeg lleol oedd am ddod yn ôl adre i'r cwm o du athrawon fel fi.

Mr Gwynn Bevan oedd fy mhennaeth cyntaf, dyn heini, er yn eiddil o gorff, a dyn gyda phenderfyniad yn ei gerddediad a'i bresenoldeb o gwmpas yr ysgol. Roedd yn aelod amlwg o NUT, undeb athrawon Prydeinig mawr y cyfnod. Ychydig iawn o lais y Mr Bevan bychan a glywech, ond pe bai'n rhaid, gallai ei godi nes byddai'r adeiladau'n diasbedain! Mae'n siŵr fod Mr Bevan yn agos i'w bump a thrigain pan ymunais â'r ysgol, achos fe ymddeolodd o fewn blwyddyn neu ddwy. Gwnaeth i mi deimlo'n gartrefol o'r dechrau, yn bennaf am iddo ddangos ei fod yn gwybod tipyn am Feirionnydd, a hyd yn oed am Lanuwchllyn! Roedd yn cofio Syr O. M. Edwards yn ymweld â'i ddosbarth pan oedd o ei hun yn blentyn bach! Ym Medi 1966 roedd llun o O.M yn fy nghroesawu i Ysgol Ynys-boeth ym Morgannwg bell!

Un diwrnod roedd hi'n tynnu am ddiwedd amser chwarae'r awr ginio. Daeth y prifathro ataf i'r ystafell wag a dweud, 'Mr Jones, I would like to remind you that you are not in Llanuwchllyn now. You're in a tough area! I'm giving you this, my boy. Keep it near your desk and don't be afraid to use it!' Estynnodd gansen tua dwy droedfedd a hanner i mi, a honno'n debycach i goes brwsh tenau! Diolchais iddo yn gwrtais, a'i chymryd o'i law. Ni fyddwch yn synnu o ddarllen na ddefnyddiais i mohoni erioed, yn Ynys-boeth nac mewn unrhyw ysgol arall.

Mr Cecil Davies, y dirprwy bennaeth ar y dechrau, a gamodd i'r adwy wedi ymddeoliad Mr Bevan. Bu'n fraint cael gweithio gyda'r ddau ohonynt, a gyda thîm o athrawon cydwybodol oedd am roi'r cyfleoedd gorau posibl i'r plant. Roeddem o ddifri am ein gwaith o ddydd i ddydd, ond roedd digon o hwyl i'w gael hefyd! Roedd Mr Haydn Biggins, athro'r dosbarth drws nesaf i mi, yn gwmni da â chanddo feddwl y byd o'i ddisgyblion. Roedd ganddo hiwmor naturiol y cymoedd, ac wedi i'r plant adael am y dydd byddai Haydn yn dod i mewn i fy nosbarth, tynnu ei baced sigaréts Embassy allan, rhoi un i mi a dweud, 'Do you know what, Ed? School would be great without the kids, aye!'

Edrychwn ymlaen bob dydd at fynd i'r ysgol, i gwmni Haydn, Kath Howells, Miss Slater, Eryl, Mair, Howard Phillips a Cecil. Roeddwn i'n teimlo'n dipyn aeddfetach, yn parhau i ddysgu'r grefft o addysgu plant a chydweithio ag oedolion, a hynny mewn ardal wahanol iawn i'm profiad cynt gyda'r geiriau yn atsain yn fy mhen, 'You're not in Llanuwchllyn now!'

Dwi'n edmygu hyd heddiw y blaengaredd rhyfeddol a ddangosodd Cyngor Sir Morgannwg y chwedegau mewn perthynas â datblygu cynllun addysgu'r Gymraeg i blant, yn arbennig felly disgyblion ysgolion cynradd y sir. Mae'n rhaid bod, yng nghoridorau Saesneg y Cyngor bryd hynny, ddylanwadau tawel ond grymus wrth waith a oedd am chwyldroi sefyllfa'r Gymraeg yn yr ysgolion. Dyma'r cyfnod pan oedd Ysgol Gyfun Rhydfelen, dan arweiniad y diweddar Gwilym Humphreys, yn ennill ei phlwyf yn y gornel boblog, Saesneg hon o Gymru.

Daeth Ymgynghorydd Addysg Cynradd lleol i weld y cyw athro o Lanuwchllyn un diwrnod, ac roedd Mr Angel yn arddel yr un daliadau'n union â minnau o ran y Gymraeg, Cymru, ac addysgu plant. Pasiais y prawf cymhwyso, a gwyddwn fod gennyf wedi hynny gyfaill newydd yng nghyfundrefn addysg Morgannwg. Daeth cyfle i ddod i adnabod a chydweithio gyda Threfnydd y Gymraeg yn nwyrain y sir, Mr Eric Evans, yn ogystal â chreu a chyfrannu i gwrs newydd 'Llafar a Llun' a oedd yn cael ei baratoi yn y Ganolfan Iaith newydd ar safle Coleg Technegol Trefforest. Treuliodd athrawes ifanc o orllewin Cymru, Wendy a minnau oriau yn trafod, ysgrifennu a recordio, yn cynnwys rhigymau a phenillion lu i ategu'r cwrs.

Fesul dipyn roedd ôl llwyddiant, wrth i blant fy nghyfarch yn Gymraeg wrth i mi gyrraedd yr ysgol yn y bore. Byddai'r sgwrs yn tyfu'n ddwy a thair brawddeg ychwanegol dros amser. Roedd y plant hefyd yn dod i fwynhau canu sawl cân fach Gymraeg efo'r gitâr. Yn ystod fy nghyfnod yn yr ysgol llwyddodd David Hill o'm dosbarth i ennill y wobr gyntaf am arlunio yn Eisteddfod yr Urdd Cylch Cynon. Aeth y paentiad lliwgar o ddawnsiwr ar linynnau ymlaen i ennill yn yr Eisteddfod Sir ac yna drwy Gymru gyfan. Roedd erthygl a llun o David yn y papur lleol, digwyddiad anghyffredin iawn i Ysgol Ynys-boeth.

Roedd digon o dynnu coes i'w gael rhwng athrawon. Yn y dyddiau cynnar arferwn gerdded yr hanner milltir o'r tŷ lojin i'r ysgol, nes i Mr Bevan gael gair bach yn fy nghlust un diwrnod. Yn ei eiriau ef: 'I've heard rumours that some of the mothers are taking a fancy to you. You see some of them every day, don't you, and you speak to them? It may be better not to let them misunderstand. Some of them have nasty husbands!'

Er gwaetha'r tynnu'r coes a'r diwylliant braf yn yr ysgol, daeth un digwyddiad i fwrw ei gysgod dros yr ardal. Rai wythnosau'n unig wedi imi ddechrau gweithio yn Ynys-boeth, digwyddodd un o'r trychinebau glofaol gwaethaf yn ein hanes. Ar 21 Hydref 1966, roedd hi'n fore gwlyb, llwydaidd, yn dilyn dyddiau o law trwm. Roedd yr ysgolion ar fin cau ar gyfer gwyliau hanner tymor yr hydref, ac roeddwn innau yn edrych ymlaen at fy nhoriad cyntaf o'r ystafell ddosbarth ers dechrau gweithio ym mis Medi. Ganol y bore hwnnw, daeth Mr Bevan o'i swyddfa â'i wyneb yn llwyd a difrifol gan ddweud mewn llais tawel wrth Haydn, Ces a minnau bod tomen lo wedi llithro ym mhentref Aberfan, ei fod wedi claddu'r ysgol, a bod nifer wedi'u lladd.

Fe'n trawyd yn fud. Doedd Ysgol Pantglas, Aberfan fawr mwy na phedair milltir o Ynys-boeth, dros y mynydd i ddyffryn Merthyr. Erbyn amser cinio roedd pob bwletin newyddion dros Brydain, Ewrop a'r byd yn adrodd y stori erchyll am y tirlithriad o domen rhif 7 yn lladd 116 o blant. Yn ogystal â hynny, lladdwyd 28 o oedolion o'r ysgol ac o gartrefi Moy Road gerllaw. Treuliais y noson honno mewn sioc, ar fy mhen fy hun yn y llety yn 175 Ffordd Abercynon.

Dair blynedd yn ddiweddarach, collais fwy na deigryn bach yn y car ar y ffordd i lawr y cwm am Don-teg a Gwyneth, wrth adael criw ffyddlon Ysgol Iau Ynys-boeth am byth.

Pennod 14

Ysgol Bryntaf, Caerdydd

Roedd y blynyddoedd a dreuliais yng Nghwm Cynon rhwng 1966 a 1969 yn werthfawr, a gallwn fod wedi aros yno am flynyddoedd yn rhagor. Fodd bynnag, mae cyfleoedd mewn bywyd yn dod yn ddisymwth!

Dim ond rhai dyddiau'n unig a fu rhwng imi dderbyn neges frys o Gaerdydd yn gofyn i mi ystyried swydd gan Awdurdod Addysg y Ddinas, a'm cael fy hun yn eistedd mewn cyfweliad, gyda phrifathrawes yr ysgol a swyddog addysg lleol yn cyfweld. Roedd yr ysgol yn chwilio am athro i ymuno â staff addysgu ysgol Gymraeg fawr. Ar ddechrau Mai 1969, ar ddiwedd hanner awr o gyfweliad a chyfnod o ystyried, cefais gynnig swydd yn Ysgol Gymraeg Bryntaf.

Roedd Ysgol Bryntaf ar y pryd yn un o'r llond llaw o ysgolion Cymraeg yng Nghymru, ac fe dyfodd dros y blynyddoedd i fod yr ysgol gynradd Gymraeg swyddogol fwyaf yn y byd! Mrs Enid Jones-Davies oedd prifathrawes Ysgol Bryntaf, merch i'r Parchedig Fred Jones, un o sefydlwyr y Blaid Genedlaethol ym Mhwllheli ym 1925. Roedd hefyd yn chwaer i'r Parchedig Gerallt Jones, gweinidog ar ein teulu yn Hen Gapel, Llanuwchllyn. Byd bach!

Bu Mrs Jones-Davies yn bennaeth ar yr ysgol o'i sefydlu fel Ysgol Gymraeg Caerdydd ym 1949. Bryd hynny, dosbarthiadau ysgol gynradd Saesneg Ninian Road oedd ei chartref. Byddai

Mrs Jones-Davies wrth ei bodd yn sôn am neb llai na Shirley Bassey yn dod i'w dosbarth ar ryw berwyl neu'i gilydd o un o'r dosbarthiadau cyfagos! 19 o blant, o deuluoedd Cymraeg Caerdydd oedd ar y gofrestr gyntaf, ac roedd y frwydr i sefydlu'r ysgol yn un hir a dygn. Ond ym 1952, dair blynedd wedi'r sefydlu, roedd gan Ysgol Gymraeg Caerdydd gant o blant yn symud i adeilad Highfields yn ardal Llandaf y ddinas. Bryd hynny, cafodd ei hailenwi yn Ysgol Gymraeg Bryntaf. Fodd bynnag, erbyn i mi gyrraedd ym 1969, roedd yr ysgol wedi symud eto, y tro hwn i adeilad deulawr, eang hen Ysgol Gynradd Viriamu Jones yn ardal y Mynachdy. Roedd Ysgol Bryntaf yn tyfu'n gyflym!

Rai ddyddiau wedi fy mhenodi, a chyn i mi weld yr ysgol hyd yn oed, roeddwn i'n crwydro maes Eisteddfod yr Urdd yn Aberystwyth. Bryd hynny dim ond wrth fy enw cyntaf y byddai Cymry Cymraeg yn fy adnabod mewn eisteddfodau, nosweithiau llawen a chyngherddau ac ati. Yn sydyn, dyma fachgen bach dieithr, tua wyth oed yn stopio o 'mlaen i, yn edrych i fyny, ac yn dweud: 'Edward 'dech chi, yndê?' Mi ymatebais, ond cyn i mi anadlu dyma fo'n mynd yn ei flaen: ''Dech chi'n dŵad yn athro i'n hysgol ni yn dydech? I Ysgol Bryntaf ... Dwi'n mynd yno hefyd!' Yn naturiol, roeddwn am wybod efo pwy oeddwn i'n siarad, a dyma'r bachgen yn dweud: 'Gofynnwch am y bachgen bach mwya drygionus yn yr ysgol, ac mi fyddan nhw'n gwbod yn syth!' Ymhen rhai wythnosau roeddem yn cwrdd wyneb yn wyneb yn Ysgol Bryntaf, ond erbyn hyn roeddwn i'n Mr Morus Jones. Mae Rhys Powys a minnau wedi ein hatgoffa ein gilydd o'r stori hon fwy nag unwaith.

Fel yn Ysgol Ynys-boeth, roedd yr athrawon ym Mryntaf yn gynnes a chyfeillgar. Datblygais gyfeillgarwch ag Islwyn Morgan o Gaerffili, cymeriad naturiol ddoniol, gyda llais bas dwfn. Roedd yn aelod o Gôr Polyphonic Caerdydd ac yn dipyn o giamstar a pherfformiwr ar y piano. Byddai'r ddau ohonom yn anelu am stafell wag gyfagos yn aml i ganu cân a chyfansoddi alawon.

Dwi'n cofio imi gael cais annisgwyl gan Mrs Jones-Davies, pan holodd a fyddwn i a Rhian, un arall o athrawon ifanc yr ysgol, yn fodlon mynd â nifer o'r disgyblion hynaf ar daith addysgol. Dwi'n cofio codi fy nghlustiau! Taith addysgol i ble, tybed? I ben y Bannau neu i lawr pwll glo? I Wersyll Llangrannog? Na, i Lydaw! Dros y blynyddoedd mae sawl cynddisgybl wedi dod ataf, yn oedolion a rhieni, yn hel atgofion am yr wythnos yn Llydaw.

Do, fe gawsom hwyl. Ond wrth siarad heddiw fel cynbennaeth fy hun, ac fel rhiant a thaid, mae'n rhaid gen i fod ymddiriedaeth lwyr gan rieni'r plant a ddaeth ar y daith o Ysgol Bryntaf. Wrth feddwl am y ddau athro'n teithio ar y bws i Saint-Malo, mae'n anodd peidio â meddwl heddiw y byddai cyfarfodydd gyda rhieni, asesiadau iechyd a diogelwch, ffurflenni cyfrifoldeb ac atebolrwydd ac ati. Tybed aeth y pendil yn rhy bell i'r cyfeiriad arall? Dim ond gofyn. Ta waeth, aeth popeth fel wats, a'n gofal dros y plant yn dynn heb fod yn ormesol. Roedd rhaglen ddyddiol, ddiddorol wedi ei threfnu ar ein cyfer, yn crwydro ar lan y môr, archwilio waliau'r ddinas, mynd ar daith addysgol, bwyta'n awchus, ac wrth gwrs, dysgu sawl gair o Ffrangeg a Llydaweg.

Serch hynny, mi ddrysais yn lân un diwrnod pan ddaeth yr heddlu atom mewn caffi â golwg ddifrifol ar eu hwynebau. Mae'n debyg bod cyhuddiad wedi ei wneud gan rywun ein bod yn tanseilio'r drefn Ffrengig, a hynny am ganu 'Hen Wlad fy Nhadau' ar ddiwedd pryd bwyd a noson lawen. Doeddwn innau na Rhian wedi cofio mai'r un alaw sydd gan anthem genedlaethol Cymru a Llydaw! Bryd hynny, o leiaf, mae'n debyg nad oedd canu honno'n gyhoeddus yn gwneud y tro o gwbl. Daeth wythnos fythgofiadwy i ben, wythnos o chwerthin, canu, a phrofiadau addysgol gwerthfawr, ac yn bwysicach na dim, roedd pawb yn holliach.

Mi ddysgais sawl peth o'r cyfnod ym Mryntaf. Yn yr ysgol honno dwi'n cofio sylweddoli bod gan lawer o'r plant a oedd o'm blaen mewn stafell ddosbarth y potensial i ddatblygu'n unigolion mwy galluog na mi fy hun. Roedd y sylweddoliad hwnnw'n ddylanwad mawr arnaf am weddill fy mlynyddoedd yn y maes, a gwnes fy ngorau i gael cydweithwyr i sylweddoli hynny hefyd. Yn ogystal â hynny, roedd bod yn barod i ddweud fy marn yn onest ond yn sensitif wrth gyfarfod â rhieni i drafod cynnydd eu plant yn sgil gynyddol bwysig. Dyma'r cyfnod pan oedd nosweithiau rhieni ysgolion cynradd yn dod yn fwy cyffredin.

 Treuliais dair blynedd a thymor fel athro cynorthwyol ym Mryntaf, a buont yn flynyddoedd hapus iawn. Cyn diwedd y flwyddyn lawn olaf, ymddeolodd yr unigryw Enid Jones-Davies, y foneddiges a sefydlodd ysgol a dyfodd gymaint yn ystod ei chyfnod. Rhoddodd i'r ysgol ryw naws wledig, Gymraeg ynghanol berw ac amrywiaeth dinas fawr Caerdydd.

Pennod 15

Gwyneth, Ton-teg, a'r plant

Nid llawer o bobol sy'n gallu dweud iddyn nhw ddod o hyd i gymar bywyd ar fin y ffordd fawr yn rhywle rhwng gogledd a de Cymru! Ond dyna'n union ddigwyddodd i Gwyneth a fi!

Roedd hi'n fore Sadwrn gêm rygbi ym Mharc yr Arfau, Caerdydd yng nghanol mis Chwefror, 1967. Roedd y bechgyn, Gareth o Gastellnewydd Emlyn, Roy o Landudoch a Wyn o Frynaman, fy nghyd-bechaduriaid yn ein llety yn fflat llawr uchaf Mrs Eurwen Davies yn 24 West Street, Pontypridd, wedi sicrhau bod tocynnau da ar ein cyfer pan gyrhaeddem y Brifddinas! Roeddwn i a Dafydd Iwan wedi bod yn canu mewn cyngerdd yn yr Wyddgrug y noson cynt. Roedd y cyfnod rhwng haf 1966 i mewn i 1968 yn rhai eithriadol o brysur i mi, a byddwn ar brydiau mewn noson neu'i gilydd ddwywaith neu deirgwaith yr wythnos! Meddyliwch, a hynny tra oeddwn i hefyd yn gweithio yn Ysgol Ynys-boeth bob dydd! Mae ieuenctid yn beth braf.

Ar y daith yn ôl i'r de, roedd hi'n dawel ar y ffordd i gyfeiriad Dolgellau, ac mi fedrais hedfan drwy Frithdir a mynd ar wib i fyny Bwlch yr Oerddrws am Ddinas Mawddwy. Yr ochr arall i'r bwlch, mewn lle gwastad yn ymyl fferm Pennantigi roedd car wedi aros ac edrychai fel pe bai mewn trwbwl. Roedd tri neu bedwar o ffrindiau ifanc yn sefyll yn ymyl yr Austin A35 yn edrych ar y car ac ar ei gilydd. Dyma chwarae'r Samariad ac aros efo nhw nes i Mr Rolant Evans, Garej y Dinas ddychwelyd. Yr un Evans, gyda llaw, â'r arwr Gwyndaf Evans ac Elfyn Evans ar ei ôl!

Dyma ddysgu mai Huw oedd y bachgen yn y criw, Evelyn Hughes oedd y ferch â'r gwallt golau, a'i ffrind Gwyneth Humphreys, perchennog y car, oedd y ferch arall, dalach. Roedden nhw, fel finnau, wedi gadael Pwllheli y bore hwnnw ac yn anelu am Gaerdydd.

O fewn munudau deuthum i wybod bod Gwyneth yn gwneud ymchwil ôl-radd i dafodiaith Cwm Cynon, y cwm yr oeddwn i'n gweithio ynddo ar y pryd! Roedd hi'n brin o gysylltiadau oedd yn siaradwyr Cymraeg brodorol yn y cwm, ac mi addewais innau y gallwn chwilio am ambell un iddi. Cyrhaeddodd Rolant i wella'r car bach, a gadewais y criw, ond nid cyn hanner trefnu i gyfarfod Gwyneth rywdro'n fuan yng Nghaerdydd.

Digwyddodd hynny rhyw dridiau yn ddiweddarach! A phob yn dipyn tyfodd ein perthynas y tu hwnt i gysylltiadau academaidd Cwm Cynon! Daeth Gwyneth yn ffrind pennaf ac yn gymar am ymhell dros ddeugain mlynedd wedyn. Deuthum i wybod ei bod wedi ei geni yn Lerpwl, yn ferch i swyddog ifanc, addawol iawn yn yr heddlu, Evie Humhreys, a'i wraig Megan, nyrs yn yr Ysbyty Brenhinol. Roedd Evie Humphreys wedi mynd o'i gartref yng Ngarndolbenmaen ac o Ysgol Ramadeg Pen-y-groes yn syth i Hendon, prif ganolfan hyfforddi heddlu Prydain yn y cyfnod hwnnw. O Hendon, aeth i weithio yn Scotland Yard yn Llundain ac, yn y man, fe gyrhaeddodd bencadlys Heddlu Dinas Lerpwl, yn Prescott Street. Merch i weinidog gyda'r Annibynwyr oedd Megan. Yn ei dro, bu'r Parch. Tonlas Hughes, a oedd yn enedigol o Gaergybi, yn weinidog yn ardal Llan-arth a Bethesda, cyn ymddeol yn weinidog Capel Smyrna, Llangefni.

Ganwyd Gwyneth ddechrau Rhagfyr, 1944. Ystyriwch am eiliad gyflwr dinas Lerpwl bryd hynny. Bu'r Ail Ryfel Byd yn greulon wrth y ddinas yn anad unrhyw ddinas arall bron ym Mhrydain. Erbyn diwedd y gyflafan ym 1945 roedd Evie Humphreys, er mor addawol oedd ei ddyfodol yn y 'ffôrs', wedi gweld digon ar y dinistr a'r tollti gwaed. Roedd am ddechrau bywyd newydd gyda Megan a dod yn ôl i Gymru i fagu Gwyneth. Doedd gadael eu ffrindiau yn Lerpwl ddim yn hawdd i'r ddau, ond roedd gadael un teulu yn arbennig o anodd, sef teulu William Jones o Flaenau Ffestiniog, plisman arall, ffrind pennaf Evie, a'i wraig Glenys. Deuai hithau yn enedigol o'r Wladfa yn yr Ariannin, ac roedd yn chwaer i'r diweddar Brifardd, y Parchedig R. Bryn Williams.

Penderfynodd Evie Humphreys newid cyfeiriad a mynd yn athro. Aeth i goleg hyfforddi athrawon yn Lytham, Swydd Gaerhirfryn, ac wedi iddo gwblhau ei gwrs yn ddidrafferth, gwnaeth gais am swydd yn ei Sir Gaernarfon hoff. Bu'n llwyddiannus a'i benodi'n athro yn Ysgol Uwchradd y Frondeg, Pwllheli. Daeth y teulu bach i fyw yn y dref, a Gwyneth erbyn hynny'n rhyw dair neu bedair oed.

Bron ugain mlynedd yn ddiweddarach, cyfnod y cyfarfyddiad ar fin yr A470 yn ne Meirionnydd, roedd y teulu Humphreys wedi hen setlo ym Mhwllheli ac yn chwarae rhan amlwg mewn sawl cylch. Roedd Megan yn cael galwadau cyson i nyrsio, ac roedd Evie erbyn hynny'n un o ymgynghorwyr addysg Cyngor Sir Gaernarfon, yn gyfrifol am dechnoleg addysg yn y sir. Bydd rhai o'n hathrawon hŷn yn cofio brwdfrydedd 'Humphreys Visual Aids' am ei faes! Mae'n debyg bod Sir Gaernarfon bryd hynny ar y blaen i fwyafrif yr awdurdodau addysg eraill yng Nghymru a Lloegr yn y maes hwn. Gofalai bod setiau teledu modern mewn ysgolion, a gwnaeth yn siŵr i wella safonau peiriannau recordio sain, yn ogystal â datblygu offer dangos ffilmiau byr ac ati mewn dosbarthiadau. Cyn hynny, dim ond llyfrau, ambell siart, radio a bwrdd du oedd y drefn.

Gweithiai'n ddiwyd o ddydd i ddydd, ond wedi gorffen diwrnod o waith, roedd Evie Humphreys a'i gyfaill agos, Glyn Owen yn dipyn o sêr cwmni drama enwog Glan y Môr yn y dref. Yn ogystal â hynny roedd yn chwaraewr golff peryglus, yn Gapten Clwb Pwllheli ar un adeg.

Roedd tad Gwyneth yn un da am sicrhau ei bod hithau'n cael cyfle i ymarfer ei dawn llefaru ar lwyfannau eisteddfodau. Roedd ei thad yn ei chludo, a Glyn Owen yn ei hyfforddi, a rhwng oed ysgol gynradd a thua deunaw oed roedd Gwyneth wedi ennill ar yr adrodd mewn dwsinau o eisteddfodau drwy ogledd Cymru ac yn genedlaethol! Bydd eisteddfodwyr pybyr y pumdegau a'r chwedegau yn cofio Eisteddfod Butlins a gynhelid bob Hydref yn y gwersyll rhyfeddol hwnnw ym Mhenychain. Glyn Owen ac Evie Humphreys oedd yn gyfrifol am drefnu'r ŵyl lwyddiannus honno gydol ei pharhad!

Wedi gadael Ysgol Ramadeg Pwllheli, aeth Gwyneth i Goleg Prifysgol Cymru Caerdydd i astudio'r Gymraeg. Ar ddiwedd ei chyfnod yno llwyddodd i ennill gradd Dosbarth Cyntaf gydag Anrhydedd, pan oedd y rheini'n rhyfeddol o brin. Clywais ffrindiau, cyd-fyfyrwyr ac athrawon yn y coleg yn rhyfeddu at allu academaidd y ferch o Bwllheli, a cheisiodd yr Athro Idris Foster ei chael i ddod i Rydychen i ddilyn cwrs ôl-radd, ond roedd yn well ganddi aros yng Nghymru i wneud ymchwil Meistr.

Gwaetha'r modd, dirywiodd iechyd Megan, mam Gwyneth yn gyflym, a chollodd ei brwydr â chancr yn fuan iawn wedi diwedd cwrs gradd ei merch ddisglair. Bu'n ysgytwad difrifol i Gwyneth a'i thad, a chefais innau ddim mo'r cyfle i gyfarfod Mrs Humphreys.

1967 oedd hi pan oedd Gwyneth a minnau yn dod i dreulio mwy o amser efo'n gilydd, blwyddyn bwysig i unrhyw un o Feirionnydd oedd â diddordeb yn y Pethe, chwedl Bob Lloyd. Daeth yr Eisteddfod Genedlaethol yn ôl i'r sir am y tro cyntaf ers Eisteddfod Dolgellau ym 1949, ac yn ystod yr wythnos fawr roedd Gwyneth yn un o'r teulu estynedig a'r ffrindiau a feddiannodd aelwyd Eithinfynydd. Dwi'n cofio un o nosweithiau'r Eisteddfod pan gyfrais ddau ar bymtheg yn cysgu ac yn brecwasta dan do'r tŷ fferm! Bu'n wythnos desog i'w chofio am sawl rheswm, yn arbennig gan i'r ferch o Bwllheli a'm rhieni ddod yn ffrindiau da, ac i'r cyfeillgarwch agos hwnnw barhau tra buont byw.

Aeth gweddill 1967 rhagddi fel y gwynt, ac yng ngwanwyn 1968 mi benderfynon ni'n dau nad oedd pwrpas aros i briodi, ac ar 17 Awst 1968 priodais â Gwyneth yng nghapel enwog, eang yr Annibynwyr ym Mhwllheli, Penlan. Y Parchedig Ted Lewis Evans, gweinidog Gwyneth, oedd yn gweinyddu, a'r Parchedig W. J. 'Bill' Edwards, ffrind da i mi, a'n gweinidog yn Llanuwchllyn yn llaw dde iddo. Tecwyn, fy mrawd mawr oedd y gwas a Rhiannon o Ruthun ac Evelyn, y ferch benfelen o'r cyfarfyddiad cyntaf hwnnw ym Mawddwy, oedd y ddwy forwyn.

Er mor fendigedig oedd y diwrnod, fe gafwyd tipyn bach o ddrama ynghylch y priodi! Roedd y ddau ohonom wedi penderfynu ymlaen llaw y byddem yn mynnu cael tystysgrif priodi yn Gymraeg, ac y byddem yn gwrthod un uniaith Saesneg. Gwnaed hynny, a chafwyd tipyn go lew o sylw yn y wasg Gymraeg, y *Daily Post* a chyfryngau eraill! Roedd llun yn y papur newydd a phennawd yn debyg i 'Pop Star refuses English only marriage certificate' yn gyfraniad bach at ymgyrchu Cymdeithas yr Iaith yn y cyfnod. Drwy ddyfalbarhau, daeth tystysgrifau cyfrwng Cymraeg i fodolaeth tua chanol y saithdegau, ond ni chaem ninnau un o'r rheini heb briodi o'r newydd! Achosodd hynny gryn dipyn o ddifyrrwch i Awen a Rhun ymhen rhai blynyddoedd; roedd ganddyn nhw dad a mam di-briod!

Fel oedd yr arfer bryd hynny, wedi'r wledd briodas

gadawodd Gwyneth a minnau Bwllheli i dreulio ein mis mêl yn Llydaw. Digwydd bod roedd Dafydd Iwan a minnau wedi cael gwahoddiad i ganu yng Nghyngres Geltaidd Fougères, Llydaw, y flwyddyn honno, ddyddiau'n unig wedi'r briodas. Roedd y cyfan wedi'i drefnu ymhell cyn y briodas, ond wrth lwc, llwyddwyd i gyfuno'r mis mêl gyda'r ŵyl o gân a dawns yn Llydaw. Yn bendant, fu'r un mis mêl cweit fel yr un hwnnw!

Cludodd yr Wolseley ni o Gymru i Gaerfaddon yn gyntaf, a chawsom gyfle i alw yng Nghôr y Cewri cyn mynd ymlaen i Southampton. Yno, roedd llong gysurus yn ein haros i'n cludo i Cherbourg ac i ramant gwlad newydd sbon! Fe dreulion ni ddiwrnod neu ddau ar fin traethau melyn Saint-Malo, cyn gyrru ymlaen i Fougères. Roedd o'n lleoliad arbennig o boblogaidd i gynnal yr Ŵyl y flwyddyn honno, gyda chynrychiolwyr o bob un o'r gwledydd Celtaidd wedi heidio yno, yn cynnwys dwsinau o bobol ifanc o Gymru. Ar brydiau teimlai fel pe baem ar ein mis mêl yn Nolgellau neu Gaernarfon yn hytrach na Llydaw! Erbyn inni gyrraedd roedd y si ar led ein bod ni newydd briodi, ac anghofiaf i fyth mo trefnydd yr ŵyl, yr Athro mwyn Pér Denez o Brifysgol Rennes, yn dod drwy'r dorf fawr at Gwyneth a minnau a rhoi dau ddwsin o rosod cochion inni, cyn dweud yn ei Gymraeg diffuant, 'Hapusrwydd am byth!'

Cafwyd dipyn o sbri yn yr ŵyl, a chafwyd cyfraniadau o bob gwlad yn y *festoù noz*, sef nosweithiau llawen. Roedd sêr o Lydaw ei hun yn rhoi eu stamp ar bethau hefyd, yn cynnwys y baledwr a'r canwr protest grymus Glenmor, a'r telynor rhyngwladol, Alan Stivell. Cafodd Dafydd Iwan a minnau groeso cynnes, a rhoddodd y diweddar Trefor Selway a'r plant Alwen a'r diweddar Owain eu hysgafnder arferol hwy i bethau.

Ar ddiwedd y gyfeddach lawen yn Llydaw, trodd Gwyneth a minnau drwyn y car yn ôl am Gymru. A ninnau ar gychwyn, daeth llanc o'r enw Guto o Abertawe i holi tybed a fyddai'n cael lifft, yn union fel pe bai am fynd i lawr i Dreforys i wneud neges!

Cafodd Guto ei lifft, a mawr fu ei ddiolch am flynyddoedd wedyn!

Wedi dychwelyd o Lydaw, ymgartrefodd Gwyneth a minnau ym Mhenllyn, Ton-teg, semi bach clyd ar stryd weddol newydd, liwgar ei blodau o'r enw Beaumaris Close. Enw ddiddorol, o feddwl lle y byddem yn byw ym Môn flynyddoedd yn ddiweddarach!

Yn Hydref 1968, rai wythnosau'n unig ar ôl inni symud i Don-teg, penderfynodd Gwyneth a minnau y byddai dydd Sul heb oedfa Gymraeg yn beth rhyfedd iawn. Gallwn, mae'n debyg, fod wedi cyfeirio 'nhraed yn ôl am Sardis ym Mhontypridd, ond teimlai'r ddau ohonom yr awydd am ddechrau newydd. Yn fuan, clywsom sôn am gapel yn Efail Isaf, rhyw ddeng munud o'r tŷ, ac roedd Penri a Mair, hwythau o'r gogledd ac wedi cyrraedd i'r ardal ychydig o'n blaen, wedi cael croeso cynnes yn y Tabernacl.

Ar ôl galw fy rhieni yn Llanuwchllyn a sôn am ein bwriad i fynychu capel yn Efail Isaf, awgrymwyd efallai mai hwn oedd capel tad Geraint Rhydsarn. Geraint oedd wedi dod yn ŵr i Rhiannon, merch y fferm agosaf un at fy nghartref yn Llanuwchllyn, a ffrindiau teulu agos. A thad Geraint oedd neb llai na'r diweddar Barchedig Stanley Jones, cyn-weinidog y Tabernacl! Yma felly y magwyd y diweddar Geraint Stanley Jones ei hun, un a wnaeth gyfraniad mor fawr i ddiwylliant y gwledydd hyn, fel pennaeth y BBC yng Nghymru a thu hwnt, ac wedyn yn bennaeth ar S4C.

Ni chawsom ein siomi yn y Tabernacl. Ychydig iawn o addolwyr a ddeuai drwy'r drysau erbyn 1968, ond roedd y croeso'n ddiffuant. Roedd yn gapel hardd, mewn lleoliad cyfleus, ac yn adeilad sylweddol a oedd yn amlwg yn derbyn gofal. Roedd boneddiges siriol wrth yr organ, un lawer iau na'i hoedran, a daethom i'w hadnabod fel Anti Vi.

Yn fuan dechreuodd Penri a Mair, a Gwyneth a minnau sôn

wrth 'fewnfudwyr' eraill am ein haelwyd newydd ar y Sul, ac o dipyn i beth daeth nifer atom. Yn eu plith roedd Rhys Lloyd a Nesta a'r diweddar Gwyn Griffith a Gwen ei wraig, y pedwar yn byw yn Nhon-teg, yn ogystal â Loreen Williams a ffrindiau o Efail Isaf ei hun. Ymhen llai na dwy flynedd fe gyrhaeddodd teulu'r Reesiaid, ac roedd hwnnw'n chwyldro bach ynddo'i hun. Bu'r Parch. Eirian Rees yn weinidog yn Seilo, Melincryddan, cyn arallgyfeirio a dod yn athro yn yr ysgol uwchradd yn y Beddau. Roedd ei brofiad a'i frwdfrydedd yn ysgogiad i ninnau, ac fe berswadiwyd y ddau dderyn brith o'r gogledd i ymgymryd â swyddi yn y capel; daeth Penri yn ysgrifennydd gofalus ac fe gefais innau yr anrhydedd o ddod yn ddiacon.

Yn y man, datblygwyd yr ysgol Sul, ac aed ati i chwilio am ddefnydd gwell i'r hen festri hynafol. Trafodwyd y posibilrwydd o sefydlu Ysgol Feithrin a defnyddio'r capel fel canolfan i hybu'r Gymraeg, ac o fewn dim o dro, sefydlwyd côr. Mae'r gweddill, ers pan adawais i, Gwyneth, a'r plant yn nechrau 1973, yn chwedl. Dwi'n ei hystyried yn fraint cael bod yn rhan fechan o hanes difyr y capel cynnes, llwyddiannus. Cyd-ddigwyddiad rhyfedd arall oedd i minnau a Gwyneth yn ei thro ddod yn ddiaconiaid mewn Tabernacl arall, Tabernacl yr Annibynwyr, Porthaethwy!

Yn ogystal â'r capel ar y Sul, roedd ein bywyd newydd yn brysur. Roeddwn i'n dal yn athro yn Ysgol Ynys-boeth, a Gwyneth erbyn hyn wedi penderfynu nad oedd y maes academaidd yn ei denu mwyach, ac fe'i penodwyd yn bennaeth adran y Gymraeg yn Ysgol Uwchradd Babyddol Newman, Rhydyfelin. Gwnaeth nifer o ffrindiau newydd yno, ac adnewyddwyd ei chyfeillgarwch â hen ffrind ysgol o Bwllheli, Pat Lee.

Profodd Ton-teg yn gymuned gyfleus a hapus i fyw ynddi. Roedd gennym gymdogion da o gefndiroedd gwahanol iawn i'n rhai ni, ond tyfodd Pam a Gary o rif 5 yn ffrindiau cywir, felly hefyd Howard ac Eileen yn rhif 7! Theimlon ni ddim annifyrrwch wrth i ni, Gymry Cymraeg o'r gogledd, egluro iddyn nhw, a oedd yn hollol ddi-Gymraeg, pam ein bod ni'n ymgyrchu am sianel deledu Gymraeg neu'n peintio arwyddion ffyrdd uniaith Saesneg!

Fodd bynnag, roedd yn Nhon-teg a'r fro amryw nad oedd yn rhaid egluro ein safiadau wrthynt, wrth gwrs. Yn ogystal â Penri a Mair, a Rhys a Nesta, daethom yn gyfeillion da â Gwyn Tudno a Luned, Cynlas Bach, Efail Isaf. Bu'r dewin llygaid, neu'r *opthalmic consultant* o Langrannog, Bill Lloyd-Rees, ei wraig Shirley Rees a'u merched yn hael eu croeso i'w cartref, Rhyd y Gerddinen hefyd. Yn fuan iawn wedi inni gyrraedd daeth Gwyn a Gwen Griffiths i'w cartref newydd hwythau ar stad gyfagos. Roedd Gwyn a minnau wedi dod i adnabod ein gilydd drwy'r Urdd ers blynyddoedd, ond buan y daeth yntau a Gwen o Sir Benfro, neu yn ei geiriau hi, o Sir Bemro, yn ffrindiau agos i Gwyneth a minnau. Cawsom sawl nos Sadwrn ddifyr yn brwydro at waed, bron, dros y bwrdd Monopoly.

Roedd digonedd o waith i'w wneud yn Nhon-teg, yn cynnwys yn y capel, yr Urdd, dosbarthiadau nos, y Blaid, ac ymgyrchoedd Cymdeithas yr Iaith. Aeth criw ohonom ati i sefydlu cangen fywiog o Blaid Cymru, a chawsom bleidlais syfrdanol i Errol Jones yn Etholaeth Pontypridd ym Mehefin 1970. Ar Ddydd Calan 1969, trefnodd Cymdeithas yr Iaith rali fawr genedlaethol, gyda channoedd ohonom yn cyrchu i Dŷ Mawr Wybrnant, cartref yr Esgob William Morgan yn Nyffryn Conwy. Ar y ffordd i Gonwy o bedwar ban Cymru, roedd gofyn inni beintio dros bob arwydd ffordd Saesneg a welem gyda phaent gwyrdd, cyn ein cyflwyno ein hunain i'r heddlu ar ddiwedd y dydd. Braidd yn amheus oedd tad Gwyneth, y cynblismon o'r ffaith bod ei ferch yn torri'r gyfraith mor fuan ar ôl iddi 'mhriodi i! Fodd bynnag, wnaeth Mr Humphreys na Kate ei wraig newydd, annwyl ddim i'n rhwystro. Roedd Gwyneth a minnau wedi aros yn eu cartref ym Mhen-y-groes y noson cyn y peintio, gan godi'n gynnar efo'n brwshys!

Yr enw y penderfynodd y ddau ohonom i ganolbwyntio arno'n benodol y diwrnod hwnnw oedd Conway. Gwyddai Gwyneth o'i chefndir academaidd bod Conway, am sawl rheswm, yn anghywir ac y dylem anelu i'w ddisodli â'r enw Conwy. Roeddem yn fodlon i amddiffyn hynny mewn llys barn, ond ychydig a wyddem y byddai'n rhaid gwneud hynny go iawn! Dwi'n cofio stopio'r car o flaen caffi ynghanol Betws-y-coed, lle'r oedd llond ffenestr o bobol yn syllu'n gegrwth ar y ferch ifanc yn camu o'r car llwyd ac yn dileu'r gair Conway oddi ar yr arwydd ffordd!

Fe ffonion ni Ben-y-groes ar ddiwedd y dydd i ddweud bod yr ymgyrch wedi bod yn llwyddiant, a gallwch ddychmygu mor falch yr oeddem pan ddywedodd tad Gwyneth fod Kate ac yntau wedi ein dilyn, a gweld ein bod wedi methu un arwydd. Roeddem wedi eu hennill nhw i'r ymgyrch!

Roeddwn i'n arbennig o falch o un eitem newyddion o'r noson honno. Wrth i nifer ohonom aros i gael mynd i mewn i swyddfa'r heddlu ym Metws-y-coed, fe'm daliwyd gan gamera'r teledu yn pwyntio at arwydd bach ar y wal yn dweud 'Police Station'. Ymhen dim, roedd Dafydd Iwan wedi ymddangos â brwsh paent gwyrdd, ac wedi dileu'r geiriau yn llwyr! Fe'm cafwyd yn euog, wrth gwrs, a hynny wedi inni bledio'n euog i beintio dros Conway mewn gwyrdd! Ond cawsom ddadlau ein hachos yn gadarn dros weld Conwy ar bob arwydd, ac roedd hynny'n bwysig. Cawsom ddirwy o ryw ugain punt yr un, a'r cam nesaf oedd gwrthod talu'r ddirwy! Gwaetha'r modd, roedd gan y llysoedd hawl i atafaelu'r arian o'm cyflog athro, ond gan mai ar gymhorthdal academaidd yr oedd Gwyneth bryd hynny, allen nhw ddim â chyffwrdd ynddo. Yn hytrach, fe'i gorfodwyd i wynebu cyfnod dan glo. Serch hynny, wrth i ddiwrnod ei charcharu agosáu, daeth neges ddienw yn dweud bod y ddirwy wedi ei thalu! Hyd heddiw, ni wn i pwy dalodd.

Gallwch ddychmygu cymaint oedd fy malchder innau a Gwyneth pan benderfynodd y Swyddfa Gymreig, y partneriaid priffyrdd a'r awdurdodau sirol rai blynyddoedd wedyn mai Conwy fyddai'r unig enw.

Aeth yr ymgyrch arwyddion ffyrdd yn ei blaen am flynyddoedd, a diflannodd ambell arwydd Saesneg o'n bro ninnau. Mae'n rhyfedd fel y gall rhywun drin sbaner, hyd yn oed mewn tywyllwch!

Gyda llawenydd mawr bu inni groesawu ein baban cyntaf, merch fach iach, yng Ngorffennaf 1971. Roedd Gwyneth yn Ysbyty Dwyrain Morgannwg, gwta filltir o'n cartref yn Nhon-teg, ac roedd disgwyl i'r babi gyrraedd o fewn diwrnod neu ddau. Roedd yn ddiwrnod olaf tymor haf yr ysgolion, ac roeddwn innau newydd orffen gwaith ysgafn yn y bore gyda'r plant ym Mryntaf. Roedd Gwyneth hithau wedi parhau i ddysgu tan ychydig ddyddiau cyn geni Awen! Daeth neges frys o swyddfa'r pennaeth yn dweud bod symudiad yn yr ysbyty, a chafodd Mr Morus Jones adael yr ysgol. Diolch i Awen, cefais bron i ddiwrnod llawn o wyliau haf ychwanegol y flwyddyn honno! Chefais i erioed brofiad tebyg i fod yng nghwmni Gwyneth y prynhawn Gwener hwnnw, a gweld geni Awen. Roedd bywyd wedi newid yn llwyr.

Daeth tro arall ar fyd pan anwyd Rhun. Rhoddodd Gwyneth enedigaeth ar yr aelwyd yn Nhon-teg y tro hwn, a hynny o ddewis. Roeddwn innau yn ddirprwy fydwraig ar y bore Sul braf hwnnw yn niwedd Awst 1972. O fewn ychydig dros flwyddyn roeddem wedi tyfu'n deulu o bedwar! Roedd geni Rhun ar yr aelwyd yn brofiad cwbl arbennig. Roedd popeth ar ben erbyn wyth y bore, a chlywais sŵn bach yn dod o stafell Awen. Roedd hi newydd ddeffro, heb fod yn ymwybodol o gyffro'r bore. Codais y fechan dri mis ar ddeg oed ar fy mraich a'i chario at ei mam a'i brawd bach. Edrychodd i lawr ar y ddau, estyn ei breichiau bach allan a dweud 'babi, babi!' cyn ymuno â nhw yn y gwely. Ennyd fach fythgofiadwy. Daeth tad Gwyneth a Kate i lawr atom o fewn rhai oriau yn achos y ddwy enedigaeth, ac roedd gweld fy mam fy hun yn dod i lawr o Benllyn i'r de am rai dyddiau i helpu yn fendigedig.

Yn ogystal â bod yn flwyddyn bwysig i'n teulu bach ni, roedd 1972 yn flwyddyn fawr i'r Urdd hefyd. Enwyd yr Eisteddfod y flwyddyn honno'n Eisteddfod y Jiwbilî i nodi hanner canmlwyddiant y mudiad, ac i ddathlu'r achlysur, recordiodd fy ffrind a'r telynor, y diweddar Robin James Jones, a minnau record 'Steddfod y Jiwbilî' i Sain. Roedd yr Eisteddfod yn dod i'r Bala y flwyddyn honno, a chafodd plant Penllyn hwyl yn recordio'r gytgan:

> Jiw, jiw, jiw! Steddfod y Jiwbilî!
> Dyna 'chi Steddfod fydd hi,
> gwisg dy wyn coch a gwyrdd,
> rho dy arian i'r Urdd
> a thyrd i Steddfod y Jiwbilî!

Canol blwyddyn Jiwbilî yr Urdd oedd hi pan ddechreuodd rhyw gosi yn fy nhraed am gael bod yn bennaeth. Gwnaeth Mr Tom Evans, prifathro Bryntaf bryd hynny i mi deimlo, er fy mod i'n ifanc, fod gen i'r hawl i ymgeisio am unrhyw swydd. O fewn rhai dyddiau i'w gilydd yn niwedd Hydref a dechrau Tachwedd 1972, roeddwn yn ymddangos o flaen aelodau dau Bwyllgor Addysg digon tebyg i'w gilydd, y naill yn yr hen Sir Drefaldwyn a'r llall ym Meirionnydd fy mhlentyndod.

Aeth y cyfweliad am swydd pennaeth Ysgol Gynradd Llangadfan yn ddigon hwylus, er gwaetha'r nifer sylweddol o Gynghorwyr Sir ar y panel. Cynigiais fy llongyfarchion i Mr Tom Rees, ymgeisydd profiadol a'm curodd yn deg y prynhawn hwnnw. Roedd yn benodiad da, a rhoddodd Tom flynyddoedd helaeth o wasanaeth clodwiw i ysgolion cynradd gogledd Maldwyn ac i fyd addysg yn ehangach.

Rai wythnosau'n ddiweddarach cefais gyfweliad am swydd pennaeth Ysgol Gynradd Rhydymain. Roedd yn brofiad braf, er gwaetha'r ffaith bod wynebau llond llaw o aelodau'r panel yn gyfarwydd iawn i mi. Yn wir, roedd ambell un ohonynt yn fy adnabod ers pan oeddwn i'n gwisgo trowsus cwta! Roedd yr holi'n drylwyr, a soniais innau am fy mhrofiadau mewn dwy ysgol mor wahanol i'w gilydd yn ne Cymru. Methais â chredu geiriau'r swyddog a ddaeth o'r ystafell i ddweud fy mod i wedi cael fy mhenodi ac y byddwn yn dechrau ar fy swydd pennaeth ymhen llai na deufis! Roedd yn rhaid rhoi galwad ffôn i'm cefnogwr proffwydol o Gaerdydd, a phrin y gallai Tom Evans guddio ei falchder. Es i Lanuwchllyn yn syth i rannu'r newyddion gyda fy rhieni, ac er gwaethaf eu balchder, roedd y llawenhau fymryn yn fwy petrusgar. Roedd Mam, fel arfer, yn ymarferol ei meddwl, yn poeni nad oedd tŷ gen i i Gwyneth a dau blentyn bach o dan ddwyflwydd oed yn Rhydymain. Ond mae'n amlwg bod gen i ffrind o'r dechrau un yng nghoridorau Swyddfa Addysg Meirionnydd. O fewn oriau roedd Mr Cyril Edwards, y prif swyddog di-ffws wedi dod o hyd i gartref i ni yn Nhŷ'r Ysgol y Brithdir.

Annie a Dafydd Cadwalader, rhieni Edward

Eithinfynydd

Tecwyn ac Edward

Ysgol y Pandy

Ysgol Newydd

Dosbarth tonic sol-ffa Peniel 1955

Dosbarth V, Ysgol y Bechgyn, y Bala, 1960

'Cadeirio' Gerallt ar ôl dod yn ôl o Eisteddfod yr Urdd Caerdydd, 1965

Llun o'r hogiau ar risiau'r Coleg Normal

Hogiau Neuaddau'r George a Seirol, 1965–66

Criw Neuadd Ardudwy, Coleg y Normal, 1963–64

Triawd y Normal: (chwith i'r dde) Caryl Williams (née Owens), Edward a Margaret Davies

Eifiona Hewitt (née Ashton), chwith, a Joan Rowlands, dde

Dafydd Iwan ac Edward ar gefn record Yn Ôl i Gwm Rhyd-y-Rhosyn

Athrawon Ysgol Ynys-boeth, 1968–69

Priodas Edward a Gwyneth, Capel Penlan, Pwllheli, 1968

Ysgol Bryntaf, 1970

Diaconiaid Capel Tabernacl, Efail Isaf, 1972

Ysgol Rhydymain, 1977

Llun o'r awyr o Ysgol Llandegfan, 1992

Dosbarth Glyn Williams yn Ysgol Llandegfan, 1979–80(?)

Nant Gwrtheyrn

Beryl Vaughan a Glyn (Pantglas, Pencaenewydd a'r Bala), yn y Ffair Aeaf

Edward yn ymddeol, 2001

Capel y Tabernacl, Porthaethwy

Gyda Bryner Jones o gyfnod y Tabernacl, 1985

*Gwyneth ac Edward yn cael eu derbyn i'r Orsedd
gan yr Archdderwydd Robyn Léwis, Meifod 2003*

Edward a Gwynn Angell

Edward gyda Bill Davies, Llywydd diweddar Undeb y Bedyddwyr (â'i Lucozade!)

Penri, Mair, Gwyneth ac Edward wrth y Niagra Falls

Sheila, Emyr Hughes (cefnder cyntaf i Gwyneth), a Gwyneth

Gwyneth yn un o lorris ei theulu cyfoethog, Humphreys Farm, New Hartford, New York

Logo Ysgol Llandegfan

Rhun yn fabi, ac Awen ei chwaer yn rhoi sws ar ei ben

Y teulu ym mharti pen-blwydd Edward yng ngwesty'r Bulkeley, Biwmares

Priodas Rhun a Llinos

Priodas Awen a Marcus

Car priodas Awen, a rosét Rhun ar ei flaen

Priodas Seth, mab Mary, yn 2023

Eirian Owen, arweinydd Côr Godre'r Aran yn derbyn Gwobr Glyndŵr am ei chyfraniad difesur i gerddoriaeth. Yn y llun mae Eirian, ei Mam 'Dodo Kate' ac Edward ym Machynlleth.

Côr Godre'r Aran yn canu yn Llangollen

Edward gyda Deiniol Price ac Elinor Bennett, Undeb Cymru a'r Byd

Edward yn helpu ym Mhalesteina

Retired head braves Middle East dangers

Church sets £150,000 target for Palestinian aid

By DAVID GREENWOOD

A RETIRED North Wales headteacher is today flying out to Israel on a fact-finding mission.

Edward Morus Jones, from the south Anglesey village of Llandegfan, hopes his trip will help raise cash for ordinary Palestinians living in the occupied territories.

A former headmaster at the local primary school, the 66-year-old is helping mastermind an appeal launched by the Union of Welsh Independent Congregational Churches. Mr Jones, deacon at Tabernacl Chapel, Menai Bridge, will spend a week in Israel.

His itinerary will take in areas which have witnessed escalating violence sparked by suicide bombings and instant reprisal raids by the Israeli armed forces.

After flying to Tel Aviv, the tiny delegation, working under the umbrella of Christian Aid, will be based initially in Jerusalem.

"From there we will be visiting Palestinians in various areas, including the Gaza Strip," said Mr Jones.

"I expect our itinerary has been carefully planned and will be closely monitored on a day to day basis."

The appeal will be launched officially when Mr Jones returns.

"I was asked by the church to go and to be honest I feel it is a great honour. I know the situation in the region is volatile but I suppose I have led a pretty sheltered life and I am keen to do all I can to help," said Mr Jones.

Speaking before he left Anglesey for London, he added: "Recently the Union raised £150,000 for projects in the Sudan and we are hoping to at least match that this time round.

"We are basing our target on every member in Wales giving a £5 donation.

"We will be hoping to meet Palestinian farmers and hopefully some of the money will go towards helping them, with health and education projects high on the list of priorities as well."

Edward Morus Jones, off to the Middle East

Erthygl papur newydd o ymweliad Edward â'r Lan Orllewinol

Darlith feddygol gyntaf yn Gymraeg

ROEDD dros 200 o fyfyrwyr yn bresennol i glywed y ddarlith feddygol gyntaf yn Gymraeg yn Ysgol Meddygaeth Prifysgol Caerdydd ddechrau'r wythnos. Y Dr Awen Iorwerth, darlithydd dan nawdd y Coleg Cymraeg Cenedlaethol, oedd yn traddodi ar strwythur esgyrn. Roedd cyfieithiad ar y pryd i fyfyrwyr di-Gymraeg.

Mae Awen Iorwerth, sy'n credu'n gryf yn y defnydd o'r Gymraeg mewn meddygaeth, yn ymgynghorydd Trawma ac Orthopaedeg gydag arbenigedd yn yr ysgwydd a'r benelin i Ysbyty Brenhinol Morgannwg ac yn fuan wedi ei phenodi datblygodd flas ar hyfforddi llawfeddygon ifanc.

Wedi cyfnod byr fel tiwtor llawfeddygol i'r Coleg Brenhinol, cafodd ei phenodi yn Gyfarwyddwr Rhaglen Hyfforddiant Llawfeddygon Craidd Cymru. Trwy ei gwaith gyda'r tîm hwnnw, mae'r rhaglen wedi gwella'n sylweddol i fod yn un o'r rhai mwyaf llwyddiannus ym Mhrydain.

Graddiodd Awen Iorwerth o Goleg Meddygol Prifysgol Cymru Caerdydd (bellach Ysgol Meddygaeth Prifysgol Caerdydd). Ar ôl blwyddyn yn dysgu anatomeg ym Mhrifysgol Caerdydd,

Erthygl papur newydd am Awen

Elen, Osian a Siwan yn cychwyn un bore am Ysgol Gyfun Llangefni, tua 2015

Gwrhyd Gwyn Hopcyn

*Edward a Mary yn dathlu eu priodas yn ôl yng Nghymru,,
Llanfairpwllgwyngyll, 2016*

Yng nghwmni Marcus, Llinos, Rhun, Mary ac Awen

Pennod 16

Yn ôl i Feirionnydd

Wedi chwe blynedd mor llawn, roedd gadael Morgannwg yn sgeg. Yn ogystal â gadael athrawon ffyddlon a phlant difyr Ysgol Bryntaf, roedd yr atgofion am yr hwyl yn Ysgol Ynys-boeth ac am Gareth, Wyn a Roy y bûm yn cyd-letya â nhw ym Mhontypridd yn fyw. Roeddem yn gadael yng nghanol bwrlwm trefnu Eisteddfod Genedlaethol yr Urdd a fyddai'n dod i Bontypridd y flwyddyn ganlynol hefyd. Ond yn anad dim, roedd gadael Penllyn, rhif chwech Beaumaris Close, yn boenus.

Fodd bynnag, chwe blynedd ers gadael Llanuwchllyn ar fy mhen fy hun ym 1966, ar ddiwedd 1972 roeddwn yn dychwelyd gyda gwraig a dau o blant bach llawen!

Roedd Tŷ'r Ysgol, Brithdir, yn nefoedd fach, er inni ei deimlo'n anghysbell ar y dechrau â ninnau newydd adael ardal mor boblog yn Nhon-teg. Ond fe lenwai'r plant y tŷ acw drwy'r dydd, a phan ddeuai eu diwrnod ysgol hwythau i ben, roedd gan ein teulu ardd fawr ac iard ysgol i ni ein hunain!

Roedd prifathrawes Ysgol Gynradd Brithdir, Miss Hannah Davies, yn byw yn Rhydymain, ac yn teithio'n ôl a blaen i Frithdir bob dydd. Roeddwn innau wedyn, prifathro newydd Ysgol Gynradd Rhydymain, yn teithio o fuarth Ysgol Brithdir! Daethom yn 'ffrindiau ffordd fawr' da, a phenderfynu rhyw brynhawn i stopio ar y ffordd rhwng y ddwy ysgol i gael sgwrs fel cymdogion! Roedd y man cyfarfod yn agos i dŷ hynafol

Ffrwd y Gwyllt, cartref un o'n hawduron mwyaf toreithiog, Bethan Gwanas! Roedd Hannah Davies yn foneddiges, yn brifathrawes effeithiol a threfnus, ac er yn berson preifat roedd ganddi hiwmor tawel a sgwrs rwydd.

Yn ystod y cyfarfod arbennig hwnnw ar ochr y ffordd, trodd Miss Davies ataf a dweud mor hoff oedd hi o'm car, a holi am ei fêc. Eglurais innau mai Saab 96, car ail law o Sweden oedd o. Ac ar fy ngwir, o fewn rhai dyddiau, pwy oedd yn fy mhasio ar y lôn i Frithdir, finnau yn fy hen Saab coch a hithau yn ei Saab melyn, newydd sbon danlli, oedd Miss Davies!

Ar Ionawr y cyntaf 1973 roeddwn yn dechrau'n swyddogol ar fy swydd, ac roedd yr ysgol yn agor i'r plant ymhen tridiau wedyn. O'r diwedd, byddwn yn bennaeth ar ysgol wledig braf, a'r adeilad yn ddim ond rhai blynyddoedd oed. Fel yn achos cymaint o benaethiaid newydd i ysgolion cynradd yn y cyfnod hwnnw, fel hyn y bu'r trosglwyddo – roedd bwnsiad o allweddi ar gyfer yr adeilad yn fy nghyrraedd oddi wrth fy rhagflaenydd, Mr D. T Jones, trwy law fy rhieni yn Eithinfynydd. Byddai amlen gyda'r ffeil weinyddu ynghyd â gair diffuant o ddymuniadau da ar fwrdd yr ystafell athrawon fechan, a dyna ni. Y fi oedd yn gyfrifol am bopeth o hynny ymlaen! Roedd Miss Griffiths, yr athrawes gynorthwyol, yn barod i ateb unrhyw gwestiwn, ac er gwaethaf y bedydd tân, roedd y dyddiau hynny'n rhai braf.

Roedd gan yr ysgol wyth ar hugain o blant, a'r rheini wedi eu rhannu bron yn gyfartal rhwng adran y plant bach, a'r adran iau, dosbarth y plant hŷn. Roedd cegin fodern, ac roedd Mrs Drinkwater yn frenhines pìn mewn papur ar y lle, gyda help Mrs Mari Davies yn ystod amser cinio. Mrs Gwladys Lloyd oedd yr ofalwraig siriol, a bu'n help mawr i'r sgwlyn newydd hwn ddod i wybod pwy oedd pwy yn Rhydymain!

Roedd perl o gyd-athrawes yn aros amdanaf yn yr ysgol newydd, sef Miss Gwyneth Griffiths. Roedd hi'n wraig nobl, diwylliedig a siriol, a'i llais cryf i'w glywed ymhell cyn i chi ei gweld! Roedd wedi dod i fyw at ei brawd, Gruffydd i Ddol'feili, neu Ddôl y Ddeulif, fferm fechan i gyfeiriad Llanuwchllyn. Un o'r ysgolion y bu Miss Griffiths am gyfnod, nid yn unig yn athrawes ynddi, ond yn bennaeth arni, oedd Ysgol Capel Celyn. Roedd Miss Griffiths ymhlith y rhai olaf i addysgu yno cyn i'r pentref bach gael ei foddi gan ddinas Lerpwl drigain mlynedd yn ôl.

Roedd plant fy nosbarth, pymtheg ohonynt, yn blant cwrtais, ufudd ac awyddus i ddysgu. Un peth a'm trawodd yn syth ar ôl cyrraedd, a minnau wedi dod o ysgolion â channoedd o blant, oedd y tawelwch oedd o'm cwmpas pan fyddai'r plant wrth eu gwaith, ar wahân i lais Miss Griffiths neu ryw furmur fel cwch gwenyn bob hyn a hyn. Bron iawn y gallwn glywed sŵn afon Eiddon yn ymuno â'r Wnion drwy Ddôl Tunturia!

Fodd bynnag, ym 1973 daeth hi'n bryd i godi llais dros yr ysgol. A minnau'n gyfan gwbl gyfrifol am bron i ddeg ar hugain o blant, ac oedolion, nid oedd unrhyw ffordd i mi gysylltu â'r byd y tu allan bryd hynny, nac ychwaith i'r byd hwnnw gysylltu efo ni. Soniais wrth y Swyddfa Addysg yn Nolgellau un prynhawn bod yr ysgol angen ffôn, a'r ymateb a gefais gan swyddog digon annwyl oedd bod ciosg ffôn hanner canllath o'r ysgol, ac y byddai hwnnw'n ddigonol. Fodd bynnag, wrth feddwl am yr holl bethau a allai godi, o salwch plant i ddamweiniau, roeddwn am ddyfalbarhau. Codais y mater eto mewn cyfarfod ardal i benaethiaid, a'r tro hwn roedd gen i gefnogaeth o leiaf un pennaeth arall; fy ffrind yn y Saab melyn! Clywais ddweud bod un o'r penaethiaid wedi awgrymu'n ddistaw fy mod i'n tynnu sylw ataf fy hun, am fy mod i'n newydd i'r cylch, gan ddadlau mai ofer oedd gwario ar bethau fel ffonau. Serch hynny, roedd gan yr ysgol uwchradd leol a'r ysgol gynradd fwyaf yn y fro ffonau, ac roeddwn yn falch o glywed imi gael y maen i'r wal pan ddaeth gair o'r Swyddfa yn fy hysbysu y byddai'r adran briodol yn gofalu bod ffôn yn cael ei osod yn yr ysgolion llai. Roeddem, wedi'r cyfan, yn nhraean olaf yr ugeinfed ganrif!

Yn fy mlwyddyn olaf ym Mryntaf roedd y prifathro blaengar, Tom Evans wedi penderfynu cyflwyno 'ffrydio fertigol', dull arloesol lle'r oedd pob athro dosbarth yn gyfrifol am blant o fwy nag un ystod oedran ar yr un pryd. Bu'r cyfle i roi cynnig arni ym Mryntaf yn werthfawr iawn erbyn i mi gyrraedd Ysgol Rhydymain, gan mai dyna'r drefn, o reidrwydd, mewn ysgol â dau athro.

Erbyn heddiw, a diolch am hynny, hen hanes yw'r ysgolion hynny â dau oedolyn yn unig ynddi. Mae gweinyddwyr meithrin, cymorthyddion dosbarth, ac athrawon un-i-un yn creu tîm llawnach i ofalu am y plant. Ond ym 1973, Miss Griffiths a minnau oedd tîm addysgu cyfan Ysgol Rhydymain; serch hynny, fe weithiodd pethau'n rhyfeddol. Dilynai'r plant holl ystod pynciau arferol ysgol gynradd, ond yn ychwanegol at hynny, roedd gan Miss Griffiths ddawn arbennig i ddysgu'r plant hynaf i chwarae'r recorder. Byddai dyrnaid bach ohonynt yn cyfeilio'r emyn yn ein gwasanaethau bob bore. Roedd crefftau, gan gynnwys gwnïo, yn ogystal â chanu ac addysg corfforol yn cael eu hannog hefyd, ac os deuai cyfle i gymryd rhan mewn eisteddfod, gŵyl lyfrau neu fabolgampau, roeddwn am i blant Rhydymain fod yno, ac os yn bosibl, yn ennill!

Datblygodd perthynas braf rhwng yr ysgol â'r gymdeithas leol, a gwahoddwyd ambell unigolyn i'r ysgol i sôn am bynciau o ddiddordeb. Pan ddechreuodd Heulwen Roberts, neu Anti Heulwen, ddod i'r ysgol i gyflwyno'r plant i fyd cerdd dant, gwyddwn y gallai rhywbeth arbennig ddigwydd yn Rhydymain. Wedi'r cyfan, roedd William Edwards, Tŷ Cerrig y Blaenau yn un o arloeswyr y grefft, ac y fo oedd y cyntaf i roi cerdd dant ar recordiau gramoffon.

Roedd bwlch anarferol o fawr pan benderfynodd Miss

Griffiths ymddeol dair blynedd wedi imi gyrraedd Rhydymain, a dwi'n siŵr y byddai'n maddau i mi am adrodd un stori o'n cyfnod yn cydweithio. Roedd Miss Griffiths wedi cael triniaeth go arw ar ei chlun rai blynyddoedd ynghynt, ac roedd pìn metel wedi ei osod i gryfhau'r cymal. Fodd bynnag, erbyn 1975, roedd y pìn, oedd â thrwch darn 10 ceiniog, yn llacio yn ei soced ac yn dueddol o ddod o'i le o dan haen denau o gyhyr a chroen. Gallai fod yn wirioneddol boenus, ond canfu Miss Griffiths ei bod yn bosibl gwthio'r pìn yn ôl i'w le'n ofalus, ac y byddai'n aros yno am ddyddiau! Fodd bynnag, mae'n debyg ei bod yn haws i rywun arall roi'r pìn yn ôl yn ei le, a gallwch ddychmygu'r cais a gefais ganddi. Ar sawl achlysur ar ôl i'r plant fynd adre, byddai Miss Griffiths yn ad-drefnu ei sgert i mi roi'r pìn strae yn ôl yn ei briod le. Dwi'n reit siŵr, o edrych yn ôl, nad oedd tendian i anghenion meddygol delicet fy nghyd-athrawes ar ddisgrifiad swydd prifathro!

Yn dilyn ymddeoliad Miss Griffiths wedi tair blynedd o gydweithio hapus, daeth cyfle i benodi cyd-athrawes newydd. Roedd Siân Lloyd Davies yn athrawes ifanc oedd wedi treulio blwyddyn neu ddwy gyntaf ei gyrfa yn Llandrillo, ger Corwen, yr ysgol lle'r oedd ei thad yn bennaeth. Wedi penodi Siân, daeth oedran cyfartalog staff addysgu Ysgol Rhydymain i lawr o tua 47 i 28! O fewn dyddiau, roedd Miss Lloyd Davies wedi ennill ei phlwyf ymhlith y plant bach a minnau fel athrawes annwyl a gwerthfawr.

Ym 1974, daeth cynnig difyr i ran yr ysgol pan ddaeth un o uwch swyddogion yr Urdd o Aberystwyth i Rydymain i holi a fyddem yn fodlon recordio cân neu ddwy i'r mudiad. Cawsom hwyl garw ar y record gyntaf honno a ddatblygodd yn fuan yn 'Hei Mistar Urdd', sy'n dal i gael ei chanu heddiw. Yn yr un cyfnod, fe'm gwahoddwyd i ddod yn un o Is-lywyddion ieuengaf erioed yr Urdd, ac mae'r llythyr personol gan y Fonesig Eirys Edwards, gweddw Syr Ifan, yn parhau i fod yn un o'm trysorau pennaf. Byddai bywyd ieuenctid Cymru, a Chymru ei hun, cymaint tlotach oni bai am Urdd Gobaith Cymru.

Roedd 1974 yn flwyddyn arwyddocaol i'r byd addysg hefyd, gydag ailstrwythuro llywodraeth leol yn cael gwared ar awdurdodau Meirionnydd, Caernarfon a Môn, ac yn creu'r Wynedd fawr. Symudodd ein swyddfa addysg gartrefol o Ddolgellau i Gaernarfon, a phryd hynny teimlai Tre'r Cofis yn bell iawn o Rydymain. Fodd bynnag, roedd achos dathlu wrth i'n dirprwy gyfarwyddwr addysg o ddyddiau Meirionnydd, Mr Tecwyn Ellis, gael ei benodi'n Gyfarwyddwr Addysg newydd Gwynedd.

Yn y cyfnod hwn, pwyswyd arnaf i ymgeisio i ddod yn un o arweinwyr Undeb Cenedlaethol Athrawon Cymru (UCAC) yng Ngwynedd. Cefais fy ethol yn drysorydd y sir, gyda chyfrifoldeb i geisio cynyddu yr aelodaeth yng Ngwynedd. Deuthum i adnabod arweinwyr UCAC y tu hwnt i Feirionnydd. Yn eu plith roedd rhai o gynrychiolwyr Sir Fôn fel Ifan Wyn Williams, Rhosmeirch, O. T. Gruffydd, Bodorgan, a Ted Hughes, Cemaes. O hen sir Gaernarfon wedyn roedd Aled Roberts, y Bontnewydd, Gunston Jones, Caernarfon, a'r undebwr diflino hwnnw, T. Emyr Pritchard, Botwnnog. Daeth Emyr a minnau yn ffrindiau dros y blynyddoedd, a rhwng y ddau ohonom, gwelsom UCAC yn tyfu i fod yn undeb athrawon grymus drwy Wynedd gyfan. Yn ogystal, roedd gan gangen Meirionnydd ddau arweinydd cadarn, sef Trefor Wood a Jo Wyn Jones, y naill o Danygrisiau a'r llall o Faenofferen. Roedd yn fraint cydweithio gyda nhw dros y blynyddoedd.

O fewn dyddiau i eni Sir Gwynedd, daeth Eric Jones o adran ffyrdd y sir i gyswllt. Roedd yn awyddus i greu record i godi ymwybyddiaeth plant o ddiogelwch ar y ffordd, a byddai angen tair neu bedair cân wreiddiol. Derbyniais yr her, a ganwyd record EP 'Aros, Edrych, Gwrando' gyda phedair cân ymhen rhai wythnosau'n unig. Yn ôl y sôn, roedd tystiolaeth i'r record fod o gymorth wrth addysgu plant Gwynedd am ofal ar y ffyrdd. Defnyddiwyd y record mewn dosbarthiadau am sawl blwyddyn wedi hynny.

Roedd 1974 yn drobwynt yng ngwleidyddiaeth Cymru hefyd. Cyhoeddwyd yn gynnar yn y flwyddyn y byddai Etholiad Cyffredinol yn niwedd Chwefror, ac roedd gŵr ifanc, disglair wedi ei enwebu i sefyll yn enw Plaid Cymru dros etholaeth Meirionnydd. Dafydd Elis-Thomas oedd hwnnw, wrth gwrs, ac roeddwn yn ei adnabod yn dda o ddyddiau Bangor. Roeddwn i wedi setlo i'm swydd newydd yn Rhydymain a doeddwn i ddim yn teimlo y byddai'n ddoeth imi ruthro i fod yn rhan o'r ymgyrchu gwleidyddol a fyddai'n siŵr o ddigwydd yn yr ardal. Ofnwn, o wneud fy nheyrngarwch pleidiol yn hysbys, y byddai rhieni'n teimlo'n annifyr wrth ddod ataf i drafod materion ynglŷn â'u plant. Glynais wrth y rheol hon ym mhob ysgol y bûm ynddi wedyn.

Fodd bynnag, roedd sawl ffordd o gynorthwyo'r ymgyrch i ethol Dafydd, y ffrind personol oedd am ddisodli'r AS presennol, William Edwards o'r Blaid Lafur. Byddwn yn gadael yr ysgol ymhell wedi i'r plant a Miss Griffiths fynd adre, ac anelu am Swyddfa'r Etholiad yn Nolgellau i weithio o'r golwg am ddwyawr neu dair. Edmygwn frwdfrydedd Dafydd a'i allu i gyflwyno dadl yn glir ac effeithiol, ac roedd y posibilrwydd o ennill yn dod yn fwy real bob dydd.

Pan fyddwn yn helpu yn y swyddfa byddai Gwyneth a'r plant yn piciad heibio i'm gweld. Byddai Awen a Rhun wedyn yn cyrraedd yn ôl adre cyn amser gwely ac yn estyn am bapurau, amlenni a ffôn yn Nhŷ'r Ysgol er mwyn 'chwarae swyddfa'r Blaid!' Mae'n amlwg i hyn fod yn ddylanwad cynnar ar Rhun!

Yn ystod yr wythnos olaf cyn yr etholiad, dwi'n cofio Elfed Roberts, Penrhyndeudraeth, Trefnydd yr Etholaeth, yn galw heibio a dweud yn ei lais cadarn, tawel: 'Ma' Stiniog yn troi!' Os oedd y proffwyd yn dweud hynny am ardal ddiwydiannol Lafur fwyaf y sir, roedd pethau'n edrych yn obeithiol!

Daeth diwrnod yr etholiad, ac yn oriau mân y bore wedyn, bore Dydd Gŵyl Dewi, daeth y canlyniad hanesyddol. Roedd Dafydd wedi ennill ym Meirionnydd o 500 pleidlais, yr aelod cyntaf erioed o Blaid Cymru i ennill sedd mewn Etholiad Cyffredinol, rai munudau'n unig cyn i'r newyddion dorri bod Dafydd Wigley yntau wedi cipio sedd Caernarfon! Gallwch ddychmygu'r llawenydd ar Sgwâr Eldon, Dolgellau. Bellach, roedd hi'n anodd imi guddio fy lliwiau gwleidyddol, achos roedd pob camera teledu a ffilm drwy'r wlad wedi dal pedwar ohonom yn cario Dafydd o Neuadd Idris ar ein hysgwyddau i sŵn y dorf fawr.

Ond nid oedd lle i orffwys ar ein rhwyfau. Roedd y canlyniad yn genedlaethol yn agos, a ffurfiwyd Llywodraeth leiafrifol gan y Prif Weinidog, Harold Wilson, cyn penderfynu galw etholiad pellach ar 10 Hydref. Dau etholiad, a dwy ymgyrch yn yr un flwyddyn! Yn yr ail etholiad cynyddodd Dafydd ei fwyafrif i dros ddwy fil a hanner o bleidleisiau.

Yn y cyfnod hwn, roedd Gwyneth a minnau wedi prynu darn o dir gan Ieuan Evans yr Hengwrt ynghanol pentref Rhydymain. Rhannwyd y llain yn ddwy, a chododd Llew a Marjorie Evans dŷ ar un rhan ac aethom ninnau ati i gynllunio bynglo ar y llall. Llusgodd y prosiect yn ei flaen am flwyddyn yn ychwanegol, ond o'r diwedd, erbyn 1976 roeddem yn byw ym Mhenllyn, Rhydymain, ar lan afon Eiddon!

Digwydd bod, roedd sawl aelod o'm teulu estynedig yn byw yn ardal Rhydymain yn y cyfnod hwn. Roedd brawd fy mam, Ellis Owen Evans a'i wraig, Marged yn byw i fyny yn Nhan-y-bryn cyn ymddeol i'r pentref, ac roedd Anti Mair a Tom John yn byw yn y Carleg. Roedd teulu'r Hengwrt Uchaf, Ieuan a Mary Evans a'u dau blentyn o'r un cyff hefyd, a brawd Ieuan, Lewis, ei wraig Jean a'u pum plentyn oedd yn cadw siop a phost y pentref. Yn ogystal, trwy'r teulu yng nghyfraith, roedd teuluoedd Tom ac Annie Mary Edwards, Cae Coch a theulu Wil a Dorath Tŷ Cerrig y Blaenau yn perthyn. Roedd hi wastad yn gysur gwybod fod teulu yn agos.

Yn fuan iawn wedi inni symud yno daeth aelwyd Penllyn yn gyrchfan cyson i ffrindiau, yn arbennig felly ieuenctid oedd yn aelodau gweithgar o Aelwyd yr Urdd. Ni fu'n rhaid i Gwyneth a minnau, oedd allan bron bob nos mewn rhyw gyfarfod neu'i gilydd, ddod o hyd i neb i warchod y plant. Roedd cyflenwad parod o bobol ifanc siriol ar gael bob amser! Cymaint roedd ein plant yn mwynhau cwmni'r ieuenctid fel y cafodd Gwyneth a minnau ein hunain adre un noson, a gofynnodd Awen yn daer, mae'n debyg, 'Allwch chi ddim meddwl am rywle i fynd heno?'

Wrth sôn am yr Aelwyd, roedd erbyn hyn griw da yn ymgynnull yn y Neuadd Bentref unwaith yr wythnos ar gyfer Aelwyd yr Urdd, a minnau'n dipyn o arweinydd. Dechreuwyd timau pêl-droed a phêl-rhwyd, ac fe gynhaliwyd sawl Noson Lawen yma ac acw. Bydd yr aelodau o'r cyfnod hwnnw ymhell yn eu canol oed erbyn hyn, ond byddant yn siŵr o gofio un digwyddiad arbennig. Roedd Eifion Glyn, a ddaeth yn hwyrach yn newyddiadurwr cenedlaethol praff yn Drefnydd yr Urdd ym Meirionnydd ar y pryd, a threfnwyd noson lawen awyr agored un min nos braf o haf o gwmpas coelcerth ar gae'r Henfaes. Ffilmiwyd y noson gan yr Urdd, a defnyddiwyd y lluniau nifer o weithiau dros y blynyddoedd i hyrwyddo gwaith y mudiad.

Gan nad oedd prinder o gantorion iau yn Rhydymain, gyda Llinos Cae Coch, yr unawdydd addawol yn eu plith, rhoddais sylw i adrodd a'r gair llafar yn yr Aelwyd. Roedd H. R. Jones, Dolgellau, rheolwr cyntaf Hufenfa Meirion wedi bod yn adnabyddus drwy'r fro ac eisteddfodau Cymru ers ugain mlynedd a mwy am ei ddawn llefaru. Y fo oedd yn hyfforddi

Parti Eiddon, parti llefaru i ferched yng nghanol Meirionnydd, ac enillwyd prif wobrau cydadrodd mewn sawl eisteddfod, yn cynnwys y Genedlaethol. Bron yn syth wedi inni gyrraedd Brithdir, cafodd Gwyneth, a oedd yn adroddwraig brofiadol erbyn hynny, wahoddiad i ymuno â'r parti. Roeddwn i wrth fy modd hefyd pan gytunodd H.R. i ddechrau parti adrodd newydd yn Rhydymain, ac mae'n braf dweud i'r parti hwnnw hefyd brofi llwyddiant. Digwydd bod, drwy Barti Eiddon y daethom yn gyfeillion â Beryl Hughes, Dolffanog, Tal-y-llyn bryd hynny, neu Beryl Vaughan, Cwm Nant-yr-eira wedi iddi briodi John Vaughan, Sychtyn. Roedd Gwyneth a minnau ym mhriodas y ddau, ac roedd tua chwarter y gwahoddedigion ar ochr John yn perthyn i mi, gyda'u gwreiddiau yn Llanuwchllyn!

Yn y saithdegau dechreuodd y Parchedig Geraint Vaughan Jones, yn wreiddiol o Ddyffryn Banw, ar ei yrfa newydd fel ficer yng ngofal eglwysi Llanfachreth, Brithdir a Bryncoedifor. Roedd Geraint yn athrylith diymhongar, ac roedd wedi gadael swyddi uchel yn y gwasanaeth sifil rhyngwladol er mwyn mynd yn weinidog i'r Eglwys yng Nghymru. Siaradai Almaeneg a Ffrangeg yn dda, yn ogystal ag Eidaleg, peth Llydaweg, Cymraeg gloyw Maldwyn a Saesneg y dosbarth canol eglwysig! Bu Geraint a minnau yn cydweithio ar brosiect gefeillio Dolgellau â Gwenrann yn Llydaw, ac roedd ei afael praff ar iaith yn ddefnyddiol wrth i'n dirprwyaeth ymweld â'r chwaer wlad Geltaidd. Daethom yn ffrindiau agos, a chan fod Geraint yn ddi-briod, cawsom lawer o'i gwmni ar ein haelwyd neu yn y Ficerdy yn Llanfachreth. Roedd ein diddordebau'n gorgyffwrdd, gan gynnwys addysg, llenyddiaeth a cherddoriaeth. Roedd Geraint yn delynor medrus, ac roedd yr hen garolau Plygain ar flaen ei fysedd.

Ychydig cyn inni adael Rhydymain am Fôn, penodwyd Geraint yn Rheithor ar eglwysi Dyffryn Dyfi, o Lanymawddwy i Gemaes, a chafodd help gan Gwyneth a minnau i symud i

Reithordy hynafol Mallwyd. Cedwais gysylltiad agos ag o hyd wedi iddo ymddeol i Aberystwyth tua dechrau ei saithdegau. Gyda thristwch gwirioneddol, buom yn dyst i'w ddirywiad i ganser brwnt, a theimlais i a Gwyneth i'r byw ar erchwyn ei wely yn ystod ei ddyddiau olaf yn Ysbyty Machynlleth.

Yn Neuadd Rhydymain, cawsai'r plant gynulleidfaoedd teilwng i'w gweld yn cyflwyno oedfa, sioe neu gyngerdd, ond caed hwyl wrth ffurfio cwmni drama i oedolion hefyd, gyda Gwyneth yn cyfarwyddo. Dwi'n cofio'r chwerthin iach wrth berfformio *Tŷ Clap* gan Wil Sam. Mae gyrfaoedd chwist yn parhau'n boblogaidd yn Neuadd Rhydymain, ond cawsom yrfa arbennig o lwyddiannus un Nadolig gyda chant a deg o fyrddau, a thros bedwar cant o bobol o bob oed wedi tyrru i Rydymain.

Byddai'r Gymdeithas Lenyddol gref yn denu cynulleidfa hefyd, a thros y blynyddoedd cafwyd cyfranwyr uchel eu parch, yn cynnwys I. B. Gruffydd, Bangor, y Parchedig Robin Williams, Rhoslan, Richard Hughes annwyl, neu'r 'Co Bach' o'r Felinheli ac, wrth gwrs, Charles Williams o Sir Fôn.

Yn ystod fy nwy flynedd olaf yn Rhydymain, aeth Mrs Alwena Davies, Brithdir, a minnau ati i sefydlu Cylch Meithrin yn y pentref a fyddai'n bwydo plant i'r ysgol gynradd. Cafwyd cefnogaeth barod, a daeth Miss Gwyneth Griffiths allan o'i hymddeoliad i helpu, hyd yn oed. Yn amlwg roedd hi'n hiraethu am y plantos bach!

Profodd ein teulu gyfeillgarwch a chroeso arbennig yn Rhydymain, gan y gymuned, rhieni a staff yr ysgol. Yn ystod fy nghyfnod tyfodd yr ysgol i bron ddeugain disgybl, a gyda balchder dilynais yrfaoedd llwyddiannus sawl cyn-ddisgybl mewn amrywiaeth o feysydd, yn cynnwys byd amaeth, peirianneg, iechyd, y fyddin a'r byd busnes. Felly hefyd aelodau Aelwyd yr Urdd Wnion, ac aeth nifer ohonynt hwythau yn eu blaen i yrfaoedd disglair ym myd theatr, teledu a darlledu.

Roedd gen i a Gwyneth lwmp anferth yn ein gyddfau ar

noson y ffarwelio yn y Neuadd. Roedd torf wedi ymgynnull, a chyflwynwyd anrhegion gan yr ysgol, y capel, y Cylch Meithrin a'r Aelwyd. I Gwyneth, Awen, Rhun a minnau, bu dyddiau Rhydymain yn rhai bythgofiadwy.

Pennod 17

Cwm Rhyd-y-Rhosyn

Fuodd hi fawr o dro wedi inni gyrraedd Meirionnydd cyn i mi a Dafydd Iwan afael ynddi unwaith eto yn ein perthynas gerddorol! Penderfynwyd mewn dim o dro mai paratoi casgliad o ganeuon i blant fyddai'r prosiect nesaf, a thros y misoedd dilynol casglwyd toreth o ddeunydd wedi'i anelu at blant tua phedair oed hyd at oedran gadael yr ysgol gynradd.

Yr hyn a'n synnodd ni'n dau oedd bod cymaint o ddeunydd eisoes yn bodoli! Roedd llyfrau fel *Smwt* a *Cerddi a Rhigymau* yn dyddio'n ôl i'r adeg pan oeddwn i fy hun yn ddim o beth. Yn ogystal â hynny, roedd casgliadau o ganeuon gwerin, rhai gan yr Urdd, a nifer o eiriau ac alawon ar y cof. Dewiswyd rhyw ddwsin o ganeuon amrywiol i'w cynnwys ar record hir, a chafwyd brên wêf i gynnwys stori i glymu'r caneuon at ei gilydd, gan leoli'r cwbl mewn cwm bach dychmygol o'r enw Cwm Rhyd-y-Rhosyn.

Roedd sawl ysbrydoliaeth i enw'r cwm arbennig. Roedd Cwm Nant-yr-eira, nid nepell o gartref mam Dafydd ynghanol Sir Drefaldwyn yn enw tlws, ac roeddwn innau yn cofio clywed enwau Cwm Rhyd yr Arian yn Nyffryn Clwyd, Cwm Abergeirw ym Meirionnydd, a Chwm Rhyd y Ceirw yn ne Sir Frycheiniog. Mae o hyd ryw ledrith i'r gair 'cwm' i mi, ac roeddwn i wedi bod yn rhan o fywyd nifer o gymoedd gydol fy mywyd, yn cynnwys yn Llanuwchllyn ac yn ddiweddarach yng nghymoedd de Cymru.

Esblygodd 'Fuoch chi rioed yn morio?', pennill o hwiangerdd fach o flynyddoedd ynghynt, a dod yn deitl posibl i'r record. Roedden ni'n teimlo'r angen i ychwanegu ambell gân wreiddiol at y casgliad, a dyna pam y cyfansoddwyd 'Tyrd am dro i'r coed', 'Wiwer fach goch', 'Mam wnaeth gôt i mi', a 'Tw ra rw' i gwblhau'r record gyntaf. Roedd y gwaith mawr o gasglu a chyfansoddi wedi'i wneud felly, a rŵan roedd yn rhaid eu cyflwyno ar y record hir gyda chyfeiliant. Flwyddyn ynghynt roeddwn i wedi mwynhau gweithio gyda'r telynor annwyl, y diweddar Robin James Jones; y fo wnaeth y cyfeiliant cefndirol ar gyfer record *Steddfod y Jiwbilî*. Roedd angen ambell sŵn ychwanegol ar gyfer record serch hynny, a dyma alw ar y ddau frawd ifanc, Gwyndaf a Dafydd Roberts. Ddegawdau wedyn, wrth gwrs, daeth y ddau yn aelodau allweddol o fand Ar Log, a dwi'n siŵr mai wrth recordio Cwm Rhyd-y-Rhosyn y bwriodd y ddau eu prentisiaeth ar record!

Nodau telyn Harpo Marx fyd-enwog Robin James Jones sydd i'w chlywed yn 'Fuoch chi rioed yn morio?' ac yn yr ail gân, 'Dau Gi Bach', ynghyd â gitâr fas Gwyndaf yn sylfaen a ffliwt Dafydd yn cwblhau'r triawd medrus y tu ôl i'r lleisiau. Selwyn Jones o'r Manod oedd y nesaf i serennu yn y prosiect, ac fe recordiwyd 'Fuoch chi rioed yn morio?' ar lwyfan Ysgol y Moelwyn y tu ôl i lenni trwchus, gyda Selwyn yng ngofal y recordio.

Mae'n anodd credu, ond recordiwyd y nifer helaethaf o'r deunaw o ganeuon mewn un sesiwn hir. Freuddwydiai neb am wneud hynny heddiw! Dwi'n credu hefyd inni lwyddo ar un tro yn achos sawl cân, a Selwyn wedyn, yn ei stwdio-garej fu'n bennaf gyfrifol am olygu ac addasu'r tapiau yn waith gorffenedig.

Nid yn unig roedd Selwyn yn beiriannydd sain medrus, ond roedd o hefyd yn artist o safon. Fo fu'n gyfrifol am ddylunio siaced lwch unigryw *Fuoch chi rioed yn morio?*, ynghyd â'r lluniau du a gwyn celfydd ar y daflen eiriau. Roedd yn ŵr o allu creadigol anarferol. Cafodd *Fuoch chi rioed yn morio?* groeso mawr, ac roedd yn amlwg bod plant Cymru, yn ogystal â'u rhieni a'u hathrawon yn barod amdani!

Yn fuan daeth ceisiadau o sawl cyfeiriad am record i ddilyn *Fuoch chi rioed yn morio?* ac ymhen rhyw dair blynedd, roedd technoleg recordio wedi datblygu. Roedd gennym fwy na digon o ddeunydd i recordio dilyniant, ac wedi gwaith dyfal ganwyd y casgliad nesaf, *Yn ôl i Gwm Rhyd-y-Rhosyn*! Y tro hwn daeth cerddor medrus arall i helpu, sef Hefin Elis, a chafodd y casgliad hwn dderbyniad gwresog hefyd. Ar gefn siaced yr ail gasgliad, yr un sy'n cynnwys llun eiconig o'r haul melyn mawr o eiddo Cen Williams a phlant o Adran yr Urdd, Parc y Rhath, Caerdydd, mentrodd Dafydd Iwan ysgrifennu'r geiriau 'Cofiwch frysio'n ôl i Gwm Rhyd y Rhosyn eto, cyn bo hir!' Roedd 'na ffydd yn ei eiriau! Ond gwireddwyd ei broffwydoliaeth, ac ymhen rhyw dair blynedd arall, rhyddhawyd *Gwyliau yng Nghwm Rhyd-y-Rhosyn*!

Buom yn fwy mentrus y tro hwn. Yn gyntaf, daethom â'n pum plentyn, tri Dafydd a'm dau innau i mewn i gael lleisiau plant ysgol gynradd i helpu i greu naws y Cwm! Ni wnaeth Llion, Elliw, Telor, Awen na Rhun erioed gwyno eu bod nhw wedi cael eu gorfodi i helpu eu tadau! Yn ddistaw bach, dwi'n credu iddynt fwynhau'r profiad!

Yn y man, penderfynwyd y byddai gêm fwrdd Cwm Rhyd-y-Rhosyn yn ychwanegu at y diddordeb, yn ogystal â chyflwyno plant Cymru i'n bro ddychmygol. Aeth Dafydd Iwan, y pensaer gofalus ati i ddylunio un, ac roedd hwnnw unwaith eto yn llwyddiant.

Daeth oes y casét, ac roedd dyddiau'r recordiau hir wedi dod i ben, dros dro, o leiaf! Daeth y cyfnod hwn â chyfle i gwblhau'r gyfres gydag *Ar ras i Gwm Rhyd-y-Rhosyn*! Mynnaf gofnodi bod y modd celfydd y creodd Dafydd Iwan y stori i glymu'r cyfan gyda'i gilydd yn destun edmygedd mawr i mi. Oedd, roedd taith Cwm Rhyd-y-Rhosyn yn daith i'w chofio, a phenllanw'r gwaith oedd i mi a Dafydd dderbyn record aur yr un ag arnynt y geiriau caredig: 'Cyflwynedig i Dafydd Iwan ac Edward gan Sain am arwain sawl cenhedlaeth o blant Cymru i Gwm Rhyd-y-Rhosyn.'

Teimlai'r ddau ohonom ein bod wedi creu rhywbeth a fyddai'n gwmni a diddanwch i filoedd o blant Cymru a'u teuluoedd am genedlaethau. Erbyn heddiw, mae'r 67 cân a'r straeon wedi eu crynhoi i ddwy gryno ddisg ddeniadol, ac mae epig y cwm bach rhyfeddol hwn yn dal i werthu yn y siopau! Yn ogystal â hynny, mae cwmni teganau Si-Lwli o Ynys Môn wedi creu'r Seren Swynol sy'n canu caneuon Cwm Rhyd-y-Rhosyn i blant heddiw.

Daeth fideo VHS o rywle am sbel, a chynhyrchwyd rhaglenni teledu i blant yn defnyddio'r caneuon. Gwnaed ambell sioe Cwm Rhyd-y-Rhosyn dros y blynyddoedd, ac mae'r gwahoddiadau'n dal i ddod!

Pennod 18
Llandegfan

Mae nifer o bobol yn drysu enw'r pentref hwn efo Llandegla, Sir Ddinbych, Llangadfan ym Maldwyn, neu Landrygan, un o bentrefi eraill Môn! Ond pentref yn nghymuned Cwm Cadnant yw Llandegfan, i fyny Allt Cichle o'r ffordd fawr sy'n arwain o Borthaethwy i Fiwmares. Pan adawais lannau'r Fenai a'r Coleg Normal yn haf 1966, wnes i erioed freuddwydio y byddwn yn treulio'r rhan fwyaf o fy mywyd yn byw ac yn gweithio yr ochr arall i'r culfor.

Roedd ein teulu wedi ffarwelio â Rhydymain, lle'r oeddwn innau a Gwyneth yn adnabod pawb, er mwyn dod i ardal newydd sbon a dyfodol dieithr. Roedd yn anodd gorfod gadael Gwyneth a'r plant yn Rhydymain ym Mai 1978 i ddechrau fy nhymor yn Ysgol Gynradd Llandegfan a chwilio am dŷ, wrth i Gwyneth, a oedd yn isel ei hysbryd braidd, baratoi i werthu'r tŷ yn Rhydymain.

Fel yn Rhydymain rhyw chwe blynedd ynghynt, roeddwn yn awyddus inni fyw yn nalgylch yr ysgol newydd, ysywaeth, nid oedd tŷ teulu ar gael yn unman yn Llandegfan. Ni ddaeth y tro hwn yr un Samariad trugarog o'r Swyddfa Addysg i gynnig llety fel ym Meirionnydd ym 1972, a doedd dim amdani ond meddwl yn greadigol!

Roedd darnau o dir ar werth yn natblygiad adeiladu Mill Bank ar gyrion pentref Llandegfan, yr unig fferm ag iddo enw

Saesneg yn yr ardal! Roeddwn i ar y pryd yn lletya gyda thad Gwyneth a'i wraig Kate ym Mhen-y-groes yn ystod wythnosau cyntaf y tymor, ac aeth Evie ati i chwilio am ddarn o dir addas i godi tŷ. O fewn llai nag awr, daeth o hyd i blot a thalu blaendal ar ein rhan! Gwnaed addewid y byddai tŷ pedair llofft ar lecyn braf yn barod cyn diwedd yr haf hwnnw! Dwi'n cofio fod geiriau Ifans y Tryc, 'sgersli bilîf!' ar flaen fy meddwl ar y pryd. Gwerthodd Gwyneth ein tŷ yn Rhydymain yn fuan iawn, ac roedd yn dawelwch meddwl gwybod ein bod wedi ei werthu i Gymraes siriol o ardal y Bala yn wreiddiol, oedd yn dod yn ôl i Gymru i fyw o Hong Kong.

Ond roedd y tŷ ym Môn ymhell o fod yn barod, felly roedd rhaid storio ein dodrefn yn ddiogel yn nhŷ'r gŵr bonheddig Jack Edwards, siop y pentref. Bu Jack ac Elin ei wraig yn ffrindiau agos inni byth wedyn. Fe brynon ni garafán symudol, ail law a bu'r pedwar ohonom yn byw ynddi am ddim llai na deufis a hanner, a hynny ar dir Mrs Eades, Greenloaming. Bu Mrs Eades yn graig o gymorth i'r teulu od yn ei gardd gefn! Roedd gwyliau haf 1978 yn un hir i Awen a Rhun, ond mi ddaethom drwyddi, a bu'n gyfle i ddatblygu perthynas agos, wahanol rhwng rhieni Llandegfan a'r pennaeth newydd, parchus a'i deulu oedd yn byw mewn carafán!

Gallai golchi dillad plant a choginio fod yn anodd mewn carafán, ond yn y cyfnod hwn roedd ffrindiau da yn barod eu cymwynas, yn arbennig Ella ac Alwyn Owens, Porthaethwy. Cawsom groeso ar aelwyd Nest, merch y Parchedig O. M. Lloyd, Dolgellau, a Gerallt, a'u plant, Luned a Heledd. Felly hefyd Francis a Marina Hughes, cyfeillion ers dyddiau Gwersyll yr Urdd Glan-llyn, ac Evelyn a Huw Roberts.

Daeth pethau'n haws pan benodwyd Gwyneth yn athrawes Gymraeg a Drama yn Ysgol Syr Thomas Jones, Amlwch, gan ddechrau y mis Medi hwnnw. O'r herwydd, llety gwely a brecwast yn fwy na dim oedd 'Nan y Garafán'.

Roedd adeilad Ysgol Rhydymain yn un isel, hir, a digon tebyg i fynglo eang. Roedd ynddi ddwy ystafell ddosbarth wedi'u cysylltu ag un ystafell fawr, a fyddai'n ystafell fwyta, campfa a neuadd. Yn y cefn, roedd cegin braf ac yn y blaen roedd swyddfa fechan. Roedd Ysgol Gynradd Llandegfan, ar y llaw arall, mewn cyferbyniad llwyr.

Dwi'n cofio myfyrio ar y pryd ei bod yn ysgol ddiddorol a gwahanol, ac yn wir, ar wahân i un ysgol arall yn ardal Victoria, Llundain, nid oedd yr un ysgol drwy Brydain gyfan yn debyg o ran ei phensaernïaeth. Mae'r prif adeilad ar ochr bryn ac, yn fras, yn wynebu'r de. Er mwyn gwerthfawrogi'r olygfa wych dros y Fenai, cododd y pensaer yr adeilad yn uwch, a'i osod fel pe bai ar stiltiau, a'i du blaen eang yn baenau mawr o wydr plaen. Dwi'n siŵr ei fod yn edrych yn wych ar fwrdd dylunio pensaer dyfeisgar, ond doedd y realiti ymarferol ddim cystal. Byddai'r adeilad yn anghysurus o boeth yn yr haf ac yn rhewllyd yn y gaeaf, ac roedd y system gynhesu yn annigonol i'r adeilad. Ar ben hynny, cynlluniwyd y chwe ystafell ddosbarth ar bedwar neu bump lefel wahanol! Nid oedd drysau rhwng yr ystafelloedd dosbarth, roedd grisiau yn yr ystafelloedd, ac nid oedd digon o le i blant eistedd i weithio, dim ond ar garpedi'r grisiau, felly roedd hi'n anodd i athrawon wybod lle'r oedden nhw yn y dosbarth! Maddeuaf i ddarllenydd sydd wedi drysu erbyn hyn, ac mae'n anodd esbonio cynllun yr ysgol. Roedd hi, ac mae'n parhau hyd heddiw, yn ysgol wahanol iawn, a byddai athrawon, swyddogion addysg, a mwy nag un arolygydd yn cael eu synnu wrth ymweld â'r lle. Er hynny, roeddwn i wrthi'n ddyfal yn ceisio perswadio'r plant, yr athrawon, a'r rhieni bod gennym yn Llandegfan yr ysgol orau, fwyaf modern a mwyaf cynhyrfus yn y wlad! Roedd yn rhaid i mi, on'd oedd?

Roedd ardal Llandegfan wedi chwyddo y tu hwnt i bob disgwyl yn y blynyddoedd cyn 1978. Roedd tai newydd wedi egino drwy'r fro, llawer ohonynt yn gartrefi i weithwyr ar brosiectau adeiladu mawr, yn cynnwys cynllun trydan dŵr Dinorwig, yr ysbyty newydd ym Mhenrhosgarnedd – Ysbyty Gwynedd – a phrosiect i ailadeiladu Pont Britannia wedi'r tân. Roedd y cyfan wedi effeithio'n fawr ar Landegfan, ac roedd mewnlifiad sylweddol i'r pentref. Yn naturiol, cafodd hyn effaith ar natur yr ysgol, yn arbennig felly ar yr iaith.

Fe'm synnwyd yn fuan iawn ym 1978 bod gan ddisgyblion di-Gymraeg a dysgwyr Ysgol Llandegfan athro i bob blwyddyn ysgol. Ar y llaw arall, roedd gweddill plant yr ysgol a gawsai eu haddysg drwy gyfrwng y Gymraeg wedi eu rhannu rhwng dau athro! Roedd dosbarth y plant ieuengaf (hoffais i erioed mo'r enw 'dosbarth y babanod'), sef plant ag ystod oedran 4 i 6 oed, yng ngofal un athrawes, a'r plant hŷn, 7 i 11 oed, yng ngofal yr athro arall! Fel prifathro, byddai'n rhaid unioni'r cam a gawsai'r ddau ddosbarth hynny, y rhan fwyaf ohonynt yn Gymry Cymraeg o Landegfan. Byddai'n rhaid cymryd pwyll cyn newid pethau, ond newid fyddai'n rhaid.

Yn fuan wedi fy mhenodiad, es i draw i Landegfan i weld fy rhagflaenydd a'r athrawon. Roedd Mr Mclean yn unigolyn addfwyn a chroesawgar, ac yn wahanol i Rydymain, byddai tîm ehangach o staff i'm cefnogi. Roedd tîm cydwybodol o athrawon oedd yn barod i gydweithio o'r dechrau, er bod ystod oedran eang rhwng yr wyth ohonom. Roedd Enid Jones a Dilys Ivor Jones yn neng mlynedd olaf eu gyrfa, Glyn Williams, y dirprwy bennaeth, yn ei ganol oed, a phum athrawes arall sef Nest Jones, Helen Roberts, Mary Prytherch, Elsie Francis a minnau!

O'r dyddiau cyntaf, gallwn ddweud gyda'm llaw ar fy nghalon ein bod yn ffodus o'r plant yn Llandegfan, yn Gymry Cymraeg a di-Gymraeg, yn Wyddelod, Saeson, Almaenwyr, Americanwyr, a'r disgyblion o'r Dwyrain Canol, India a Japan. Yn wir, dwi'n cofio sylwi ar ddechrau fy nghyfnod bod yn Llandegfan ddisgyblion o gartrefi â chyfanswm o ddeg o ieithoedd yn cael eu siarad. Mae Tŵr Babel yn dod i'r meddwl!

Mae'n debyg fy mod wedi cyrraedd Llandegfan wedi cyfnod digon heriol yn hanes yr ysgol, cyfnod oedd yn deillio'n bennaf o'r newid mawr ym mhoblogaeth yr ardal. Trafodais y sefyllfa â'm cyd-athrawon, y Llywodraethwyr, a'r Cynghorydd Sir a fu'n gefn mawr i mi, y Parchedig Mihangel Williams. Sgwrsiais â rhieni a thrigolion o bob cefndir er mwyn ceisio mynd at wraidd y tensiynau, ac yn y pendraw, i'w goresgyn.

Penderfynais, yn gam neu'n gymwys, y byddwn yn galw cyfarfod agored o'r holl rieni ar 22 Mai 1978, noson fy mhenblwydd! Teimlwn fy mod yn brifathro newydd, a bod gen i gyfle i symud pethau ymlaen fel rhywun o'r tu allan i'r ynys. Daeth yr athrawon i gyd i'm cefnogi ar fy nghais, ac roedd gen i'r parch mwyaf tuag atynt am eu cefnogaeth.

Fel yr amheuais, roedd neuadd yr ysgol dan ei sang. Estynnais groeso cynnes i'r dorf yn ddwyieithog ac eistedd, yn fwriadol felly, fymryn yn anffurfiol ar fwrdd ym mlaen y neuadd. Yn y cyfarfod cefais gyfle i fynegi fy niolch diffuant i'r Llywodraethwyr a'r Cyngor Sir am gael fy mhenodi i'r swydd, a chefais gyfle i sôn am fy mhrofiadau o weithio mewn dwy ysgol lawer mwy o ran niferoedd, y naill mewn ardal ôl-ddiwydiannol, ddi-Gymraeg, yn ne Cymru a'r llall yn fwy breintiedig a dinesig ei naws yng Nghaerdydd. Siaradais am ryw chwarter awr cyn agor y noson i'r gynulleidfa, ac roedd Glyn Williams, fy nirprwy a'm ffrind dibynadwy, yn cadw cofnod o bethau fyddai'n destun trafodaeth bellach. Mynegodd ambell aelod o'r gynulleidfa air o groeso i mi. Ac yna daeth y cwestiwn cyntaf, gan unigolyn academaidd yr olwg.

'Mr Jones, could we have your views on sexual stereotyping in schools?' Roedd yn gwestiwn annisgwyl i ddweud y lleiaf, a phrin y byddai llawer o rieni eraill ym 1978 wedi poeni rhyw lawer am hyn. Rhoddais ateb gonest, gan ddweud fy mod i wastad yn anelu at ddarparu cyfleoedd cyfartal i bawb drwy holl ystod gwaith yr ysgol. Daeth y cwestiwn nesaf, yn Saesneg eto.

'Before you came, this school had a stinking reputation. How do you intend on improving the situation?' Cofiwch fod yr holl athrawon di-flino yn bresennol yn y cyfarfod, yn eu hamser sbâr, a dwi'n siŵr iddynt deimlo i'r byw. Rhoddais ateb diplomataidd ond cadarn am y newid yn y boblogaeth, am yr heriau diweddar, ond hefyd am y cyfleoedd, gan geisio eu darbwyllo fy mod yn credu mewn codi a chynnal safonau disgyblion. Yn ddwyieithog y daeth y cwestiwn nesaf.

'Sut y byddwch chi'n dod â'r ysgol a chymdeithas Llandegfan at ei gilydd?' Roedd hwn yn gwestiwn haws o lawer i mi ei ateb o'r galon. Yn ogystal â'r elfennau diwylliannol y gallem ymhél â nhw yn y gymuned, soniais yn gynnil am yr angen i adeiladu cronfa arian iachach, a rôl y gymuned yn y gwaith hwnnw. Ychydig gannoedd oedd yn nghoffrau'r ysgol pan gyrhaeddais. Gofynnwyd dau neu dri chwestiwn arall, a chafwyd ambell sylw, y mwyafrif yn gadarnhaol.

O fewn oriau i ddiwedd y cyfarfod, cefais neges i godi calon, a hynny gan Peter Thomas, Llandegfan, rhiant oedd yn wyddonydd gwaed ym Mangor. Roedd o a ffrind am gefnogi'r achos, a cherdded prif gopaon Eryri i godi arian i gronfa'r ysgol. O fewn llai na mis, roedd Peter wedi cyflawni'r her, a chyflwynodd siec heb fod ymhell o fil o bunnoedd i'r ysgol. Gallwn fod wedi crio o lawenydd.

Hefyd yn codi o'r cyfarfod, daeth mam ifanc, hollol ddi-Gymraeg, Mrs Swann o gyffiniau Macclesfield ataf, a holi am ystafell yn yr ysgol ar gyfer cynnal dosbarthiadau Cymraeg i rieni. Cynigiais innau fy nghymorth fel athro ac o fewn ychydig roedd dosbarth o thua dwsin yn barod i ddechrau arni wedi'r haf. Gweithiodd y criw yn frwd a daeth Mrs Swann yn ffrind da i mi, yn ogystal â dod yn gynorthwywraig werthfawr yn y dosbarth Cymraeg, gan helpu dechreuwyr llai profiadol i fwrw ati i ddysgu!

Roedd gan ei gŵr, Malcolm, a hithau ddau o blant, Matthew a Rachel Clare, disgyblion yn yr ysgol. Yn fuan ganwyd iddynt ferch fach, ac roedd yn anodd peidio gwenu wrth i'r ddau ddweud mai enw'r fechan fyddai Nia. Deuthum yn dad bedydd i Nia, a chefais y fraint o'i gweld yn dod yn un o'r swyddogion mwyaf gwerthfawr ym maes datblygu economaidd yng Ngwynedd!

Ymweliad llai pleserus a gefais drannoeth y cyfarfod wedi imi gael galwad ffôn gan riant, gŵr busnes canol oed, yn gofyn am gyfarfod â'r pennaeth. Y diwrnod wedyn daeth i'r ysgol yn gwrtais ond difrifol, gan ysgwyd fy llaw yn ffurfiol, eistedd, edrych i fyw fy llygaid, a dweud, 'Mr Jones, I've heard that in your previous school you were known as a little Hitler. Would you like to comment?' Dywedais wrth y gŵr y byddai'n rhaid imi dapio'r sgwrs os am barhau â'r cyfarfod, gan roi fy mheiriant recordio ar y ddesg. Ar amrantiad, newidiodd agwedd y rhiant. Mae'n amlwg fod y gŵr wedi rhuthro ataf ar don o hunanbwysigrwydd busnesaidd, ac ei fod am weld sut un oedd y pennaeth newydd! Ar ôl cynnig ei roi mewn cyswllt â rhieni Rhydymain, yn hyderus na fyddai neb yn cefnogi ei ganfyddiad, diffoddais y peiriant. Cawsom drafodaeth gall o hynny ymlaen, a daethom yn gyfeillion dros y flwyddyn wedyn. Roedden ni'n dau wedi dysgu!

Erbyn 1978, roedd sbectrwm eang iawn o aelwydydd ym mro Llandegfan. Roedd plant o deuluoedd busnes a theuluoedd phroffesiynol llewyrchus. (Roedd, wedi'r cyfan, ardal Glyngarth neu 'Milltir y Miliwnyddion' a rhoi iddo ei lysenw, yn y dalgylch.) Ar y llaw arall, roedd teuluoedd llawer mwy cyffredin hefyd, yn ogystal â'r amrywiaeth ddiwylliannol y soniais amdano eisoes. Penderfynais y byddai'n syniad da i fabwysiadu gwisg arbennig i'r ysgol, er mwyn creu rhyw ymdeimlad o undod a chydlyniant. Roedd gwrthwynebiad i ddechrau, wrth gwrs, ac hyd y cofiaf, nid oedd gan ysgolion cynradd lleol eraill wisg ysgol yn y cyfnod.

'Self-expression is important for pupils, don't you think?' oedd un gwrthwynebiad sy'n aros yn y cof! Ond aed ymlaen â'r gwaith ac ym mhen dim roedd y ddadl am uno disgyblion gydag un wisg, yn ogystal â'r ddadl economaidd gadarn, wedi ennill ei thir. Wedi tipyn go lew o waith ymchwil, cytunwyd mai glas tywyll a glas golau fyddai'r cyfuniad gorau, ynghyd â thei syml gyda'r ddau liw. Roedd y tei yn debyg iawn i dei Ysgol Syr Thomas Jones, Amlwch, yr ysgol lle'r oedd Gwyneth yn athrawes, ond yn dal yn ddigon pell o Landegfan! Trefnwyd cystadleuaeth rhwng y plant hŷn i greu llun a fyddai'n ysbrydoliaeth i fathodyn yr ysgol, ac ymgais merch o'r enw Kate Gould ddaeth i'r brig. Llun o dri blodyn bach melyn, yn debyg i gennin Pedr oedd dyluniad Kate, delwedd a atgoffai rhywun o blant yn tyfu a blaguro. Dyma fynd ar ofyn un o rieni'r ysgol – cymydog, ffrind ac artist dawnus, George Davy. Eglurais y weledigaeth wrth George, a gwnaeth ddyluniad hyfryd o dair cenhinen bedr a'r gwreiddiau'n llunio draig goch gelfydd. I glymu'r weledigaeth ynghyd, roedd enw'r ysgol a'r tri gair syml 'Plant yn tyfu' yn ddigon, ac roedd elfen o chwarae â'r ddwy iaith hefyd, wrth gwrs, gyda'r defnydd o'r gair 'plant.' Cymerodd pawb at y wisg a'r logo, a dwi'n cofio'r wefr o weld holl ddisgyblion Ysgol Llandegfan o'm blaen ar y bore cyntaf hwnnw, a do, mi gollais ddeigryn bach distaw. Mae gweld yr arwyddair a'r glas yn cael lle mor amlwg gan yr ysgol hyd heddiw yn rhoi gwefr fach i mi pan fyddaf yn ymweld â'r pentref.

Datblygodd perthynas lawer iachach rhwng yr athrawon, y rhieni a'r gymdeithas leol. Daeth yn amlwg fod pethau'n newid wrth inni gynnal digwyddiad mawr yn y pentref ar ddechrau un mis Tachwedd. Cynhaliwyd noson tân gwyllt cymunedol ar gae'r ysgol gyda chŵn poeth a chawl ac ati! Cynigiodd teulu'r diweddar Dewi Owen, Bryngwyn, dractor a threlar er mwyn gallu casglu tanwydd, ac roedd hefyd ymhlith y rhieni arbenigwyr ar ffrwydron o'r gwaith trydan yn Llanberis. Ac felly y daeth Noson Tân Gwyllt Llandegfan yn ddigwyddiad poblogaidd yng nghalendr y pentref am sawl blwyddyn, gan godi miloedd o bunnoedd i'r ysgol.

Mae'n anodd imi grybwyll y noson tân gwyllt heb sôn am un digwyddiad anffodus, tua'r drydedd flwyddyn i ni gynnal y noson. Fel arfer, roedd lloches o flociau concrid yn cael ei godi i gadw'r rocedi'n saff. Rhoddwyd matsien ar y goelcerth, a chyn pen pum munud roedd y rocedi'n saethu i'r awyr a phawb yn mwynhau'r sioe. Fodd bynnag, yn dilyn pwff o wynt croes, trodd un roced yn ôl am y ddaear, gan ganfod hollt gul yn y storfa ffrwydron! Daliodd y gynulleidfa ei gwynt, ond mi aeth y cyfan ar dân! Ni welwyd erioed arddangosfa dân gwyllt mor liwgar, mor swnllyd nac mor fawr yn unman! Gwaetha'r modd, ni pharodd y sioe am y tri chwarter awr arferol, ac roedd y cyfan ar ben mewn tua thri munud! Dyma benderfynu cynnal noson tân gwyllt arall ar y nos Fawrth wedyn. Cafwyd dwy noson o hwyl, heb anafiadau felly, ac er gorfod prynu stoc arall o dân gwyllt, fe wnaed cannoedd o bunnoedd o elw. Roedd y ffeiriau haf, y mabolgampau, a nosweithiau caws a gwin yn ffefrynnau hefyd, ac yn fodd o dynnu'r rhieni i mewn i weithgarwch yr ysgol.

Mae'n debyg bod dechrau trefnu cyngherddau a sioeau llwyfan cyn y Nadolig wedi bod yn bwysig wrth ailadeiladu'r berthynas hefyd. Flynyddoedd ynghynt, roedd ein teulu bach wedi mynd i'r theatr yn Aberystwyth i weld sioe gerdd enwog Andrew Lloyd Webber a Tim Rice, *Joseph and the Amazing Technicolour Dreamcoat*. Syrthiais mewn cariad gyda'r sioe, o'r agorawd lliwgar effeithiol i'r gytgan olaf. Tyngais lw i mi fy hun y byddwn rywdro yn mentro llwyfannu'r cynhyrchiad fy hun. Daeth 1981, a thra oedd plant iau'r ysgol yn paratoi perfformiad graenus o ddrama'r geni, aeth athrawon y plant hŷn a minnau ati i gynhyrchu sioe gerdd gyfan. Penderfynwyd cyflwyno'r sioe yn y Saesneg gwreiddiol, ac mae'r llythyr gan gwmni Lloyd-Webber yn Llundain yn rhoi caniatâd i blant Ysgol Llandegfan ei pherfformio gen i o hyd.

Digwydd bod y flwyddyn honno roedd digon o dalent ymhlith yr athrawon i greu band ar gyfer y sioe. Roedd Mair Byron Hughes o Lanfairpwll, oedd newydd ymuno â'r staff, yn bianydd tan gamp. Yn ogystal â chanu'r piano, roedd ein prif athrawes cerdd, Elsie Francis yn canu'r delyn yn fedrus, ac roedd Bethan Evans yn berchen ar organ drydan nobl. Byddwn innau wedyn yn llenwi'r bylchau gyda'r gitâr, a chan y dirprwy bennaeth Glyn roedd y gwaith o hyfforddi'r côr, elfen hollbwysig o'r sioe benodol hon. Roedd Glyn ei hun yn aelod o Gôr y Traeth ar y pryd. Buddsoddwyd popeth i'r gwaith paratoi, ond does gen i ddim cof i'r plant na ninnau laru ar y gwaith.

Unawdydd ifanc addawol o'r enw Aled a ddewiswyd i chwarae rhan Joseff. Roedd Aled yn fab i Nest Jones, aelod o'r staff. Ie, yr Aled Jones, sydd erbyn hyn, wrth gwrs, yn ganwr ac yn gyflwynydd llwyddiannus. Ymgymrodd Aled â'r rôl yn gampus, yn ogystal â'r brodyr oedd yn casáu Joseff gymaint yn yr Hen Destament! Roedden nhw'n gantorion da, yn Gymry Cymraeg a dysgwyr! Cafwyd tri pherfformiad llwyddiannus o'r sioe, ac nid aeth neb o'r ysgol heb deimlo tipyn go lew o'r wefr honno y cawsom ni wrth baratoi.

Dwi'n siŵr y bydd darllenwyr yn maddau imi sôn gyda chryn falchder mai Elsie Francis a minnau a gyflwynodd Aled Jones i fyd y teledu. Dwi'n dal i deimlo fymryn yn emosiynol wrth gofio'r darllediad o Aled, y bachgen bach â'r llais trebl pur yn canu 'Cwsg fy maban, cwsg yn bêr' yng nghysgod y goeden Nadolig fawr yn neuadd Ysgol Llandegfan.

Daeth cyfnod i benodi dirprwy bennaeth newydd i olynu Glyn Williams, Benllech, a benodwyd yn haeddiannol iawn yn bennaeth ar Ysgol Gynradd Llangoed. Digwydd bod, Glyn arall a ddaeth i gymryd ei le. Roedd Glyn Parry o Gaernarfon yn athro da, a bu'n gaffaeliad yn ei gyfnod byr o lai na dwy flynedd. Roedd yn fraint cefnogi ei gais yntau ar gyfer swydd pennaeth Ysgol Carmel, ger Caernarfon.

Roedd Mrs Evelyn Roberts yn un o rieni'r ysgol, ac eisoes yn athrawes brofiadol yn Ysgol Gymraeg Morswyn, Caergybi. Roedd hi eisoes yn chwarae rhan werthfawr ym mywyd pentref Llandegfan, ac roedd ei chyfraniad fel dirprwy o 1985 hyd ei hymddeoliad bymtheng mlynedd yn ddiweddarach yn rhan allweddol o lwyddiant yr ysgol. Pan oeddwn i ffwrdd o'r ysgol am ba bynnag reswm, teimlwn fod y lle mewn dwylo galluog a diogel. Roedd yr un peth yn wir o 2000 ymlaen pan benodwyd Mrs Nest Llewelyn Jones, Llanfairpwllgwyngyll, yn ddirprwy i ddilyn Mrs Roberts. Gallai'r ddwy fod wedi bod yn benaethiaid ysgolion llwyddiannus iawn eu hunain pe baent wedi dymuno gwneud hynny, ond aros yn yr ystafell ddosbarth oedd eu dewis.

Dros y blynyddoedd gwelais lawer o fynd a dod. Roedd colli un o'r athrawon, Dilys Ivor Jones, Llanfairpwllgwyngyll, i salwch creulon o fewn ychydig fisoedd yn unig i gyrraedd yr ysgol yn affwysol o drist. Felly hefyd oedd colli athrawes annwyl â fu'n addysgu plant Llandegfan am dair degawd a mwy, sef Enid Jones, ac roedd yn fraint talu teyrnged iddi ar ddiwrnod ei hangladd yng Nghapel Mawr, y Borth. Roedd Mrs Mary Prytherch Jones yn golled fawr pan symudodd i Ysgol Gymuned Moelfre, hefyd. O edrych yn ôl, does gen i ddim ond y canmoliaeth uchaf i ymroddiad pob athro.

Ar hyd y blynyddoedd, roedd tua hanner plant yr ysgol yn derbyn cinio ysgol. O'r gogyddes gyntaf un, yr annwyl Mrs Megan Morris, i rai a fu yno am gyfnodau byrrach, yn eu plith Mrs Hugget, Carys Evans, Janet Jones, Mrs Picton, ac yna am gyfnod sylweddol iawn wedi diwedd fy ngyrfa i, Mrs Margaret Hughes, roedd unigolion diwyd y gegin yn rhan allweddol o fywyd dyddiol yr ysgol. Ac wrth gyrraedd Ysgol Landegfan ym

1978, sylweddolais bod enw un o'r staff yn canu cloch, sef William H. Williams, y gofalwr. Byddai William yn teithio eisteddfodau gogledd Cymru benbaladr yn gwmni i'r adroddwr llwyddiannus, Leslie Williams o Lanfairpwll. Eisteddfod flynyddol Llandegfan ar ddechrau Gorffennaf oedd popeth i William, ac y fo oedd yr ysgrifennydd. Byddai'r sgwrs rhwng y pennaeth a'r gofalwr yn debycach i sgwrs yn y Babell Lên nag i sgwrs am bapurau toiled a chyflwr hŵfyrs fel arfer! Sgyrsiau cynnar gyda William a olygodd y cafodd Gwyneth a minnau ein tynnu i mewn i drefniadau Eisteddfod Goronog Bro Llandegfan, ac er colli Gwyneth yn niwedd 2012, dwi'n parhau'n rhan fach o'r eisteddfod hyd heddiw, ddeugain mlynedd a mwy yn ddiweddarach!

Fel mae pob cymuned yn ei phrofi, daeth sawl profedigaeth arall i fwrw ei gysgod dros gymuned ein hysgol. Roedd colli Francis Hughes, rhiant a Chadeirydd doeth y Llywodraethwyr tua diwedd fy nghyfnod yn yr ysgol yn sgeg bersonol. Er tristed colli athrawon a rhieni o gorff unrhyw ysgol, mae colli disgybl neu gyn-ddisgybl yn brofiad dirdynnol. Roedd clywed y newydd bod Ian Hughes, Carreg Felin, cyn-ddisgybl annwyl, wedi marw mewn damwain ffordd, ag yntau dim ond yn ei arddegau cynnar yn newydd anodd iawn i ddygymod ag ef. Dwi'n cofio edmygu rhieni Ian am ddweud dro ar ôl tro mai diolch am gael cwmni Ian cyhyd oedd yn bwysig, yn hytrach na'r chwerwder a'r tristwch o'i golli. Cafodd un o ddisgyblion yr ysgol, Andrew Roberts druan o Fro Llewelyn yn y pentref ddiagnosis o fath dieflig o ganser. Er gwaetha'r triniaethau meddygol gofalus a chariad ei rieni a'i gymuned, bu farw'n ddim ond chwech oed. Teimlais agosatrwydd rhyfeddol at y rhieni ar yr aelwyd pan ofynnwyd imi fynd gyda nhw i weld ei gorff bach gyda'i hoff deganau yn yr arch y noson cyn yr angladd.

Roedd achlysuron mwy llawen dros y blynyddoedd hefyd, wrth gwrs. Un bore yn gynnar yn fy nghyfnod yn Llandegfan, roedd y plant bach yn ymarfer caneuon Nadolig, gydag Enid Jones yn annog y plant i ganu'n uwch. 'Sing!' ailadroddodd hithau, gan godi ei llais. Canu'n uwch wnaeth y plant wrth gwrs, ond roedd golwg go drist ar un plentyn bach. Y bore wedyn, daeth un o'r rhieni i'r ysgol â golwg bryderus ar ei hwyneb. Gofyn wnaeth y fam pam fod un o'r athrawon wedi gweiddi droeon, a hynny, yn ôl y mab, heb reswm. Holais Enid, yr athrawes ddosbarth, a gofynnodd hithau pwy tybed oedd y fam bryderus. Y munud y dywedais i'r enw, gwawriodd y sylweddoliad ar wyneb Enid. Cyfenw'r disgybl druan, a oedd o dras Indiaidd, oedd Singh. Wrth egluro'r camddealltwriaeth, trodd y pryder ar wyneb y fam yn chwerthin.

Yn aml cyn cinio, byddai'r plant yn adrodd englyn gras bwyd eiconig y diweddar Brifardd W. D. Williams sy'n dechrau â'r llinell, 'O Dad yn deulu dedwydd.' Fodd bynnag, un diwrnod tynnwyd fy sylw at ambell ddisgybl oedd wedi camglywed geiriau'r weddi. Digon yw egluro i'r darllenydd fod bachgen bach yn yr ysgol ar y pryd o'r enw Medwyn, bod Bro Llewelyn yn enw ar stad o dai yn y pentref, a bod tîm pêl-droed Manchester United yn boblogaidd ar sawl aelwyd hefyd. O'r herwydd, dyma'r fersiwn o'r weddi y byddai nifer o'r disgyblion yn ei hadrodd:

O Dad, yn deulu Medwyn – y deuwn
    a diolch o'r newyn.
  Cantona y daw bob dydd
  ein lluniaeth a'n Llewelyn!

Wrth adrodd y stori hon wrth hen gyfaill yn ddiweddar, cefais innau fy atgoffa o'r efeilliaid yn yr ysgol oedd wedi dysgu geiriau hen hwiangerdd ar eu cof. Roedd y ddwy yn mynnu canu:

> Dacw Mam yn dŵad ar ben y gamfa wen,
> rhywbeth yn ei ffedog a *freezer* ar ei phen!

Roedd cae'r ysgol yn cael cryn dipyn o ddefnydd y tu allan i oriau'r ysgol gan rai o blant hŷn y pentref hefyd, ac un bore Sadwrn daeth Mr Thomas, meddyg oedd â'i dŷ yn cefnu ar y cae ataf ar y stryd, i sôn fod rhai o'r hogiau'n chwarae pêl-droed gyda'r nosau. 'Is there a problem?' atebais innau, ac atebodd yntau 'Not really, but from the shouting you'd think that half the players in the village are called 'f***ing hell!'

Bryd arall, yng nghanol yr wythdegau roedd pethau wedi mynd yn flêr yng ngwlad Iran, a chyhoeddwyd bod pennaeth y wlad, y Shah, wedi ei ddiorseddu a'i fod bellach ar ffo. Roedd sôn ei fod o a'i deulu ar eu ffordd i Ewrop. Dau fore'n ddiweddarach canodd y ffôn yn fy swyddfa yn Llandegfan. Roedd y llinell fymryn yn aneglur, ond dywedodd y gŵr mai'r Shah oedd yno, ac ei fod yn dymuno dod i weld yr ysgol. Wrth gwrs, fe gynhyrfais, a threfnais iddo ddod acw i'm gweld. Cyn diwedd yr wythnos daeth gŵr tal, golygus a'i gymar i ddrws yr ysgol. Ac ie, teulu'r Shah oedd yno, teulu Dr Shah a bod yn fanwl gywir, meddyg teulu newydd sbon ym Mhorthaethwy oedd newydd brynu tŷ yn ardal Glyngarth!

Pan ddaeth yn amser ymddeol, holodd sawl person a oeddwn i wedi cyflawni popeth yr oeddwn wedi bwriadu ei gyflawni yn ystod y cyfnod. Yr ateb gonest, wrth gwrs, ydi naddo. Ond roedd gen i sawl peth i fod yn falch ohonynt. Daeth ysgol a fu gynt yn rhanedig ar sawl cyfrif yn ysgol hapus a llwyddiannus. Yn ogystal â hynny, yn niwedd yr wythdegau a dechrau'r nawdegau bûm yn ymladd am uned ar gyfer plant ag anghenion dysgu ychwanegol yn Ysgol Llandegfan, ac er wynebu peth gwrthwynebiad ar y dechrau, buom yn llwyddiannus, a daeth Dosbarth y Glannau i fodolaeth.

Dwi'n diolch am y llawenydd a gefais yn ystod y tair mlynedd ar hugain yn Llandegfan yng nghwmni pobol sy'n ffrindiau da o hyd. Dwi'n diolch hefyd am y cannoedd o ddisgyblion sydd bellach yn eu canol oed, ond sy'n dal i ddod i fyny ataf ar y stryd gydag atgofion melys am gemau pêl-droed, ymweliadau â Glan-llyn, tripiau ysgol, a thîm gymnasteg Llandegfan yn ennill pencampwriaeth Cymru a dod yn bedwerydd drwy Brydain, wrth gwrs. Yr un yw byrdwn fy neges bob tro wrth sgwrsio â'r cyn-ddisgyblion hyn, sef bod yr ysgol wedi gwneud ei gorau, a'n bod, gobeithio, yn fricsen fach weddol bwysig yn adeilad eu bywydau.

Pennod 19
Gwyneth a'r plant

Rhwng dechrau Ysgol Llandegfan ym 1978 ac ymddeol yn 2001, bu Gwyneth yn graig o gefnogaeth i mi. Roedd yn frenhines ar yr aelwyd, ac yn allweddol yn natblygiad Awen a Rhun. Penllyn oedd yr enw ar bob un o'n cartrefi ers inni briodi, cyfeiriad at Benllyn fy magwraeth innau a Phen Llŷn, ardal enedigol Gwyneth. Yn Llandegfan daeth 31 Gwêl Eryri yn 'Penllyn', cyn symud dros y ffordd i rif 30, a bedyddio hwnnw'n 'Penllyn'.

Fel y soniais ynghynt, roedd Gwyneth wedi rhoi'r gorau i'w gyrfa academaidd ac wedi mynd i ddysgu. Wedi inni fod yn Mrithdir am ddwy flynedd, daeth cais taer gan Mr Hywel Gwyn Evans, pennaeth Ysgol y Gader, Dolgellau. Byddai Mr Owen, pennaeth adran y Gymraeg, i ffwrdd o'i waith am rai misoedd, a gofynnodd i Gwyneth fod yn athrawes dros dro yn ystod y cyfnod o absenoldeb. Cafwyd cyfnod o ddwys ystyried yn Nhŷ'r Ysgol, o ystyried fod dau o rai bach ar yr aelwyd. Penderfynwyd yn y diwedd y byddai Awen yn dod gyda'i thad i Rydymain bob dydd, ac y byddai Rhun yn mynd gyda'i fam i Ddolgellau. Bydd ambell gyn-ddisgybl Ysgol y Gader yn cofio'r bachgen penfelyn yn y dosbarth yn chwarae'n ddistaw efo'i deganau!

Weithiau byddai Gwyneth yn defnyddio Rhun i siarad Cymraeg efo'r dysgwyr yn y dosbarth. Doedd gan Rhun yr un gair o Saesneg, wrth gwrs! Mae'n debyg fod y bachgen wrth ei fodd yn cael cwmni'r plant mawr ac yn gwrando arnynt yn darllen straeon iddo. Yn ôl pob tebyg, roedd cryn dipyn o gystadlu ymhlith y plant am sylw Rhun, yn enwedig y merched. Am fisoedd wedyn roedd sôn drwy'r ardal fod mab Tŷ'r Ysgol, Brithdir, wedi cael tri mis yn y Cownti Sgŵl cyn dechrau'r ysgol! Pan ofynnwyd i Gwyneth gamu i'r adwy dros dro, cymrodd yn ganiataol mai addysgu'r Gymraeg y byddai hi. Ond, fodd bynnag, roedd y Mr Owen absennol hefyd yn bennaeth ar yr adran Ysgrythur. Roedd disgwyl iddi gwblhau'r cwrs arholiadau allanol, a chymryd criw bychan o ddisgyblion o'r Pumed a'r Chweched Dosbarth! Ond gyda gwybodaeth Feiblaidd braff ein ffrind ffyddlon, y Parchedig Geraint Vaughan Jones, roedd Mrs Jones yn athrawes ysgrythur lwyddiannus, ac mi basiodd y disgyblion! Soniodd Gwyneth fwy nag unwaith am fam yn dod ati ac yn rhyfeddu cymaint o hwyl roedd ei merch yn ei gael ar yr ysgrythur ers i Gwyneth ddechrau ei dysgu. Ac ateb Gwyneth, dan ei gwynt oedd, 'Dwi'n synnu dim, achos dim ond un cam o flaen y plant o'n i fy hun!'

Yn fuan ar ôl y bedydd tân yn Nolgellau penodwyd Gwyneth yn athrawes yn adran y Gymraeg Ysgol y Berwyn, y Bala, ac yno y treuliodd ei dwy flynedd olaf ym Meirionnydd. Pennaeth yr adran yn y Bala oedd Trefor Edwards, ffigwr amlwg ym myd llefaru a cherdd dant, ac un â'i wreiddiau yn Nhyddyn Ronnen, y fferm agosaf atom ni yn Llanuwchllyn. Yn yr un adran hefyd oedd athrawes a fu yn fy nysgu i yn Ysgol Ramadeg y Bechgyn ar ddechrau'r chwedegau! Ei henw bryd hynny oedd Miss Olive Jones, ond Mrs Olive van Lieshout oedd hi erbyn canol y saithdegau, a thrwy Gwyneth daethom yn ôl i gyswllt.

Hefyd yn cydoesi â Gwyneth yn y Bala roedd Buddug James, yr athrawes addysg gorfforol ond oedd â throed ym myd y ddrama hefyd. Cafodd Cwmni Drama Ysgol y Berwyn wahoddiad i berfformio drama fawr yn Theatr Clwyd ar achlysur ymweliad yr Eisteddfod Genedlaethol â Wrecsam ym

1977. *Ymweliad yr Hen Foneddiges* gan y dramodydd o'r Swistir, Friedrich Durrenmatt oedd y dewis heriol, a daeth Buddug James â Gwyneth, finnau, a sawl ffrind arall o deulu'r ysgol ynghyd i'w helpu! Roedd y ddrama'n brofiad ysgytwol i actorion a chynulleidfaoedd yr Eisteddfod!

Wedi inni symud i Fôn penodwyd Gwyneth yn athrawes yn Ysgol Syr Thomas Jones ac yno y treuliodd y pymtheng mlynedd hapus nesaf yn cydweithio gyda hoelion wyth fel Geraint Percy Jones, ei phennaeth adran, Myra Jones, perl o athrawes a ffrind triw, Linda'r Hafod, Bryn, Mair, Laura, Dic French, Geraint Thomas ac eraill. Chlywais i erioed mohoni'n cwyno wrth gychwyn i Amlwch bob bore.

Arhosodd Gwyneth yn Amlwch hyd 1983, ond y flwyddyn honno daeth cyfle i ymuno a thîm o addysgwyr Sefydliad Cenedlaethol Ymchwil mewn Addysg. Hwn oedd y corff oedd yn gyfrifol am hyfforddi athrawon Cymru i gyflwyno cwricwlwm newydd y Gymraeg yn yr ysgolion uwchradd.

Cafodd y ddau ohonom yn ein tro ein hethol yn Llywyddion Cenedlaethol UCAC – fi ym 1977–78, a Gwyneth ym 1989–90. Ystyriai'r ddau ohonom ei bod yn fraint cael llywio penderfyniadau a oedd yn gwneud gwahaniaeth i gorff o weithwyr mor allweddol ag athrawon ar draws y wlad. Mae'n debyg mai ni yw'r unig ŵr a gwraig mewn cof i ddal y cyfrifoldebau hyn.

Bu Gwyneth yn cyfrannu'n egnïol a gwirfoddol tuag at waith Mudiad Ysgolion Meithrin hefyd, mudiad a oedd yn prysur dyfu ar draws Cymru. Fe'i hetholwyd yn Gadeirydd Cenedlaethol y Mudiad, gan wasanaethu rhwng 1993 a 1995. Tua'r un cyfnod roedd yn arwain ar weithgareddau Merched y Wawr; yn gyntaf yn Llandegfan, yna dros Fôn, cyn dod yn Is-lywydd ac yna'n Llywydd Cenedlaethol ar y mudiad llwyddiannus hwnnw. Roeddwn innau, Awen a Rhun mor falch o'i llwyddiant! Roedd hi'n gadeirydd wrth reddf, â chanddi'r ddawn brin i ddethol yr hyn oedd yn bwysig mewn trafodaeth ac, yn amlach na pheidio, i gyrraedd cytundeb rhwng carfannau a allai fod, ar adegau, fymryn yn anystywallt!

Yn ogystal ag arwain ar drefnu'r eisteddfod flynyddol yn Llandegfan, buom ynghlwm â threfnu dwy neu dair o eisteddfodau taleithiol Môn yn ein hardal arbennig ni ar lannau'r Fenai, 'o'r Borth i Benmon' chwadal Wilbert Lloyd Roberts. Cawsom ein tynnu i mewn i Orsedd a Llys Eisteddfod Môn, gan ddod, yn ein tro yn Llywyddion y Llys, er i Gwyneth druan farw ychydig fisoedd yn unig cyn gallu ymgymryd â'r swydd. Fe'm hetholwyd i lenwi ei bwlch, a bu'n her, ond er hynny'n fraint.

Ddechrau'r ganrif hon, o ganlyniad i'w phrofiad sylweddol yn cadeirio a llywyddu gwahanol fudiadau, a hithau bellach wedi ymddeol o fyd addysg, penodwyd Gwyneth i Fainc Tribiwnlys Prisio'r Llywodraeth yng ngogledd Cymru. Roedd hyn yn bendant yn brofiad newydd iddi, ond dysgodd yn gyflym ac, unwaith eto, ym mhen fawr o dro, daeth yn un o ddau neu dri chadeirydd ar y corff.

Daeth hefyd yn llywodraethwr y corff addysg bellach anferth, Grŵp Colegau Llandrillo-Menai. Mae'r grŵp hwn yn cynnwys y ddau goleg mwyaf, Llandrillo-yn-Rhos a'r cyn-goleg technegol ym Mangor, yn ogystal â'r coleg ar safle Pencraig yn Llangefni, Coleg Glynllifon ger Caernarfon a Choleg Meirion-Dwyfor yn Nolgellau a Phwllheli.

Yn nes at adre, chwaraeodd Gwyneth ei rhan ym mywyd Capel Tabernacl yr Annibynwyr ym Mhorthaethwy. Bu'r ddau ohonom yn ddiaconiaid ar yr un pryd, a thra deuthum i yn Ysgrifennydd Cyffredinol yr eglwys, taflodd Gwyneth ei hun i waith Undeb yr Annibynwyr Cymraeg yn genedlaethol. Daeth yn aelod o'r Cyngor, ac yn fuan yn Gadeirydd. Yn rhinwedd y rôl honno fe'i penodwyd i gynrychioli'r Cyngor ar Fwrdd CWM, sef Cyngor y Genhadaeth Fyd-Eang. Daeth yn ymddiriedolwr arno, a daeth cyfnodau prysur o ymweld â gwledydd fel Jamaica, India, a sawl gwlad yn y Dwyrain Pell. Roedd hi wrth ei bodd.

I Gwyneth, finnau, a'r plant roedd 1983 yn flwyddyn eithriadol o brysur. Roeddem yn byw ym Môn ers pum mlynedd bellach, a chyhoeddwyd y byddai'r Eisteddfod Genedlaethol yn dod yn ôl i'r Ynys ym 1983. Cawsom ein hunain yn rhan o'r Pwyllgor Gwaith lleol, Gwyneth fel Ysgrifennydd y Pwyllgor Adrodd a minnau yn bennaf yn llywio gwaith yr adran alawon gwerin a datblygu tipyn ar adran y dysgwyr.

Ar y pwyllgor adrodd, gwelodd Gwyneth, yng nghwmni cewri fel W. H. Roberts, Edward Williams, J. O. Roberts ac eraill drafodaeth ddiddorol yn datblygu. Canlyniad y trafod yn Eisteddfod 1983 oedd mai 'llefaru' fyddai'r enw ar y grefft o 'adrodd' o hynny ymlaen!

Roedd presenoldeb adran y dysgwyr yn yr Eisteddfod Genedlaethol wedi datblygu cryn dipyn yn y cyfnod hwn hefyd. O ganol y saithdegau ymlaen roedd uned ynghanol rhesi arferol y stondinau er mwyn rhoi cyfle i ddysgwyr alw i mewn am sgwrs. Crëwyd gofod i gael gwersi siarad, ac os byddai'r tywydd yn caniatáu cynhelid sesiwn o ganu neu ddawnsio gwerin y tu allan i'r babell. Erbyn Eisteddfod 1983 teimlai'r pwyllgor ei bod yn bryd datblygu adran y dysgwyr ymhellach. Un syniad oedd cael pabell bwrpasol, ar ei phen ei hun a'i galw'n Babell y Dysgwyr. Yn Llangefni felly y cafwyd y Maes D cyntaf erioed! Roedd tipyn mwy o waith ynghlwm â'r ail syniad a gyflwynwyd gan y pwyllgor, sef trefnu cystadleuaeth newydd sbon 'Dysgwr y Flwyddyn'. Wedi tipyn o berswadio, cafwyd sêl bendith y Pwyllgor Gwaith. Seiliwyd y gystadleuaeth ar gystadleuaeth Nurse of the Year oedd yn cael ei darlledu ar y teledu bryd hynny. Y bwriad oedd rhoi statws go iawn i ddysgwyr, nid yn unig am ddysgu'r Gymraeg yn dda, ond am gyfrannu i'r bywyd Cymraeg a Chymreig o'u cwmpas. Bu'r gystadleuaeth yn llwyddiant, ac oni bai am yr un flwyddyn ganlynol yn Llanbedr Pont Steffan, fe'i cynhaliwyd bob blwyddyn hyd heddiw. Shirley Flower o Glwyd oedd enillydd cyntaf un cystadleuaeth Dysgwr y Flwyddyn.

Digwyddiad nodweddiadol arall yn Eisteddfod 1983 oedd ymweliad merch hynod o ddiddorol o'r Unol Daleithiau. Roedd Anne Habermehl, a oedd o dras Almaenig ond a oedd yn dod o Ganada, yn trefnu cyrsiau Cymreig yn America. Enw'r digwyddiad wythnos o hyd bob haf oedd y Welsh Heritage Week. Daeth i'r Eisteddfod yn benodol i chwilio am ragor o diwtoriaid o Gymru i ddod ati i gynnal y cyrsiau, ac roedd arni angen unigolion fyddai â diddordeb mewn dawnsio gwerin, canu'r delyn, canu alawon gwerin ac ati, ac wrth reswm, rhai a fyddai'n fodlon rhoi gwersi Cymraeg syml bob dydd.

Yn dilyn ymweliad Anne, cafodd Merfyn ac Edwina Morgan o Gaernarfon, a Gwyneth a minnau o Landegfan wahoddiad i fynd yn diwtoriaid ar gwrs y flwyddyn wedyn, ac ni fu fawr o oedi cyn derbyn y gwahoddiad i Goleg Keuka yn ardal y Finger Lakes yn nhalaith Efrog Newydd yng Ngorffennaf 1984.

Hwn oedd y tro cyntaf i ni fel teulu fynd ar daith bell, ac roedd y pedwar ohonom wrth ein boddau yn teithio ar fwrdd y Boeing 747 anferth. Cafwyd croeso, tywydd poeth, a chriw o fyfyrwyr campus ar y cwrs, ac roedd hwyl arbennig i'w gael yn y digwyddiadau gyda'r nos, yn cynnwys nosweithiau llawen, dawnsfeydd gwerin ac eisteddfodau.

Ar y cwrs hwn y deuthum yn gyfarwydd â'r Parchedig John Owen a'i wraig Joan am y tro cyntaf. Roedd John yn weinidog yn Lisbon, Ohio, ond deuai'n wreiddiol o ardal Eifionydd. Roedd yn astudio ym Mhrifysgol Bangor ychydig wedi diwedd yr Ail Ryfel Byd, ac ymhlith ei gydfyfyrwyr roedd Meredydd Evans, Cledwyn Jones ac Islwyn Ffowc Ellis. Mae'n debyg mai John oedd yr unig un o'r criw i adael Cymru. Ar y cwrs roedd John yn trin llenyddiaeth a barddoniaeth Gymraeg gyda grŵp o fyfyrwyr, tra'r oedd Joan, ei wraig siriol o Geredigion, yn dysgu Cymraeg i ddechreuwyr. Yn Keuka crëwyd sawl cyfeillgarwch sy'n parhau hyd heddiw.

Rhai blynyddoedd cyn ein hymweliad cyntaf â'r Unol Daleithiau, roedd Evie, fy nhad yng nghyfraith, wedi dechrau cysylltu â rhai o'i deulu oedd wedi ymfudo yno ar ddiwedd y bedwaredd ganrif ar bymtheg a dechrau'r ugeinfed ganrif. Wedi gwneud hynny, bu Kate, ei wraig ac yntau i'r Unol Daleithiau fwy nag unwaith yn y blynyddoedd wedyn, gan ddatblygu perthynas agos â sawl un o'r teulu dros y môr. Erbyn 1984 roedd teulu'r Jonesiaid, o ardal Garndolbenmaen yn wreiddiol, wedi lluosogi!

Soniodd Evie wrth ambell aelod o'r teulu fy mod innau a Gwyneth yn ymweld yn ystod yr haf, ac ar unwaith, roedd gwahoddiad i daro heibio. Daethom o hyd i gwmni llogi ceir, ac er nad oeddwn i erioed wedi gyrru car yn America o'r blaen, o fewn rhyw ddwyawr roeddwn i'n dechrau arfer! Roedd y Mercury Grand Marquis mor fawr â llong, a theithiwyd dau gant a hanner o filltiroedd dros ddeuddydd.

Wedi gadael Cymru, roedd sawl un o'r teuluoedd wedi setlo yn ngogledd Pensylfania, yn ardaloedd St. Claire, Port Carbon a Pottsville ar lan afon Schuylkill. Gyda phyllau glo y câi'r ardaloedd hyn eu cysylltu'n bennaf.

Roedd y croeso gan yr hen deulu'n gynnes, gyda bron i ddeugain o berthnasau wedi dod ynghyd ar aelwyd Don a Lorraine Jones. Roedd Don yn gyfyrder i Gwyneth ac wedi byw yn Orwigsburg, yn agos i Pottsville, ers blynyddoedd. Ymysg y criw'r noson honno roedd gweithwyr llaw, pobol fusnes, gwragedd tŷ, barnwr, a sawl athro, yn cynnwys Donald a Lorraine eu hunain.

Gydag atgofion braf am y cwrs treftadaeth, y croeso gan y teulu estynedig a'r ymweliad â Pharc Hershey yn Harrisburg, troesom yn ôl am Gymru wedi cael tipyn go lew o flas ar yr Unol Daleithiau!

Dychwelodd Gwyneth, y plant a minnau i'r cwrs treftadaeth ym 1988, y tro hwnnw yn Utica, eto yn Nhalaith Efrog Newydd. Galwyd heibio i fferm anferth perthynas arall i Evie heb fod ymhell o dref Utica ei hun. Daeth y cefnder hwn yn ffermwr tatws a oedd yn adnabyddus ar draws y dalaith fel y 'Potato King'.

Yn digwydd bod, roedd teulu o Landegfan wedi symud i fyw i dalaith Utah, ar yr ochr arall i'r wlad. Ymfudodd Dr Noel Owen, ei wraig Pat a'r plant niferus i Provo wrth ymyl Salt Lake City, ac roedd wedi mynnu ein bod yn mynd i'w gweld! Wedi'r cyfan, roedd Awen a Rhun yn yr un flwyddyn yn Ysgol Llandegfan â dau o'u plant hwythau, Katy a John.

Roedd Noel yn Athro Gwyddoniaeth ym Mhrifysgol Brigham Young yn Provo. Roedd yn brifysgol newydd yr olwg, a'i neuadd fawr yn dal ugain mil! Hefyd, pan fyddai'r timau chwaraeon yn cystadlu, gallai 80 mil eistedd yn stadiwm y coleg!

Roedd croeso'r teulu'n gynnes, ac roedd Noel a Pat wedi trefnu pob math o brofiadau ar ein cyfer. Yn eu plith, roedd cyfle i ymuno ag oedfa yng nghapel enwog y Tabernacl yn Salt Lake City a chael canu yng nghwmni un o gorau cymysg enwocaf y byd, y Mormon Tabernacle Choir. Aed â ni i rai o'r Parciau Cenedlaethol agosaf, yn cynnwys Zion a Breiz, cyn hedfan i mewn i'r Grand Canyon. Roedd yn anodd gadael yr Oweniaid cyn hedfan i San Francisco i weld carchar Alcatraz, y Golden Gate Bridge a stryd Lombard, a'r tramiau ar yr elltydd serth, cyn gyrru yn ein blaenau i lawr arfordir y gorllewin i gyrion Los Angeles.

Pennod 20
Atgyfodi Nant Gwrtheyrn

Ers pan oeddwn i'n ddim o beth, meysydd gwyddoniaeth a mathemateg oedd fy niléit i, ac roeddwn am wybod a deall sut a pham yr oedd y pethau o'm cwmpas yn gweithio! Ond eto ym myd gwaith, daeth cyflwyno'r Gymraeg i blant, ac yna i oedolion, yn gynyddol bwysig imi.

Yn ystod fy nghyfnod yn Ynys-boeth fe'm hanogwyd i arwain dosbarthiadau dysgu Cymraeg i oedolion yn Abercynon. Yn fuan, daeth cais gan y meddyg Dr Harri Pritchard-Jones i gyflwyno'r iaith i reolwyr, meddygon a gweinyddwyr y GIG yn Ysbyty Hensol lle'r oedd Harri yn ymgynghorydd seiciatrig. Y dosbarthiadau nos hynny a roddodd yr hyder imi gyflwyno'r Gymraeg i ddysgwyr. Pan symudodd y teulu i Rydymain rhoddais help llaw ambell dro i ddysgwyr Bro Dysynni, a threfnais Ysgolion Sadwrn Iaith llwyddiannus; un yn Nyffryn Conwy, un ym mwyty Hywel Dda, Rhydymain, ac un arall yng Ngholeg Meirionnydd, Dolgellau.

Wedi blynyddoedd mewn cymuned naturiol Gymraeg fel Rhydymain, roedd cyrraedd Llandegfan yn dod â mi wyneb yn wyneb â'r her a wynebai'r Gymraeg. Fel yr oeddwn i a dau neu dri o ffrindiau'n cynllunio pryd a lle i sefydlu dosbarth Cymraeg yn yr ardal, daeth cnoc ar ddrws Penllyn. Yn sefyll yn y drws roedd dau ddyn yr oeddwn wedi cwrdd â nhw ambell waith o'r blaen, sef y meddyg Carl Clowes, oedd ar y pryd yn byw ar Ynys Môn, a Dr Geraint Wyn Jones o Fangor. Wedi mân siarad, daethant at fyrdwn eu hymweliad. Roedd rhyw ddeg neu ddwsin o unigolion yn cael eu gwahodd i ymuno â menter newydd ar arfordir gogleddol Pen Llŷn. Roedd Carl wedi dechrau breuddwydio am adfer y pentref chwarelyddol gwag ar waelod Nant Gwrtheyrn. Y nod oedd troi pentref Porth y Nant yn ganolfan lle gallai pobl ddod at ei gilydd i ddysgu'r Gymraeg. Ar y dechrau roedd gen i, a Gwyneth fy ngwraig hirben a gofalus, nifer o amheuon, ond derbyn y cynnig a wnes i yn y diwedd. Bûm i wastad yn un sâl am ddweud 'na'!

Roedd yn rhyddhad clywed bod Dafydd Iwan, fy nghyfaill, fel pensaer, Berwyn Evans yr adeiladwr, Dennis Jones yr ymgynghorydd ariannol, Allan Wyn Jones o fyd busnes, ynghyd â'r Cynghorydd Sir lleol, Bob Jones-Parry ill pump wedi dod yn aelodau o'r corff hefyd, a bod cryn dipyn o arbenigedd yn y tîm. Yn ogystal, roedd Dan Lyn James, Alun Jones a Cennard Davies yn arweinwyr ym myd dysgu'r Gymraeg.

Roedd pentref Porth y Nant yn cynnwys chwech ar hugain o dai, y Plas, Capel Seilo, a thua wyth erw o dir wedi'i brynu yng nghanol 1978 oddi wrth y cwmni oedd yn berchen yr hen chwareli ithfaen. Yn ôl Carl, roedd Cwmni ARC yn gefnogol i'r prynwyr newydd, a rhoddwyd pum mil o bunnoedd tuag at y costau oedd i ddod. Roedd breuddwyd Carl Clowes, heb anghofio ei wraig dda Dorothi, gam yn nes at gael ei gwireddu felly.

Roedd nifer o'r blynyddoedd dilynol yn rhai tymhestlog ac yn achos cryn dipyn o bryder i mi a Gwyneth. Ymunais â'r criw ym niwedd 1980, ac roedd Allan Wyn Jones, o'r Bwrdd Croeso gynt, newydd ddechrau fel Cadeirydd yr Ymddiriedolaeth. Roedd hynny'n dilyn cyfnod o tua deng mlynedd pan fu Carl Clowes ei hun yn arwain ar y gwaith, cyn iddo dderbyn cyngor iechyd i beidio ag ysgwyddo cymaint o gyfrifoldebau. Erbyn i mi gyrraedd y Nant, roedd y gwaith ailadeiladu cyntaf, dan arweiniad Berwyn Evans o Lansannan, wedi dechrau.

Rhoddwyd to sinc ar adeilad allanol ar gyrion y pentref, gan na ellid fforddio deunydd amgenach, ond o'r diwedd roedd lle i gerddwyr gael paned a brechdan, o leiaf. Galwyd yr adeilad yn Caffi Meinir, a dyna ei enw byth ers hynny, yn adlais byw o stori drist y ddau gariad.

Roedd trigolion olaf Nant Gwrtheyrn wedi gadael y pentref ym 1959. Yn naturiol felly, erbyn diwedd y saithdegau roedd y ffordd gul, serth a throellog, neu'r 'gamffordd' fel y'i gelwid, wedi dirywio cymaint nes nad oedd modd ei theithio dim ond mewn tractor. Roedd y tyfiant o'i deutu yn ei gwneud yn anodd gwybod lle yn union yr oedd y ffordd mewn mannau. Un dydd Sadwrn braf ddechrau haf 1980, mentrodd Gwyneth, Awen, Rhun a minnau i lawr i weld y Nant. Roeddem yn gwisgo sgidiau addas, a gwnaethom yn siŵr i gymryd ein hamser i wneud y daith. Ar ôl cyrraedd, ni allai'r plant gredu bod eu tad yn un o berchnogion ar y lle rhyfeddol hwn!

Gan nad oedd hi'n hawdd cyrraedd y pentref, a chan nad oedd yno le i gynnal pwyllgorau a chyfarfodydd, bu'n rhaid i'r ymddiriedolwyr gyfarfod mewn amrywiaeth o lefydd o gwmpas gogledd a chanolbarth Cymru. Weithiau, byddem yn cwrdd mewn tafarn neu festri capel, dro arall yn Swyddfa'r Urdd yn Aberystwyth neu ar Faes y Sioe yn Llanelwedd.

Penderfynwyd bod yn rhaid cael safle ym mhentref Llithfaen ei hun a fyddai'n swyddfa weinyddol i waith y Nant. Prynwyd y siop ar groesffordd y pentref, a rhoddodd bron pawb ohonom fenthyciad heb log i gwblhau'r pryniant. Ni chawsom mo'r arian yn ôl, ond wnes i ddim ynglŷn â'r peth. Roeddwn i'n gwybod yn fwy na neb o'r Ymddiriedolwyr am aberth mawr Carl a Dorothi o ran tynnu'r Nant o drafferthion ariannol mawr, ac heb eu cymorth nhw, ni fyddai'r Nant wedi datblygu ymhellach.

Erbyn Pasg 1982 roedd tŷ Dwyfor yn rhes Trem y Mynydd wedi ei adnewyddu, ac hysbysebwyd dau gwrs i ddysgwyr yn y wasg. Roedd trydan i'r tŷ yn cael ei gynhyrchu gan beiriant disel swnllyd y tu allan i ddrws y cefn! Denodd y cwrs cyntaf dan ofal Merfyn Morgan, Gwenno Hywyn a minnau naw dysgwr. Roedd y cyrsiau dysgu yn anochel yn esgor ar sawl stori ddigri. Mewn un sesiwn flynyddoedd yn ddiweddarach, roedd dysgwr brwd wedi drysu rhwng dau air Cymraeg. Pwyntiodd at lun o Myrddin ap Dafydd a dweud wrthyf mai y fo oedd Archfarchnad newydd Cymru!

Yng nghyfrol Carl ei hun, mae'r awdur yn trafod un o atgofion brafiaf cyfnod yr adnewyddu, pan ailagorwyd drysau'r capel ym mis Mai 1983, a chynhaliwyd Cymanfa Ganu yno am y tro cyntaf ers chwarter canrif. Cefais y fraint fawr o fod yn arweinydd y Gymanfa gyntaf honno. Fel yr eglura Carl, roedd Capel Seilo wedi'i sefydlu fel yr achos Saesneg cyntaf yn Llŷn, ac felly roedd clywed cannoedd o leisiau yn canu'n Gymraeg yn destun balchder.

Daeth carreg filltir bwysig arall ym 1987, blwyddyn croesawu'r Eisteddfod Genedlaethol i Fro Madog. Agorwyd y ffordd newydd i lawr i'r pentref a fyddai yn ei thro'n trawsnewid a hwyluso datblygiad y Nant dros y misoedd a'r blynyddoedd nesaf. Mae'n debyg mai fi fy hun, yn fy Vauxhall sborti, oedd y cyntaf ers 1959 i yrru i lawr i bentref Porth y Nant mewn car!

Roedd y syniad o wahodd mudiadau a grwpiau i noddi tŷ yr un yn y Nant yn llwyddiant. Mae enwau'r cefnogwyr, yn gymdeithasau, cwmnïau, a chynghorau yn dal i'w gweld ar y tai hyd heddiw. Merched y Wawr oedd yn gyfrifol am ariannu'r tŷ olaf yn rhes Trem y Mynydd, ac roedd Gwyneth ac Eirlys Davies yn rhan o'r ymdrech honno. Mae'r tŷ hwn wedi ei adeiladu'n arbennig ar gyfer pobl ag anghenion ychwanegol.

Fel yr oedd rhagor o dai ac ambell ystafell ymgynnull yn cael eu cwblhau, gallai mwy a mwy o ddysgwyr ddod ar gyrsiau, ac fe deimlai fel petai ymdrech yr holl flynyddoedd yn dechrau dwyn ffrwyth!

Fodd bynnag, daeth siom fawr i'n rhan yn niwedd yr wythdegau a dechrau'r nawdegau. Derbyniodd yr ymddiriedolwyr addewid ar lafar gan unigolion dibynadwy yn rhai o gyrff cyhoeddus mwyaf Cymru y byddai arian ar gael i'r Ymddiriedolaeth brynu a datblygu Gwesty Plas Pistyll, plasty rhwng Nant Gwrtheyrn a Nefyn. Cyflwynwyd y fenter fel ychwanegiad gwerthfawr i waith Nant Gwrtheyrn, a soniwyd y gellid datblygu'r Plas fel gwesty hyfforddi ar gyfer gweithwyr lleol yn y sector twristiaeth. Prynwyd Plas Pistyll, ac roedd cyffro am y datblygiad.

Serch hynny, cawsom wybod bod y cyrff cyhoeddus, am ba resymau bynnag, yn tynnu eu haddewidion ariannol yn ôl. Roedd yn newyddion trychinebus a olygai bod pryniant y Plas yn ychwanegiad sylweddol at ddyled y Nant. Rhoddwyd y Plas yn ôl ar y farchnad, ond aeth misoedd heibio, ac roedd dyled gyfansawdd y banc yn awr yn mynd yn uwch ac yn uwch.

Mae'r hyn a ddigwyddodd nesaf yn cael ei gofnodi ar ddu a gwyn am y tro cyntaf. Roedd Heulwen Richards, nyrs o ardal Kingsland, Caergybi, yn fy edmygu i a Carl yn fawr. O'r herwydd, roedd yn awyddus i'n helpu, ac fe brynodd Plas Pistyll gan yr Ymddiriedolaeth. Roedd Heulwen wedi ateb ein gweddïau. Ar y pryd, nid oedd Heulwen am i'w henw fod yn hysbys i'r cyhoedd, ac fe barchodd Carl a minnau ei dymuniad. Roedd ganddi fwriad i ddatblygu'r Plas yn gartref nyrsio. Gwaetha'r modd, ni wireddwyd y freuddwyd. Ond cefnogodd Heulwen y Nant hyd ddiwedd ei bywyd yn haf 2024. Coffa da iawn amdani, hi a'i haelioni.

Er bod Plas Pistyll wedi ei werthu, roedd dyled y Nant yn dal o gwmpas £200,000. Y tro hwn daeth Carl a Dorothi i'r adwy, gan glirio'r ddyled o'u coffrau eu hunain. Cawsom sawl sgwrs ddwys am eu bwriad, ond fel y gwelai Carl bethau, gallai'r

Nant ganolbwyntio ar ddatblygu ar ôl clirio'r ddyled, yn hytrach nag ymboeni am faterion ariannol.

Cyfnod trist arall yn hanes y Nant oedd y cyfnod o ailstrwythuro a olygodd orfod cau'r Ganolfan am gyfnod ym 1997. Roedd oblygiadau o ran diswyddo'r staff, ac ar wahân i'r profedigaethau personol yn fy mywyd, dyma'r cyfnod mwyaf tywyll yn fy mywyd hyd hynny. Roedd yr aelodau da o staff a gollodd eu swyddi yn gydnabod ac yn ffrindiau yr oeddwn wedi bod yn gyfrifol am eu penodi. Nid ar gyfer gwneud penderfyniadau fel hyn y deuthum yn aelod o waith y Nant ym 1981, ond roedd y camau'n rhai anochel. Roedd rhaid dyfalbarhau.

Daeth cyfle i minnau fynd y gadeirydd ar yr Ymddiriedolaeth, ac roedd nifer wedi ymbil arnaf i barhau yn y gadair i'n harwain drwy'r cyfnod o ansicrwydd. Roedd sawl her yn fy wynebu fel cadeirydd, ac fe gawn drafferth ar adegau i gael pob un o'r ymddiriedolwyr i gytuno ar faterion. Byddai gan bawb ei farn gref ei hun, ond daliais ati i ddarbwyllo pawb o'n cyfrifoldeb dros yr achos.

Ailagorwyd y ganolfan yn Ionawr 1998, a llwyddais i ddenu gŵr a oedd newydd ymddeol fel un o Gyfarwyddwyr Addysg Cynorthwyol Cyngor Gwynedd i ddod atom yn Gyfarwyddwr rhan-amser yn y Nant. Roedd Gwyn Hefin Jones o Gwm-y-glo wedi deall y sefyllfa ym mhen dim, a daethpwyd â threfn a sicrwydd newydd i'r Nant. Mae fy nyled i Gwyn yn parhau'n fawr.

Gydol fy mywyd mae hen ddihareb wedi bod yn sylfaen i mi ym mhob swydd: 'The hallmark of a good man is shown by his eagerness to find a successor.' Felly, cyn diwedd fy nghyfnod o tua ugain mlynedd â Chanolfan Dreftadaeth Nant Gwrtheyrn, roeddwn am wneud fy ngorau i ddod o hyd i rywun a allai fynd â'r gwaith pwysig yn ei flaen. Gŵr busnes llwyddiannus yn byw ar Ynys Môn a ddaeth i'r meddwl, ac roedd yntau fel minnau yn gyn-ddisgybl Ysgol Ramadeg y Bechgyn y Bala. Ni bu'n rhaid gweithio'n hir i berswadio Jeff Williams Jones o Baradwys i ddod atom i'r Nant. Cytunodd, ac rwy'n mentro dweud fod Jeff wedi cyfrannu cymaint, a mwy na bron neb arall i ddatblygiad diweddar y Nant.

Roedd yn braf clywed, hyd at gyfnod heriol Covid, fod dros 30 mil o ddysgwyr o bedwar ban byd wedi dod i ddysgu'r iaith yn Nant Gwrtheyrn ers agor yn nechrau'r wythdegau. Er yr heriau i gyd, dwi'n trysori'r atgofion am y cyfle a gefais i fod yn rhan o adfywiad Nant Gwrtheyrn.

Pennod 21

Heddlu Gogledd Cymru

Un a adawodd ei farc fel tiwtor iaith yn Nant Gwrtheyrn oedd Meic Raymant o Sir Benfro. Roedd Meic wedi dysgu'r Gymraeg yn wych ei hun, a chredaf iddo fod yn athro yn y Nant am ddeng mlynedd neu ragor cyn dod yn gyfrifol am drefnu i swyddogion Heddlu Gogledd Cymru ddysgu'r Gymraeg. Ymdaflodd i'r gwaith hwnnw gyda'r un brwdfrydedd ag a ddangosodd yn Nant Gwrtheyrn, ac fe gydweithiai'n agos â Choleg Llysfasi yn Nyffryn Clwyd i drefnu cyrsiau i'r Heddlu.

Yn haf 2001 roeddwn innau wedi ymddeol o fod yn bennaeth Ysgol Gynradd Llandegfan, ac am y pedair blynedd nesaf bûm yn ddarlithydd rhan-amser yn Adran Addysg Prifysgol Bangor, mewn Mathemateg i ddechrau, cyn dysgu myfyrwyr TAR i greu diddordeb yn y Gymraeg. Cefais flas ar y ddwy sialens, ond erbyn 2005 roeddwn i'n barod i ailymddeol! Prin yr aeth pythefnos o'r ailymddeoliad hwnnw heibio cyn imi gael galwad ffôn gan Barbara Crawford yn gofyn imi alw i'w gweld am sgwrs yng Ngholeg Llysfasi. Er mor bell oedd y coleg o Ynys Môn, cytunais i fynd i'w gweld, ac o fewn llai na phythefnos roeddwn yn aelod rhan-amser o staff Coleg Llysfasi. Bûm ar staff y coleg am dros ddeng mlynedd!

Roedd cwrs Cymraeg yr Heddlu yn gwrs lle'r oedd disgwyl i'r rhai oedd yn dysgu i fod o ddifrif wrth eu gwaith. Ar ddiwedd wythnosau o hyfforddiant, byddai pob swyddog yn cael cyfweliad a fyddai'n cael ei recordio gen i. Nid oedd yn gyfweliad hawdd, a byddai'n profi sawl agwedd ar allu'r swyddog i ddefnyddio'r Gymraeg mewn sefyllfaoedd plismona cyffredin. Deuai ambell swyddog mwy profiadol ar y cwrs, ond rhai ar ddechrau eu gyrfaoedd oedd y mwyafrif, ac o'r herwyddd roedd y rhan fwyaf yn wirioneddol benderfynol o lwyddo. Roeddem yn ffodus iawn yn Heddlu Gogledd Cymru bryd hynny o'r hinsawdd yr oeddem yn gweithio ynddi mewn perthynas â chefnogaeth i'r Gymraeg. Roedd arweiniad y Prif Gwnstabliaid y cydweithiais â nhw yn gadarn – Mr Brunstom, Mr Polin, y dirprwy Mr Wolfendale, heb anghofio dylanwad mawr Cymry Cymraeg fel y Prif Uwch Arolygydd Geraint Annwyl Williams a'r Prif Arolygydd Gareth Pritchard.

Yn ystod y cyfnod y bûm yn diwtor ceisiais wneud y Gymraeg yn berthnasol ac yn hwyl i'r dysgwyr. Rhywdro yn 2023, daeth un o'm cyn-ddisgyblion ataf ar y stryd ym Mangor a dweud rhywbeth a grisialodd fy agwedd at ddysgu Cymraeg. Ar ôl imi fân siarad ag o, gan ofyn ambell gwestiwn sylfaenol yn Gymraeg, dyma'r bachgen yn dweud:

> I remember you telling us at the beginning of the course that you didn't want us to think of "dysgu siarad Cymraeg" as being just an exercise in a classroom, or a political thing. You wanted us to learn the Welsh language and to use it, if only in a limited way, because you wanted us to be better policemen. You went on to say that wherever you are in north Wales, you are never more than a few minutes away from someone who speaks Welsh as a first language. Today, I know what you mean.

Roedd yn amlwg bod fy neges wedi aros yn y cof.

Wyddwn i ddim hyd nes imi ddechrau gweithio i'r Heddlu bod mwy na dau lu Heddlu swyddogol yn gweithio yng

Nghymru. Gwyddwn wrth gwrs am y lluoedd heddlu cyffredinol, Heddlu Dyfed-Powys, Heddlu Gogledd Cymru, Heddlu De Cymru a Heddlu Gwent, yn ogystal â Heddlu Trafnidiaeth Cymru. Ond yn 2015, daeth cais i ddesg Barbara Crawford am gwrs siarad Cymraeg i swyddogion yr Heddlu Sifil Niwclear sydd â'i bencadlys yn ymyl Rhydychen. Mae'r rhain yn swyddogion arfog sy'n gyfrifol am warchod pob safle niwclear drwy'r DU. Roedd yr awdurdod am sicrhau bod gafael sylfaenol ar y Gymraeg gan y gweision yng ngorsaf Wylfa ar Ynys Môn. Awgrymwyd y dylai'r Monwysyn ysgwyddo'r cyfrifoldeb, ac mae'n rhaid cyfaddef mai dyma'r Dosbarthiadau Cymraeg yn y Gweithle mwyaf sensitif i mi eu cynnal erioed! Cyn cael mynd i mewn i'r atomfa, roedd y broses o ymchwilio i'm cefndir a'm teulu yn un drylwyr. Ar y bore cyntaf, i mewn i'r fynedfa â fi gan ddangos fy nogfennau ac ateb rhagor o gwestiynau. Daeth swyddog arfog i'm tywys i'r ystafell hyfforddi lle'r oedd saith o swyddogion yn eu lifrau duon yn eistedd o gylch y bwrdd yn disgwyl amdanaf. O flaen pob swyddog roedd gwn otomatig du! Pan deimlais bod yn rhaid imi biciad i'r tŷ bach un diwrnod, nad oedd ond rhyw ugain cam o'r stafell gyfarfod, wnes i ddim disgwyl y byddai un o'r swyddogion yn codi o'i gadair ar unwaith ac yn dod i gadw llygad arnaf y tu allan i'r drws efo'i wn!

Fodd bynnag, cyn canol y bore cyntaf hwnnw roeddem yn dechrau dod i ddeall ein gilydd, a llithrodd y gynnau du i gefn y co'. Mae'n rhaid imi gyfaddef, fe groesodd fy meddwl bryd hynny pe bai terfysgwr yn bwriadu ymosod ar y lle, mai yn ystod y gwersi Cymraeg fyddai'r amser gorau, achos roedd y swyddogion a'u gynnau i gyd yn yr ystafell ddosbarth!

Pennod 22

Y Sioe Fawr

Un flwyddyn daeth neges annisgwyl gan drefnwyr y Sioe Frenhinol yn Llanelwedd. Daeth cais drwy law Beryl Vaughan a'i gŵr John Vaughan yn holi a fyddwn i'n ystyried dod yn aelod o'r tîm o stiwardiaid oedd yn gyfrifol am roi croeso a lletygarwch i'r wasg a'r cyfryngau yn y Sioe. Byddai gohebyddion papurau newydd, cynrychiolwyr o gylchgronau, cwmnïau teledu, a gorsafoedd radio o bob cwr o'r byd yn tyrru i Lanelwedd. Roedd angen stiward arall i'w croesawu, ac roedd medru'r Gymraeg yn angenrheidiol.

Derbyniais y gwahoddiad – wedi'r cyfan, roedd y Sioe wedi tyfu yn un o ddigwyddiadau amaethyddol mwyaf Ewrop. Erbyn hyn, dwi'n credu imi weithio mewn tua 25 Sioe.

Beth tybed oedd apêl y Sioe, felly? A bod yn onest, roeddwn i wrth fy modd yn cael gadael byd yr ysgol yn gyfan gwbl am ychydig. Roedd byw mewn carafán a mwynhau cwmni Gwyneth, Glyn a chriw o bobol amrywiol yn donic! Deuthum i sylweddoli cynifer o Gymry Cymraeg a ddeuai i'r Sioe, rhai gwahanol i'r rhai a welwn yn y ddwy Eisteddfod fawr bob blwyddyn.

Mae ambell uchafbwynt yn dod i'r meddwl wrth hel atgofion am hen sioeau, yn cynnwys bod yn y gynulleidfa i weld fy nghyfaill, Glyn Pantglas, Abergeirw gynt yn ennill ar gneifio gyda gwellaif. Bûm yn dyst hefyd i Emlyn Esgairgawr, un o'm disgyblion yn Ysgol Rhydymain yn y saithdegau yn dod yn bencampwr yn yr un gystadleuaeth. Mae Emlyn erbyn hyn yn un o ffermwyr mynydd amlycaf a hynawsaf canolbarth Cymru. Yn rhinwedd fy rôl yn stafell y wasg roedd cael trafodaethau difyr gydag amrywiaeth o olygyddion y papurau dyddiol, yn arbennig felly'r *Western Mail* a'r *Echo* yn gyfle gwerthfawr. Yn eu plith, roedd Andrew Forgrave, golygydd ffermio'r *Daily Post*.

Ond heb os, un pinacl yn fy ymwneud â'r Sioe oedd gorfod camu i'r adwy un flwyddyn yn lle Alun Elidir, Rhydymain, y cyflwynydd teledu praff, a sylwebu i'r gynulleidfa ar y cneifio gwellaif! Roedd yr atgofion am ddiwrnod cneifio yn Eithinfynydd yn rhuthro'n ôl!

Pennod 23
Undeb y Cymry ar Wasgar

Dechreuais ymwneud â gwaith Undeb y Cymry ar Wasgar ym 1983 pan ofynnwyd imi gynrychioli Urdd Gobaith Cymru ar y Cyngor, gan fod perthynas agos wedi bod rhwng yr Urdd â'r Undeb o'r dechrau. Roedd Syr Ifan ab Owen Edwards, R. E Griffith, Eurfyl Jones ac eraill yn aelodau amlwg o'r mudiad unigryw hwn a sefydlwyd gan y diweddar T. Elwyn Griffiths ym 1948. Gwelwn bwysigrwydd corff oedd yn cadw plant ac ieuenctid alltud Cymru mewn cysylltiad â'u gwlad, a phan benderfynais roi help llaw, prin y dychmygais y byddwn yn dal i ymwneud â'r corff ddeugain mlynedd yn ddiweddarach!

Pan oeddwn i'n ifanc, cysylltwn y mudiad ag wythnos yr Eisteddfod Genedlaethol, yn benodol, seremoni Croesawu'r Cymry Alltud. Parhaodd y traddodiad hwn hyd ddiwedd yr ugeinfed ganrif, gyda channoedd o ymwelwyr o dramor yn dod i'r Maes, yn arbennig ar ddydd Gwener olaf yr Eisteddfod. Roedd safle penodol wedi'i neilltuo'n fan cyfarfod ar y Maes, ond safle digon di-sylw oedd o. Erbyn 1985, roeddwn innau yn teimlo nad oedd y gofod yn deilwng i groesawu'r bobol, ac erbyn Eisteddfod Bro Madog 1987 euthum innau a'r Cadeirydd ar y pryd, Eryl Hughes, ati i geisio bywiogi tipyn ar y safle! Roedd yr harddu'n llwyddiant, a dwi'n cofio caredigrwydd Melin Wlân Bryncir yn rhoi benthyg carthenni cynnes, drud inni am wythnos i addurno'r safle. Hyd heddiw, mae'r ynys fechan ryngwladol ar y Maes yn dal i lwyddo.

Roedd y Cyngor am weld y mudiad yn ehangu ei apêl, ac aed â'r maen i'r wal gan y Cyfarwyddwr ar y pryd, Osian Wyn Jones. Newidiwyd yr enw i Undeb Cymru a'r Byd, a derbyniodd y Cyngor bwysigrwydd dod â chymdeithasau Cymreig Ynysoedd Prydain yn rhan fwy amlwg o waith yr Undeb. Caed cefnogaeth fuan o Birmingham, Stoke, Derby, Lerpwl, Wolverhampton, Manceinion ac ambell le arall.

Yn niwedd y nawdegau roedd pwysau gan rai o aelodau Llys yr Eisteddfod i'r seremoni ar y dydd Gwener gael ei dileu'n gyfan gwbl i arbed amser ar y llwyfan. Serch hynny, gwnaed dadl deg fod croesawu cyfeillion newydd sbon i Gymru, yn cynnwys dysgwyr y Gymraeg, yn rhan o genhadaeth yr Eisteddfod. Teimlai'r Undeb hefyd ei bod yn ddyletswydd cydnabod y nawdd a gâi'r Eisteddfod o dramor, yn cynnwys cyfraniadau hael dros y blynyddoedd o Ogledd a De America, Awstralia, De Affrica, a'r Dwyrain Pell dim ond i enwi rhai. Fel Cadeirydd, dadleuwn achos yr Undeb, a digwydd bod cynhaliwyd un o'r seremonïau croesawu mwyaf erioed yn ein Heisteddfod ni ym Môn ym 1999, gyda rhwng 350 a 400 yn ymweld y flwyddyn honno!

Cyhoeddai'r Undeb ei gylchgrawn ei hun, *Yr Enfys*, bob tri neu bedwar mis. Yn yr wythdegau amcangyfrifwyd bod tua 800 o aelodau a chefnogwyr yn ei ddarllen, fodd bynnag, roedd y nifer yn lleihau. Roeddem ninnau yn fodlon cydnabod bod yr oes yn newid, bod llawer mwy o deithio a bod y byd ei hun yn mynd yn llawer llai. Roeddem ni hefyd yn cydnabod bod nifer y Cymry ar wasgar yn yr ystyr draddodiadol yn gostwng.

Yna, daeth digwyddiadau 11 Medi 2001 i ysgwyd y byd i'w seiliau. Cafodd yr ymosodiad erchyll ar dyrrau'r World Trade Center yn Efrog Newydd effaith sylweddol ar y nifer oedd yn hedfan o Ogledd America i weddill y byd am rai blynyddoedd, ac o'r herwydd credwn i nifer yr ymwelwyr rhyngwladol â'r

Eisteddfod ostwng hefyd. Gwaetha'r modd, fe'n gorfodwyd i ddirwyn y seremoni yn y Pafiliwn i ben.

Serch hynny, roedd gwaith yr Undeb yn yr Eisteddfod yn parhau. Sicrhawyd y byddai Arweinydd y Cyfeillion o Dramor yn annerch cynulleidfa'r Gymanfa Ganu ar nos Sul yr Eisteddfod. Crëwyd medal arian i'w chyflwyno i bob Arweinydd gan John Price, y gof arian medrus o Fachynlleth.

Mae rheswm i ddathlu hyd heddiw. Yn ddiweddar derbyniwyd rhodd anhygoel o hael o dros £120,000 o law Myra Thomas Lawrence, California. Er mor drist oedd clywed am farw Myra, bydd ei chyfraniad yn cefnogi datblygiad yr Undeb. Mae sawl wyneb iau, newydd wedi ymuno â'r Undeb hefyd, yn cynnwys Gwion, yr Ysgrifennydd effeithiol sy'n byw yn y Wladfa, ein Cadeirydd Ann yn Washington, a chynrychiolwyr newydd o'r Mudiad Meithrin. Mae *Yr Enfys* o dan olygyddiaeth Nia yn parhau i gyhoeddi cynnwys o'r safon uchaf hefyd.

Pennod 24
Ymweliad trist ag Israel a Phalesteina

Yn 2003, a minnau erbyn hynny wedi gadael Ysgol Llandegfan ers dwy flynedd, daeth gwahoddiad annisgwyl o bencadlys Undeb yr Annibynwyr Cymraeg yn Abertawe. Ymgyrch ddyngarol yr Annibynwyr y flwyddyn honno oedd 'Salaam/Shalom,' sef 'tangnefedd' mewn Arabeg a Hebraeg. Daeth cyfle i fod yn aelod o grŵp bach a fyddai'n teithio i Israel fel llysgenhadon dan nawdd yr Undeb a mudiad Cymorth Cristnogol. Yn hytrach na chytuno'n syth bìn fel y gwnawn fel arfer, y tro hwn bûm yn myfyrio am rai dyddiau cyn gwneud penderfyniad. Mae'n amserol fy mod yn ysgrifennu hyn o eiriau yn 2024, oherwydd roedd bryd hynny, fel sydd heddiw, elfen gref o berygl wrth fentro i Lain Gaza a Glan Orllewinol yr Iorddonen. Roedd y sefyllfa rhwng yr Israeliaid a'r Palestiniaid yn fregus ers peth amser, a'r Ail Intifada yn ddim ond tair oed.

Er gwaethaf ansicrwydd y sefyllfa, penderfynu mynd wnaeth y Parch. Alan Picard, y Parch. Tom Defis, un o gynrychiolwyr Cymorth Cristnogol o Loegr, a minnau, a hynny ar ôl derbyn cyfarwyddiadau manwl a difrifol yn Llundain gan drefnwyr yr ymweliad. Drwy'r cyfan, roedd ysfa wirioneddol ynof i ymweld â gwlad Iesu Grist.

Fodd bynnag, yn syth ar ôl cyrraedd fe'n rhybuddiwyd na fyddai'n ddoeth mynd i Lain Gaza, bod y sefyllfa wedi dirywio'n arw rai dyddiau ynghynt, a bod pobol wedi eu lladd. Cyn y daith dwi'n cofio holi am yswiriant teithio ac wyneb y gweithiwr yswiriant yn difrifoli wedi imi ddweud i le'r oeddwn yn teithio. Ysgydwodd ei ben a chau'r ffeil, gan ddweud na fedrai gynnig yswiriant, cymaint oedd difrifoldeb y sefyllfa yno.

Ar ôl cyrraedd maes awyr Tel Aviv yn Israel, aethom ar draws y wlad i Jeriwsalem, y brifddinas heddiw, ryw ddeugain milltir i ffwrdd. Yn rhan ddwyreiniol y ddinas, ar yr ochr Balesteinaidd, cawsom aros yng nghartref Esgob Jeriwsalem am y cyfnod. Roedd y croeso'n syml ond diffuant, ond y rhybuddion am sut i ymddwyn yn Israel yn glir.

Am resymau diogelwch mae llywodraeth Israel ers blynyddoedd bellach wedi penderfynu codi ffensys a waliau uchel rhyngddi hi a'r Palestiniaid, a hynny am gannoedd o filltiroedd ar hyd y Lan Orllewinol. Fodd bynnag, nid yw'r waliau'n dilyn llinell derfyn ers cyfnod ffurfio Israel. Yn hytrach, mewn llawer iawn o'r ardaloedd maent yn mynd ymhell i mewn i'r Lan Orllewinol gan dresmasu ar dir y Palestiniaid. Mae hyn, yn ogystal â'r ffaith bod Israeliaid yn cael eu hannog i adeiladu cannoedd o dai ar dir y Palestiniaid, yn asgwrn cynnen, ac yn gwneud pethau'n amhosibl o anodd rhwng y ddwy ochr ar Lain Gaza. Roedd y sefyllfa'n fregus felly, a weithiau rhaid oedd teithio mewn cerbyd â phlât Palesteinaidd am ran o'r siwrne, cyn trosglwyddo i gerbyd Israelaidd i gwblhau'r daith.

Seriwyd sawl peth ar fy nghof o'r ymweliad hwn. Dwi'n cofio holi'r Esgob lle'r oedd yn pregethu'r diwrnod hwnnw, a dyna'r Esgob yn ateb: 'Hebron yn y bore a Bethlehem yn y prynhawn'. Roedd yn union fel pe bai'n siarad am ddydd Sul mewn ardal wledig yng Nghymru, dim ond bod yr Esgob hwn yn mynd i'r Hebron a'r Bethlehem gwreiddiol!

Un prynhawn braf, llogais dacsi a theithio o Jeriwsalem am ryw awr i lan y Môr Marw rhwng Israel a Gwlad yr Iorddonen. Yn ystod y daith edrychais ar draws y diffeithdir i gyfeiriad tref enwog Jerico ar y gorwel. Mor rhyfedd oedd gweld y lleoedd a oedd mor gyfarwydd imi o straeon y Beibl â'm llygaid fy hun. Wedi cyrraedd y môr, roedd yn rhaid mynd i mewn iddo. Roedd y dŵr mor llawn o halen nes fy mod i bron ag arnofio ar fy eistedd! Bron na allwn ddarllen llyfr ar wyneb y dŵr.

Tua chanol yr wythnos, aeth bws mini â ni o'n llety yn nwyrain Jeriwsalem i un o'r *checkpoints* niferus ar y mannau croesi. Fe'n gollyngwyd ni yno yng nghwmni dwsinau o ddynion, gwragedd a phlant. Roedd gan bawb ei reswm dros fod angen mynd heibio i'r milwyr arfog wrth y blociau concrid, ac er y câi ambell un basio heb drafferth, roedd yn rhaid i'r rhan fwyaf sefyll am hydoedd yn y gwres llychlyd. Dwi'n cofio gweld un gŵr mewn oed yn cael ei wthio'n ddiseremoni, a hynny am y trydydd tro! Torrodd i grio'n hallt am ei fod angen mynd i weld rhywun oedd yn sâl ar yr ochr arall i'r ffin. Fodd bynnag, doedd dim yn tycio, a dyma dri neu bedwar milwr Israelaidd, na allent fod yn llawer hŷn nag un ar bymtheg oed, yn rhoi gwn yn ei wyneb a'i fygwth. Roedd ein calonnau'n gwaedu dros y truan wrth gwrs.

Yn y man daeth dau filwr atom a holi pam ein bod ni yno. Dywedon ninnau ein bod yn bedwar o Gristnogion a oedd yn awyddus i fynd i weld ein partneriaid dyngarol yn Hebron neu Fethlehem. Doedd fawr o awydd i'n gadael ni drwodd, ond aeth un o'r milwyr i nôl ei uwch-swyddog. Roedd hwnnw fymryn yn hŷn, a dechreuodd ein holi ar yr un trywydd â'r milwyr. Gofynnodd o le y daethom, a dyma ninnau'n dweud Cymru. Bron ar unwaith, diflannodd yr olwg sarrug, galed ar ei wyneb, ac roedd cysgod gwên. 'Ryan Giggs!' medd yntau, 'This way!' Trwodd â ni i'r tir neb heb oedi, gan ddiolch yn dawel bach am ddoniau y dewin pêl-droed o Gaerdydd!

Ac eto, o fewn eiliadau, aeth pethau'n flêr. O weld bod rhai wedi cael mynd trwodd, cynhyrfodd y dyrfa, troi'n anniddig a nesáu at y milwyr. Cododd y rheini eu harfau, a'r cyfan a glywsom ninnau o'r tu ôl inni oedd gweiddi a sgrechian, a sŵn gynnau'n cael eu tanio. Aethom ar ein hwynebau ar y ddaear ac aros yno'n llonydd am funudau, cyn codi yn y man a brysio o'r llain heb oedi, gan gyrraedd ein partneriaid Cymorth Cristnogol yr ochr draw. O fewn rhai munudau'n unig inni gyrraedd y swyddfa, cawsant neges ffôn i'w hysbysu bod hen ŵr wedi syrthio'n farw ychydig funudau ynghynt wrth groesi tir neb. Ie, y truan a welsom yn ymbil yn daer ar y milwyr fymryn ynghynt oedd y gŵr, ac roedd y pedwar ohonom mewn sioc. Gwaetha'r modd soniodd un o'r partneriaid nad dyma'r tro cyntaf i'r math hwn o beth ddigwydd, ac mae'n debyg fod rhai pobol yn llewygu wrth aros i groesi'r ffin hefyd. Soniodd am famau beichiog yn cael eu cadw'n ôl ac yn rhoi genedigaeth wrth y *checkpoints*, a bod mwy nag un plentyn bach wedi colli rhiant yn fan a'r lle. Oedd, roedd hi'n ddieflig yma, a daethai'n amlwg y byddai ein partneriaid yn y Cymorth Cristnogol angen pob dimai i leddfu peth ar y dioddef.

Gadawsom y lle'n gegrwth, a mynd i mewn i gerbyd arall tuag at Eglwys y Bugeiliaid ar y bryniau y tu allan i Fethlehem. Dyna brofiad oedd hwnnw, a daeth gwersi Lladin Mr Willot yn Ysgol y Bechgyn yn ddefnyddiol wrth imi ddarllen y geiriau rhyw ddeg troedfedd i fyny o gwmpas yr eglwys fechan. Y rhain oedd y geiriau a ddysgais yn Gymraeg ym Mheniel yr holl ddegawdau hynny'n ôl: 'Yr oedd yn y wlad honno fugeiliaid yn aros yn y maes, ac yn gwylied eu praidd liw nos. Ac wele, angel yr Arglwydd a safodd gerllaw iddynt.'

Roeddwn i wedi edrych ymlaen at gael ymweld â Bethlehem. On'd yw enw'r ddinas wedi ei serio ar ein cof? Enw'r ddinas mewn Hebraeg ydi Bet Leḥem sy'n golygu 'Tŷ Bara', a hi ydi'r ddinas bwysicaf o hyd yn y rhan hon o'r Lan, i'r de o Jeriwsalem. Ond roedd Bethlehem 2003, a Bethlehem heddiw o ran hynny, wedi ei lleoli ar y Lan Orllewinol, ac roedd hi'n ddinas wahanol iawn i Fethlehem y bugeiliaid a'r doethion. Roedd rhwystrau cerrig ar y ffyrdd, a ffensys a waliau concrid wedi eu codi ar draws llwybrau ac eiddo'r Palestiniaid. Prin oedd y twristiaid ar Sgwâr y Preseb dan yr union fan lle'r arhosodd y seren.

Serch hynny, roedd Eglwys y Geni yn gyrchfan angenrheidiol. Sefais yno'n ddistaw a dweud gweddi o ddiolch am y bachgen mewn cadachau.

Ar y sgwâr y tu allan cefais fy mherswadio gan saer lleol i brynu golygfa preseb fechan ganddo, un reit arw, a dweud y gwir, er mwyn ei helpu i gynnal ei deulu druan. Mae'n debyg nad oedd neb yn gwario dim yn y dref yn y dyddiau blin hynny. Gwnaed amser hefyd i gerdded Llwybr Dioddefaint Crist, y Via Dolorosa yn Jeriwsalem.

Er gwaethaf holl anniddigrwydd y cyfnod, roedd y croeso'n ddi-ffael. Aethom i babell syml a chael lletygarwch gan deulu o Balestiniaid oedd yn byw ar nemor ddim. Roedd eu cronfa ddŵr wedi ei thorri gan yr Israeliaid, ond mynnai'r teulu ein bod ni'r ymwelwyr yn eistedd i lawr i yfed paned syml, er gwaethaf eu cynni dŵr difrifol.

Yn amgueddfa'r Holocost yn Yad Vashem, roedd cyfle i fyfyrio'n ddwys ar erchyllterau'r cyfnod hwnnw. Ond wrth geisio mewnoli'r dystiolaeth ddi-gwestiwn am ddioddefaint yr Iddewon yn ystod yr Ail Ryfel Byd, ni allwn beidio â holi i mi fy hun sut y gallai Llywodraeth Israel wneud i bobol Palesteina yr hyn a wnaed i'w cyndeidiau hwythau yn siamberi nwy'r pedwardegau.

Er gwaethaf natur ddwys yr ymweliad, yn ôl ym maes awyr Tel Aviv ar y ffordd adre roedd cyfle i chwerthin. Daeth llais ar yr uchelseinydd yn mynnu bod 'Jones, Edward Morus from the UK' yn riportio i'r ddesg ddiogelwch. Aeth fy nghalon i'm sgidiau! Edrychodd y ddau swyddog yn ddifrifol arnaf wrth ddal fy mhasbort a holi: 'Sir, can you explain your connections with Bali?' Roedd rhyw gysylltiad rhwng gwlad Bali a digwyddiadau terfysgol yn y cyfnod hwn, mae'n debyg. Fodd bynnag, rhoddodd bleser mawr imi edrych ar y pasbort yn llaw'r swyddog a dweud: 'That's not Bali, it's Bala, the town in Wales where I was born!' Yn ddistaw bach, roeddwn i am gael dweud mai Llanuwchllyn y dylai o fod, ond mae'n debyg nad hwn oedd yr amser iawn.

Wedi cyrraedd yn ôl i Gymru, gwnaethom ein gorau i rannu profiadau'r daith gyda chyd-Gristnogion a chodi tua chan mil o bunnoedd tuag at waith Cymorth Cristnogol yn Israel a Phalesteina. Mae'n destun tristwch mawr bod angen ysbryd 'Salaam Shalom' yn y rhan hwn o'r byd heddiw – cymaint, os nad yn llawer mwy nag yn 2003.

Pennod 25

Blynyddoedd Côr Godre'r Aran

Yng ngwanwyn 1963 deuthum yn aelod o Gôr Godre'r Aran am y tro cyntaf. Roedd Tom Jones, Llanuwchllyn, yr arweinydd bron iawn ers sefydlu'r côr ym 1949, yn awyddus i gael ambell lais newydd i'r rhengoedd cyn Eisteddfod Genedlaethol Llandudno yn nechrau Awst y flwyddyn honno. Fe'i cawn yn anodd dweud 'na' wrth Tom Jones. Roedd y cysylltiadau'n niferus, a bu'n gefn i mi a'm rhieni ar hyd ein hoes. Roeddem yn gyd-aelodau yng Nghapel Peniel hefyd, wrth gwrs, ac roeddwn i wedi bod yn aelod o'i barti cerdd dant dan ddeuddeg oed yn Eisteddfodau'r Urdd flynyddoedd ynghynt hefyd! Bu Tecwyn fy mrawd yn aelod o'r côr bron o'r cychwyn cyntaf, ac mae gen i gof ei fod yn aelod pan ymddangosodd eu clasur o record hir, *Music of the Welsh Mountains* gan Gwmni Delyse, yn y siopau yng nghanol pumdegau.

Dechreuais fynd i'r ymarferion canol wythnos yn Ysgoldy'r Annibynwyr yn y pentref. Roedd pawb yn cymryd y gwaith dysgu o ddifri, a phan ddaeth yr wythnos fawr yn Llandudno cafwyd hwyl arbennig o dda ar ganu'r 'Awdl Foliant i Gymru' gan Emrys Edwards. Fodd bynnag, dwi'n dal i gofio'r côr yn dod yn agos at dynnu'r pafiliwn mawr i lawr gyda'n fersiwn o 'Er nad yw 'nghnawd ond gwellt' i osodiad Tom Jones. Mae'n debyg fod y beirniad, y Parchedig Brifardd Gwyndaf Evans, wedi rhoi ei bensel i lawr ar y bwrdd yn fuan yn ein perfformiad.

Enillon ni'r flwyddyn honno, ac roedd yn braf dechrau fy nghyfnod gyda'r côr ar y brig! Roedd y blynyddoedd dilynol yn flynyddoedd coleg ac roedd yn anodd teithio adre i ymarferion, ond erbyn Eisteddfod Genedlaethol Aberafan ym 1966 roedd cyfnod Bangor ar ben ac roedd Tom Jones yn awyddus i'r côr fynd i'r afael ag awdl R. Bryn Williams, 'Patagonia', a ddaeth i'r brig yn Eisteddfod 1964. 'Dos i'r goedlan yn yr Hydref' oedd yr ail ran, ac er bod yr Eisteddfod ymhell iawn o Feirionnydd y flwyddyn honno, daeth llwyddiant i ran y côr unwaith eto, a daethom i'r brig! Roedd yn braf perthyn i gwmni o gantorion arbennig o dalentog, dan arweiniad clamp o hyfforddwr.

Tom Jones oedd fy mhennaeth yn y Farmers Marts, wrth gwrs, ac un diwrnod ym Mehefin 1966 daeth cais i rannu lifft ag o i Ddolgellau y diwrnod canlynol. Câi'r sgwter Lambretta lonydd am ddiwrnod! Rai munudau i mewn i'r siwrne, estynnodd Tom osodiad sol-ffa, a chanwyd yr alaw, lein y tenor a lein y bas ar gyfer yr Eisteddfod. Erbyn cyrraedd Dolgellau roedd y darn wedi symud yn ei flaen yn dda, yn barod ar gyfer yr ymarfer y noson wedyn!

Erbyn 1968 roeddwn i'n gweithio fel athro ym Morgannwg, ac roedd Côr Godre'r Aran wedi cael gwahoddiad i ganu mewn cyfarfod er cof am y Prifardd William Crwys Williams yn Eisteddfod Genedlaethol y Barri. Roedd yn braf cael ymuno â'r côr am un perfformiad arall cyn gorfod rhoi'r gorau iddi am y tro.

Byddai'n sbel cyn imi ganu â'r côr unwaith yn rhagor; 36 blynedd i fod yn fanwl gywir! Ond erbyn 2004 roedd Gwyneth yn awyddus, yn ei geiriau hi, imi gael noson o hamdden imi fy hun yn lle rhedeg i bobol eraill. Yn yr un cyfnod, yn digwydd bod, roedd angen cryfhau rhengoedd Côr Godre'r Aran, a phwysodd rhai o'r aelodau arnaf i ailymuno, yn cynnwys fy nghefnder Penri Jones y Parc, Arwel yr ysgrifennydd, Dr Ian Roberts, y Bala, Gwynedd y Wern Ddu a David Pierce Jones.

Roedd Alwyn Jones, Talmignedd o Gaeathro yn un o aelodau profiadol y côr, ac roedd yn fodlon rhannu lifft o dopiau Gwynedd i'r Llan bob nos Iau.

Roedd llawer iawn o ddŵr wedi mynd o dan bontydd Llanuwchllyn erbyn hynny, ac roedd y côr y bûm yn aelod ohono'n flaenorol wedi newid bron yn gyfan gwbl. Roedd y diweddar Tom Jones wedi trosglwyddo'r awenau i un o gerddorion mwyaf dawnus Cymru'r cyfnod diweddar, sef Eirian Owen, merch y Wern Ddu, Cwm Pennantlliw. Wedi iddi ennill graddau disglair yng Ngholeg Prifysgol Cymru, Bangor, fe'i penodwyd yn bennaeth adran Gerddoriaeth Ysgol y Gader, Dolgellau. Roedd Eirian yn athrylith ar y piano ers pan oedd hi yn ei harddegau cynnar, a hithau fu'n cyfeilio i Gôr Godre'r Aran pan oedd Tom Jones yn arweinydd. Yn ôl Arwel yr ysgrifennydd, ar ddiwedd ymarfer cofiadwy yng nghanol y saithdegau, fe gyhoeddodd Tom ei fod yn ymddeol y noson honno, a chyflwynodd Eirian, oedd wrth y piano, fel Cyfarwyddwr Cerdd newydd Côr Godre'r Aran.

Cydiodd Eirian yn y gwaith yn syth a datblygu'r côr llwyddiannus mewn sawl ffordd. Roedd, erbyn 2004, lawer mwy o aelodau na chynt, a'r rhaglen wedi ei ehangu'n ddi-bendraw. Roedd y côr yn canu amrywiaeth o ganeuon, a hynny mewn Cymraeg, Rwsieg, Lladin, Saesneg, Eidaleg ac Almaeneg, i enwi dim ond llond llaw! Roeddent hefyd wedi teithio i sawl rhan o'r byd ac wedi recordio sawl albwm. Roedd stamp Eirian Owen ar y cyfan yn amlwg, felly hefyd deyrngarwch yr aelodau iddi.

Wrth imi edrych o'm cwmpas yn yr ymarfer cyntaf, dim ond dau neu dri aelod o'm cyfnod i gyda'r côr yn y chwedegau y gallwn eu gweld. Roedd fy nghyfaill Arwel yn un, yn ogystal â Gwynedd Roberts, brawd Eirian, a David Pierce Jones. Câi Dei ei adnabod fel Tad y Côr erbyn hynny! Roedd David Pierce Jones yn dad i Gwennant Pyrs, wrth gwrs, sefydlydd ac arweinydd llwyddiannus Côr Seiriol. Mae cyfraniad Gwenant i fyd cerddoriaeth, fel un Eirian Owen, ill dwy o Lanuwchllyn, yn ddifesur.

Chefais i ddim trafferth setlo'n ôl yng nghwmni'r criw. Erbyn hyn, deuai'r aelodau o ardal llawer ehangach na'm cyfnod cyntaf gyda'r côr. Yn ogystal â Phenllyn, deuai'r aelodau o Fachynlleth, Ardudwy, cylch Dolgellau, Edeyrnion, Arfon a Dyffryn Clwyd, heb sôn am aelodau o Fôn! Ond yn Neuadd Bentref Llanuwchllyn roeddem yn un, ac yn barod i fynd i'r afael ag unrhyw her a osodai Eirian, y maestro. Waeth imi gyfaddef y gallai'r gwaith fod yn drwm a'r gofynion yn uchel ar adegau. Serch hynny, dysgem ddisgyblaeth a chrefft, ac roedd fy ail gyfnod gyda Chôr Godre'r Aran rhwng 2004 a 2016 yn un o gyfnodau gorau fy mywyd.

Nid oedd prinder cyngherddau yng Nghymru a thu hwnt. Roeddem i ffwrdd unwaith neu ddwy bob mis, a'r teithio'n cynnwys Chelmsford, Sioe Amaethyddol yr Ucheldir yng Nghaeredin, Birmingham, Caerdydd, yn ogystal â sawl taith i Iwerddon.

Roedd y ddwy daith fawr yn ystod fy nghyfnod i â'r côr yn wefreiddiol. Un flwyddyn gofiadwy, gyda chôr o tua deg ar hugain, a thros hanner cant o gefnogwyr brwd, yn cynnwys Gwyneth, aethom i'r Wladfa ym Mhatagonia. Cawsom ganu yn Buenos Aires a Bariloche i ddechrau, cyn cyrraedd Esquel a Threvelin yng Nghwm Hyfryd, y Wladfa. Roedd y cynulleidfaoedd yn fawr a hwyliog, a dwi'n cofio rhyfeddu at glywed y Gymraeg ar wefusau pobl, yn arbennig felly nifer o blant ifanc. Profiad rhyfedd oedd ymweld ag ysgol Gymraeg a chlywed y plantos yn canu rhai o ganeuon Cwm Rhyd-y-Rhosyn. Wedi rhai dyddiau yng Nghwm Hyfryd, rhaid oedd croesi'r paith moel am oriau cyn cyrraedd Trelew, oedd gannoedd o filltiroedd i ffwrdd yn Nyffryn Camwy. Roedd y croeso yr un mor gynnes yno ag yn y Gaiman. Roedd y cynulleidfaoedd wedi gwirioni ar sŵn y côr a'r unawdwyr, a hwn oedd un o'r troeon cyntaf i Aled Wyn Davies, y tenor hwyliog o Lanbrynmair, deithio fel unawdydd gyda'r côr.

Ar y ffordd adre trefnodd y criw i alw heibio i Rio de Janeiro, Brasil. Roedd yr ymweliad yn un o brofiadau mawr bywyd i mi a Gwyneth, yn enwedig teithio ar y wifren ddur uwchben y ddinas a gweld ardaloedd o gyfoeth anferthol ar un llaw, a siediau'r *favelas* dim ond rhai munudau i ffwrdd. Dringodd y ddau ohonom at gerflun anferth Crist y Gwaredwr ar y mynydd, yn ogystal â threulio orig yn rhamant traeth Copacabana. Taith i'w thrysori ar sawl ystyr.

Yn 2011, chwaraeais innau ran fechan mewn sicrhau gwahoddiad i'r côr i ogledd America. Erbyn hynny, roedd gen i gysylltiad agos gyda Chymdeithas Cymru Gogledd America, ac roedd y Gymanfa Ganu ddiwedd Awst y flwyddyn honno'n cael ei chynnal ym mhendraw'r Unol Daleithiau, yn Portland, Oregon. Drwy Beth Landmesser, ffrind annwyl ac un o arweinwyr y Gymdeithas, cafwyd addewid am ryw ddeuddeg mil o ddoleri i ddechrau ar y trefnu! Erbyn dechrau'r haf roedd taith lawn o dros bythefnos wedi ei llunio ar ein cyfer.

Ymhlith uchafbwyntiau'r daith honno roedd perfformio yn y Gymanfa ei hun ar y Sul, ac Eirian yn arwain Cymanfa'r Prynhawn yn feistrolgar. Rhiannon Acree, chwaer i Tom Gwanas sy'n byw yng Nghalifffornia ers blynyddoedd, oedd yn llywio'r canu yn y sesiwn olaf. Cymrodd sawl aelod o'r côr ran yn y gystadleuaeth canu emyn yn Eisteddfod yr Ŵyl hefyd, ac mae gen i gof mai Penri enillodd y prynhawn hwnnw. Cafodd sawl un arall ohonom gam difrifol, wrth gwrs!

Roedd hwyl dda ar bawb wrth inni adael Portland i gyfeiriad Seattle, cyn gadael yr Unol Daleithiau ar fwrdd fferi i Victoria ar Ynys Vancouver, Canada, dinas â chanddi deimlad Prydeinig iawn. Roedd y croeso yn Victoria yn fawr, a chafwyd chwip o gyngerdd llwyddiannus. Ar achlysur cyngerdd arall yn

Vancouver ei hun, cafodd Gwyneth a minnau gyfle i ailgydio yn ein cyfeillgarwch gyda John Pritchard o'r Groeslon, un o arweinwyr amlycaf bywyd Cymreig Vancouver ar y pryd. Trefnodd John ac aelodau eraill y Gymdeithas Gymraeg groeso cynnes inni yng Nghanolfan y Cymry yn y ddinas. Yn ôl John a Llinos ei wraig, hon oedd yr unig ganolfan bwrpasol o'i math yng ngogledd America yn 2011.

Aethom yn ein blaenau i Calgary ac Edmonton, ac roedd cyngherddau mawr, gorlawn yn y ddau le! Ar y ffordd i Edmonton cafwyd arhosiad difyr ar fuarth fferm fawr ynghanol gwastadeddau Alberta! Cafwyd croeso gan deulu ifanc oedd wedi symud i Ganada o ardal y Bala. Roedd cŵn poeth, diod a phwdin ar ein cyfer, y cyfan wedi'i drefnu gan aelodau y gymdeithas Gymraeg leol!

Roedd y daith gyfan yn llwyddiant eithriadol, o'r cyngherddau i'r cymdeithasu. Un o bleserau'r cyfryw deithiau oedd darganfod ardaloedd a golygfeydd newydd, ac ymhlith y rheini oedd mynyddoedd y Rockies a rhewlif anferthol Athabasca.

Yn agosach at adre, cafodd y côr wahoddiad i ganu mewn cyngerdd clasurol mewn eglwys fel rhan o Ŵyl Gerdd Aberdaugleddau un flwyddyn. Ar y rhaglen roedd yr athrylith o organydd, Huw Tregelles Williams. Â ninnau ar ganol newid i'n dillad côr yn y cefn, daeth cais gan yr organydd am aelod o'r côr i droi ei dudalennau. Gan feddwl ei fod yn rhoi anrhydedd i'w ffrind, cynigiodd Arwel fy enw i. Er fy mod i'n reit dda ar fy sol-ffa, doeddwn i ddim yn darllen hen nodiant, ac felly nid fi oedd yr un i ymgymryd â'r dasg hon, ond methais â pherswadio Arwel mewn pryd! Prif ddarn Huw Tregelles ar y noson oedd Toccata (Symffoni i Organ Rhif 5) gan Widor, un o'r darnau cymhleth hynny ag ynddo filoedd o nodau a dwsinau o dudalennau i'w troi! Roeddwn yn siŵr o wneud ffŵl ohonof fy hun!

Fodd bynnag, mi sylweddolais yn fuan bod traed Huw yn symud o nodyn i nodyn yn llawer llai aml nag y symudai ei ddwylo. Roeddwn i'n iawn! Dilynais linell nodau'r traed ar y copi, ac ymhen tua deng munud daethom at ddiwedd y Toccata, a llwyddodd Huw Tregelles Williams a minnau i orffen yn daclus gyda'n gilydd! Anadlais yn ddwfn, ac adrodd gweddi fer o ddiolch. Ychydig wyddai Huw Tregelles o'm hanwybodaeth, yn amlwg, oherwydd trodd ataf ar y diwedd a chanmol fy nawn i droi'r tudalennau! Diolch i Dduw!

Do, cafwyd blynyddoedd gwefreiddiol gyda Chôr Godre'r Aran. Yn ogystal â'r uchafbwyntiau uchod, mae'n werth sôn am y fraint o gystadlu ac ennill cystadleuaeth y corau meibion yn Eisteddfod Ryngwladol Llangollen, a'r seremoni gofiadwy yng Nghanolfan y Tabernacl, Machynlleth lle cefais y fraint o gyflwyno Medal Glyndŵr i Eirian Owen am ei chyfraniad i gerddoriaeth a chelfyddyd Cymru.

Pennod 26
Ac hyd heddiw

Wrth gau pen y mwdwl ar y myfyrdodau hyn, yn hytrach na mynd i bob man yn ddigyfeiriad, ceisiaf ganolbwyntio i ddechrau ar un neu ddau o'r cyfnodau hynny a fu'n gynhaliaeth imi ar hyd fy oes, cyn cloi gyda chwmni fy nheulu, sy'n amhrisiadwy i mi o hyd.

Soniais eisoes am ddylanwadau cynnar Peniel a'r Hen Gapel, Llanuwchllyn ar fy mywyd, yn ogystal â chyfnod bendithiol yn y Tabernacl, Efailisaf. Wedi hynny, bu cymdeithas Capel Rhydymain yn un gynhaliol a thriw, gyda'r diweddar Barchedig Meurwyn Williams a Carys ei wraig yn ffrindiau da inni o'r dechrau un. O'r capel hwn y daeth cyfraniad teuluoedd yr Hengwrt, Cae Coch, Hywel Dda, Braichbedw, Esgair Gawr, y ddau Dŷ Cerrig ac eraill yn amlwg. Bryd hynny hefyd yr oedd Lewis a Jean Evans a'u plant, y Post a Siop Blaenddôl, oedd ynghyd â theulu'r Hengwrt heb fod yn perthyn ymhell o gwbl i mi, yn gwasanaethu capel ac ardal. Daeth un o blant Blaenddôl a'r capel, Bethan, yn athrawes i Ysgol Llandegfan. Gwnaeth gyfraniad sylweddol am flynyddoedd fel athrawes ac yng ngwaith Adran yr Urdd, timau chwaraeon, ac eisteddfodau lu. Ers iddi ymddeol o fyd addysg, mae'n dal yn weithgar ym mywyd gwleidyddol Môn.

Ym 1978, pan gyrhaeddodd y teulu Fôn, daeth y Tabernacl, Porthaethwy yn gartref ysbrydol ac yn ganolbwynt cynnes i'n bywydau ni'n pedwar. Nid oedd gweinidog yno ar y dechrau, ac felly fe wnaethom ein gorau, yng nghwmni rhai fel yr annwyl William Thomas, yr Allt, Bryner Jones, Dr Marian, ac un fu'n arwr inni, y Parchedig Elwyn Jones, Talwrn wedyn, i gynnal oedfaon, dramâu, a chyflwyniadau'r plant ac ati. Yng nghanol yr wythdegau, daeth y Parchedig Euros Wyn Jones, un arall o blant Meirionnydd, atom yn weinidog. Roedd Euros lawer yn iau na fi, ond roedd yntau hefyd yn un o gyn-ddisgyblion Ysgol y Bechgyn y Bala. Bu'n fugail yn y Tabernacl drwy'r blynyddoedd nesaf, y blynyddoedd pan oedd Awen a Rhun a nifer o'u ffrindiau yn cyrraedd eu harddegau ac yn cael eu derbyn yn aelodau cyflawn. Tua'r adeg honno hefyd y daeth Gwyneth a minnau, ynghyd â Hubert Jones Roberts o Ffestiniog, yn ddiaconiaid, a minnau ymhen tipyn yn olynu Mrs Bessie Roberts fel ysgrifennydd. Roedd ysgol Sul fywiog dan ofal Mrs Sydney Evans, ac mae atgofion da am sawl picnic a mabolgampau hwyliog ar gaeau'r Allt, a'r tywydd bob amser yn braf! Dwi'n trysori'r atgofion am foreau Nadolig yn ystod yr wythdegau hefyd. Byddai cynulleidfaoedd y Tabernacl, y Capel Mawr a Barachia Llandegfan yn dod at ei gilydd, a nifer dda o ieuenctid yr eglwysi adre dros yr ŵyl o'u gwaith neu o golegau. Byddai Elwyn a Ceri Edwards yn canu deuawd fach amserol, a byddem yn ffurfio parti neu gôr bychan noson neu ddwy ynghynt ac yn paratoi cân Nadoligaidd, un gyfoes fel arfer i'w chanu ar y bore. Byddai'r criw yn taro'r nodyn cywir bob tro, a does gen i ddim cof i neb oedd ar gael erioed wrthod cymryd rhan! Byddai rhyw lawenydd yn llenwi'r lle, a'r ieuenctid yn gyfrifol am gymaint o'r atgofion braf! Wedi rhai blynyddoedd yn gofalu amdanom, ac am Smyrna, Llangefni, Siloam, y Talwrn a Horeb, Penmynydd, gadawodd Euros Wyn Jones, a buom heb weinidog eto am flwyddyn neu ddwy, cyn i gyfnod newydd wawrio. Rywdro ym 1997, roeddem yn siopa yn Tesco (mae siopau bwyd eraill i'w cael!) a phwy ddaethom ar ei draws ond y Parchedig Ronald Williams, gweinidog Salem, Caernarfon. Ar ôl sgwrsio am yr hyn a'r llall am rai munudau, mentrodd Gwyneth ofyn yn gwrtais iddo tybed fyddai ganddo ddiddordeb dod yn weinidog arnom yn y Tabernacl, yn ogystal â Salem? Daeth y sgwrs i ben yn y fan honno am y tro, ond mae Ronald Williams yn sôn hyd heddiw fel yr aeth adre'r diwrnod hwnnw, myfyrio, ac ystyried cwestiwn Gwyneth yn alwad syml ond diffuant. O fewn rhai wythnosau cafwyd dealltwriaeth rhwng swyddogion Salem a ninnau, ac erbyn 1999 roeddwn i, fel ysgrifennydd yr Eglwys, yn cwblhau'r trefniadau i sefydlu'r Parchedig J. Ronald Williams yn weinidog ar Dabernacl, y Borth. Bryd hynny, cefais groesawu ffrind arall yng ngwir ystyr y gair atom yn weinidog i Iesu Grist. Mae'r 'Parchedig Ron' yn dal efo ni dros chwarter canrif yn ddiweddarach, a bu'n gyfaill arbennig i gynifer ohonom.

Yn bersonol, mae gen i a'm plant un ddyled fawr iddo, un nad anghofiaf amdani fyth. Roedd Ron yn graig garedig, ddwys wrth inni ffarwelio â Gwyneth adre yn Llandegfan ar 15 Rhagfyr 2012. Yn naturiol, fo hefyd oedd yn arwain oedfa i gofio a dathlu ei bywyd yn y Tabernacl rai dyddiau'n ddiweddarach. Y diwrnod hwnnw, cafodd gymorth parod Rhun, Elwyn Jones a Geraint Tudur. Nid anghofiaf chwaith ddau fugail arall, ffrindiau agos dros y blynyddoedd, sef Huw John a Jim Clarke a fu'n gynhaliaeth fawr i ni drwy'r cyfnod.

Ar nodyn ysgafnach, ond yr un mor ddiffuant, yng Ngorffennaf 2013, Ron oedd yn gweinyddu yng ngwasanaeth Priodas Awen a Marcus, yn y Tabernacl ar ddiwrnod hapus iawn. Mae fy nyled a'm diolch yn fawr, nid yn unig i'm gweinidogion, ond i holl aelodau'r Tabernacl. Profais eu nerth a'u cyfeillgarwch o'm cwmpas yn ddi-dor drwy gyfnodau o dristwch a llawenydd, fel ei gilydd.

Heddiw, diolch i Dduw, daeth ffrindiau eraill i gynnal gwaith y capel; rhai newydd fel Glenys, Margaret a Gwyn, Bryn, Janet, Meinir, Emlyn, June yr Allt a chwiorydd Trem y Wawr!

Mae'n destun llawenydd hefyd gweld cydweithio agosach rhyngom ni a ffrindiau cynulleidfa'r Capel Mawr. Yn fy meddwl i, un gymuned ac un teulu y dylem i gyd fod yng ngwaith Eglwys Iesu Grist.

Yn aml iawn y dyddiau hyn, alla i ddim bod yn bresennol yn y Tabernacl ar y Sul, a hynny am fy mod ers dros ddeugain mlynedd bellach yn arwain myfyrdodau fy hun mewn sawl rhan o Gymru (i unrhyw enwad!). Byddaf hefyd yn addoli yng nghapel Mary, fy ngwraig, ym Mhensylfania. Byddwn bob Sul yn addoli'r un Duw yn Iesu Grist ag y byddwn i adre yng Nghymru, ac mae cariad bob amser yn sail i'r cyfan.

Ar nodyn personol ond perthnasol iawn, dwi'n llawenhau o wybod mai'r Parchedig Carwyn Siddall, ffrind i mi o Sir Fôn pan oedd o'n llawer iau, ydi gweinidog presennol Iesu Grist yng nghapeli fy magwraeth yn Llanuwchllyn, ac mae pawb â meddwl y byd ohono fo!

Mae fy nghysylltiad ag ymgyrchu gwleidyddol yng Nghymru, ac yn arbennig â Phlaid Cymru, dros fwy na thrigain mlynedd wedi bod yn nodwedd amlwg yn fy mywyd hefyd. Rhyddfrydwyr oedd teulu Eithinfynydd ers ymhell cyn i mi gael fy ngeni. Roedd Catherine Jones, mam fy nhad, yn dipyn o hen ben, ac yn greadures wleidyddol iawn, mae'n debyg. Bu farw ym 1965, yn 97 oed, a thrwy ei bywyd bu'n ffyddlon i'r Rhyddfrydwyr ac yn gefnogwr mawr i David Lloyd George yn ystod ei gyfnod yntau. Cynhaliwyd yr Etholiad Cyffredinol cyntaf wedi'r Ail Ryfel Byd ym 1945, flwyddyn ar ôl fy ngeni, felly'r etholiad cyntaf mae gen i gof ohono yw etholiad 1951. A minnau'n saith oed ar y pryd, mae'n debyg bod brawd fy mam, Llew, wedi gofyn imi wrth y bwrdd bwyd un diwrnod i bwy roeddwn yn mynd i fotio. Heb oedi dim, mi atebais a dweud 'Gwynfor Evans!' Gyda mymryn o syndod, gofynnodd Yncl Llew pam oeddwn i am wneud hynny, a'm hateb i oedd, 'Achos bod o'n ifanc ac yn edrych yn ffeind!' O'r fan honno, o lun du a gwyn ar daflen etholiad Meirionnydd ym 1951, daeth Gwynfor Evans dros y blynyddoedd yn arwr i mi. Bum mlynedd yn ddiweddarach cefais ddweud 'helô' wrtho am y tro cyntaf erioed y tu allan i'r ysgol yn Llanuwchllyn. Roedd o'n dal i edrych yn ifanc ac yn ffeind! Drwy flynyddoedd fy ieuenctid, ac ymlaen i'm hugeiniau, deuthum i edmygu Gwynfor Evans fwyfwy; yr ymgyrchydd, y Cymro mwyn, cwrtais, ond penderfynol o Langadog! Cofiaf fynychu ralïau Plaid Cymru yn fy arddegau, a byddai Gwynfor, gyda'i resymu tawel yn gwneud imi deimlo fy mod i ar yr ochr iawn. Wnaeth Gwynfor Evans ddim llwyddo i ennill sedd Meirionnydd i Blaid Cymru yn y pumdegau na dechrau'r chwedegau, ac er fy mod i'n teimlo'n siomedig am hynny, roedd dyddiau gwell i ddod!

Gofynnodd ffrind da imi yn ddiweddar ers faint oeddwn i wedi bod yn ymgyrchu dros y Blaid, ac fe gefais gryn dipyn o sioc o sylweddoli fy mod i wedi gwneud hynny ers pob Etholiad Cyffredinol ers 1959, yn ogystal â phob etholiad i Gynulliad (neu Senedd) Cymru ers 1999! Y tro cyntaf bûm yn taflennu a chanfasio dros Gwynfor Evans yn Etholiad 1959, ac roedd ward Maenofferen, Blaenau Ffestiniog, cyn galeted ag unrhyw le yn y byd i fagu profiad. Roeddwn i'n bymtheg oed, a gŵr ifanc o'r enw Elystan Morgan yn taflennu gyda ni! Yn Etholiad 1964 wedyn roeddwn yn y coleg ym Mangor, yn ymgyrchu o Swyddfa'r Blaid ym Mhendref. Yno y deuthum i adnabod yr arch-drefnydd ysbrydoledig, Elwyn Roberts am y tro cyntaf. Yn haf 1966 cefais dreulio diwrnod yn ymgyrchu yn isetholiad enwog Caerfyrddin, ac o'r diwedd gweld Gwynfor yn ennill ac yn mynd i San Steffan fel yr aelod cyntaf erioed dros Blaid Cymru! Wedi llwyddiant Gwynfor cafwyd isetholiadau eraill arbennig o gynhyrfus, a chyfle i ymgyrchu dros Vic Davies yn y Rhondda ym 1967 a Dr Phil Williams yng Nghaerffili ym 1968. Daeth y Blaid yn agos iawn yn y ddwy, roedd Cymru'n deffro, ac roeddem ninnau yn teimlo'n rhan o'r cyffro! Dwi wedi sôn eisoes hefyd am ganlyniad annisgwyl o dda ein hymgeisydd glew Errol Jones ym Mhontypridd ym 1970, a dwy fuddugoliaeth fawr Dafydd Ellis-Thomas ym Meirionnydd ym 1974. Yn y cyfnod hwn hefyd bûm yn Gadeirydd ar Bwyllgor Etholaeth y Blaid ym Meirionnydd cyn gadael am Fôn.

Fel y soniais eisoes, chwaraeais fy nghardiau gwleidyddiaeth bleidiol yn ofalus iawn ar ddechrau fy nghyfnod yn Llandegfan. Roedd gen i swydd sensitif yn y fro, a doeddwn i ddim ar unrhyw gyfri am golli ymddiriedaeth rhieni oedd â phlant yn fy ngofal. Ond pan ddeuai etholiad, ac fe ddaeth 'na chwech o rai cyffredinol cyn i mi ymddeol o'r ysgol yn 2001, roedd digonedd o waith i'w wneud y tu ôl i'r llenni ym Môn. Boed hynny ar ben ffôn mewn swyddfa, yn crwydro strydoedd culion Caergybi, neu'n datrys lonydd bach pentrefi'r Ardal Wyllt (chwedl y diweddar Barchedig Emlyn Richards), byddai'r cyfan yn ddigon pell o Landegfan. Talodd yr ymgyrchu cyson ar ei ganfed, ac ym Mehefin 1987 enillodd Ieuan Wyn Jones sedd Môn i'r Blaid, a'i dal hyd iddo roi'r gorau iddi er mwyn canolbwyntio ar fod yn aelod o Gynulliad Cenedlaethol newydd Cymru, neu'r Senedd heddiw, yn 2001. Yn 2013 penderfynodd Ieuan, cyfaill imi ers blynyddoedd bellach, y byddai'n ymddeol, ar ôl cynrychioli etholwyr Môn yn ddiwyd am dros chwarter canrif. O hyn ymlaen, mae stori Plaid Cymru ar Ynys Môn yn dod yn un â stori fy nheulu i fy hun!

Wedi bron i ugain mlynedd fel newyddiadurwr, y rhan fwyaf ohonynt gyda'r BBC ym Mangor, Caerdydd, San Steffan ac yna yn ôl yng Nghymru, enillodd ein plentyn ieuengaf, Rhun ap Iorwerth, enwebiad Plaid Cymru i fod yn ymgeisydd ar gyfer Ynys Môn yn y Cynulliad wedi ymadawiad Ieuan Wyn Jones. Datblygodd brwydr frwd rhyngddo fo ac ymgeiswyr y pleidiau eraill, a daeth yr ymgyrchu i ben mewn isetholiad cofiadwy ar 1 Awst 2013. Enillodd Rhun yr etholiad gyda mwy na 12,000 o bleidleisiau a mwyafrif sylweddol dros ymgeisydd y Blaid Lafur,

Tal Michael. Roeddwn yn llawn balchder, a gwyddwn hefyd y byddai Gwyneth ei fam, a fu farw wyth mis ynghynt, hefyd wrth ei bodd. A dweud gwir, gwn fod colli Gwyneth wedi dylanwadu mwy nag ychydig ar benderfyniad Rhun i gynnig ei hun i wasanaeth cyhoeddus, wedi iddi hithau fod mor weithgar ar hyd ei hoes.

Daliodd Rhun y sedd yn gyfforddus yn 2016 ac wedyn yn 2021. Ymlaen!

Doedd yna ddim bwriad o gwbl i fod yn rhan o ryw genhadaeth Gymraeg wrth roi'r enwau Awen Iorwerth a Rhun ap Iorwerth ar y plant. Roedd Yncl Ap yn fy nheulu i ar ochr Tada ers talwm, ac roeddem yn gwybod fod 'Iorwerth' yn ffurf dderbyniol ar 'Edward'. A phrin y byddai Jones yn marw o'r tir pe na baem ni yn ei ddefnyddio fo!

Tyfodd y ddau yn blant iach a didrafferth i ni, ac mae'n rhaid imi gofnodi yma pan oedd y ddau yn blant bach mai Gwyneth wnaeth y rhan fwyaf o ddigon o ganu caneuon hwian i'r ddau! Roeddwn i allan o'r tŷ yn rhy aml adeg amser gwely! Roedd digon o ffrindiau da yn ysgolion Rhydymain a Llandegfan, ac yn hwyrach yn Ysgol Gyfun David Hughes i lawr ym Mhorthaethwy. Ar y Sul roeddynt efo ni yn y Tabernacl, ac yn ystod yr wythnos roedd Aelwyd yr Urdd dda yn y Borth dan arweiniad diflino Alwyn ac Ella Owens am flynyddoedd. Cafodd y ddau gymaint o gyfleoedd gwerthfawr gyda'r Urdd, yn cynnwys cymryd rhan mewn chwaraeon, siarad cyhoeddus, cystadlu mewn eisteddfodau, heb anghofio hwyl y gwersylloedd!

Pan ddaeth dyddiau Ysgol David Hughes i ben, cafodd Awen wireddu breuddwyd oes pan aeth ar ei hunion i astudio meddygaeth yng Nghaerdydd. Fel ei chwaer, a'i fam ym 1956, i Brifysgol Cymru Caerdydd yr oedd Rhun yntau am fynd i astudio'r Gymraeg a Gwleidyddiaeth tua 1989.

Cafodd ein teulu gyfleoedd gwerthfawr i deithio yn ystod

gwyliau haf o'r ysgolion, a hynny wedi inni syrthio mewn cariad gyda charafanio! Aethom i'r Alban ar ein gwyliau cyntaf, gan logi carafán fechan iawn o ochrau Caerliwelydd. Doedd hi fawr mwy na maint gwely dwbl o un pen i'r llall, ac roedd y plant, ill dau o dan dair oed, ynddi hi efo ni! Cyfyng? Oedd. Ond 'wannwl, mi wnaethon ni fwynhau! Doedd yna ddim troi'n ôl ar ôl y gwyliau hwnnw. Buddsoddwyd mewn carafán i ni'n hunain, a bu Nan y Garafán ail law yn ffyddlon inni am ddegau o deithiau dros y blynyddoedd. Byddem yn teithio i wersyll braf Megan ac Edward Puw, Glan-llyn, Llanuwchllyn, ac fe dreuliwyd hafau mewn rhannau difyr o Gymru a Lloegr. Wedyn daeth cyfnodau y mentro ymhellach, ac mae Awen a Rhun, sy'n rhieni canol oed eu hunain erbyn hyn, yn dal i gofio ein gwyliau blynyddol yn Ffrainc, Lwcsembwrg, rhannau o'r Almaen a'r Swistir, ac hafau cofiadwy yn Llydaw. Fe sylweddolon ni'n fuan ei bod hi hefyd yn bosibl mwynhau wythnosau fel Sioe Fawr Llanelwedd, eisteddfodau'r Urdd a'r Genedlaethol ac ambell rali yn llawer llawnach a rhatach o dipyn mewn carafán! Cyn bwysiced â'r profiad o aros mewn gwersyll carafanio, a oedd yn ddigon prin ei gyfleusterau ar brydiau, oedd mwynhau cwmni ffrindiau yn ystod y digwyddiadau. Mae'n destun tristwch mawr bod cynifer o'r ffrindiau a fu'n ymgynnull a thrafod mor hwyliog wedi ein gadael erbyn hyn. Cafodd Gwyneth a minnau gwmni Bill a Gwenda Edwards, Hywel a Dilys Richards, Glyn a Gwyneth Jones, a Penri a Mair Jones dros flynyddoedd hapus. Mi fyddwn i'n argymell gwyliau carafán i deulu ifanc o hyd!

Wedi i'r plant adael y nyth ac i'n prif flynyddoedd gwaith ddirwyn i ben, buom yn ffodus i gael gweld rhagor o ryfeddodau'r hen fyd yma, yn ychwanegol at anturiaethau Côr Godre'r Aran.

Mae gan bawb eu hatgofion arbennig o ddigwyddiadau erchyll 11 Medi 2001 yn Efrog Newydd, ac mae'r delweddau o'r ddwy awyren yn taro Canolfan Masnach y Byd wedi eu serio ar gof cynifer ohonom. Wedi imi ymddeol o Ysgol Llandegfan, yr haf hwnnw roedd Gwyneth a minnau wedi penderfynu mynd ar wyliau yng nghwmni Peter a Gwen Morris Jones, Pwllheli gynt. Roedd Peter wedi ymddeol o'r un swydd yn Ysgol y Borth rai blynyddoedd ynghynt. Fuodd 'na fawr o drafod cyn penderfynu mynd i Ganada, cyn belled â bod Gwyneth yn gwneud y trefnu. Byddai Gwyn yn ei helfen yn trefnu ymweliadau fel hyn! Ganol Awst 2001 hedfanon ni i Calgary, a llogi car cyn anelu am fynyddoedd y Rockies. Fe dreulion ni ddeuddydd yn nhref fechan Jasper, cyn dal trên byd-enwog y Rocky Mountaineer, a theithio arno am ddeuddydd gan aros noson yn Banff. Dwi'n cofio disgyn i lawr drwy ddyffrynnoedd coediog i ddinas Vancouver a threulio rhai dyddiau braf yn Victoria ar Ynys Vancouver. Roedd y tawelwch yn arallfydol bron wrth inni lithro allan ar gwch distaw ben bore i chwilio am yr eirth brownddu'n pysgota ar fin y dŵr, reit wrth ein hymyl, tua Naimo. Yn Vancouver cawsom weld rhai o ryfeddodau'r ddinas hardd a chyfarfod y John O. P. y soniais amdano o'r blaen, ynghyd â'i wraig, Llinos, a dysgu mymryn am y bywyd Cymreig sy'n dal i fod yng Nghanada. Ar ôl i'r wythnosau wibio heibio, ar 10 Medi, fe aethom yn ôl i'r gwesty i fyfyrio ar wyliau bythgofiadwy a pharatoi i ddychwelyd adre'r prynhawn wedyn. Ond nid felly'r oedd hi i fod.

Drannoeth roeddwn i wedi deffro'n gynnar, a rhois fy radio fach yn fy nghlust. Am funud, meddyliais fy mod i'n dal i freuddwydio, cyn sylweddoli fy mod i'n gwrando ar raglen fyw o'r Unol Daleithiau. Roedd damwain wedi digwydd yn Efrog Newydd, ac awyren, un fach mae'n debyg, wedi taro un o dyrrau uchel Canolfan Masnach y Byd. Yn fuan, datblygodd y newyddion am ddamwain awyren yn drychineb gwirioneddol. Tyfodd y panig a'r argyfwng yn llais y darlledwr wrth iddo gyhoeddi bod ail awyren wedi taro'r tyrrau.

Dyma ddeffro Gwyneth, Peter a Gwen. Trowyd y teledu

ymlaen ac o fewn eiliadau roeddem wedi sylweddoli yn Vancouver, fel gweddill y byd, y byddai hwn yn ddiwrnod y byddem yn ei gofio am byth. Ryw awr yn ddiweddarach, a'r sôn am derfysgwyr ym mhobman, cawsom neges yn dweud bod hediadiau allan o ogledd America wedi eu gohirio am gyfnod amhenodol! Ond nid dyma'r unig dro yng nghynffon y stori hon i'n criw ni o deithwyr.

Ar fore'r drychineb roedd Rhun fy mab a Llinos ei wraig, ynghyd â'u merch fach flwydd oed, Elen, a Peredur a Dilys Hughes, rhieni Llinos ar eu gwyliau yn America. Gwyddai Gwyneth a minnau eu bod nhw i fod i deithio i Efrog Newydd y bore hwnnw, a bod Rhun yn awyddus i fynd i ben tyrrau y World Trade Center, fel y gwnaeth o, Awen a ninnau ym 1984. Roedd Rhun yn dal i gofio o'r ymweliad hwnnw bod plac carreg yn rhywle ar wal ar ben y tŵr uchaf ag arno'r geiriau 'This is probably the nearest that most people will get to Heaven'. Roedd yr eironi'n greulon.

Does dim rhaid imi ddweud ein bod ni'n poeni'n arw amdanyn nhw, yn enwedig gan nad oedd ateb yn dod o'u ffonau symudol. Bu'n rhaid imi ddweud gweddi ddistaw y bore hwnnw, ond diolch byth cawsom glywed gan Awen yn rhywle ym Mhrydain eu bod nhw i gyd yn iawn. Dyna ollyngdod!

Newyddiadurwr gyda'r BBC oedd Rhun yn 2001, wrth gwrs, ac wrth i'r newyddion erchyll dorri, yn dilyn anogaeth gan ei deulu, cysylltodd gyda'r swyddfeydd yng Nghymru ac egluro ei fod ar garreg drws y gyflafan drist. O fewn cyfnod byr roedd ei olygyddion wedi dod o hyd i ŵr camera i Rhun, Cymro Cymraeg yn gweithio yn Efrog Newydd. A Rhun felly ddaeth â'r adroddiadau yn fyw o ganol llwch, ofn ac anobaith Efrog Newydd i'n sgriniau am ddyddiau wedi 9/11. Yn ôl yn Ynys Môn, gwelodd Gwyneth a minnau ddyn ifanc a oedd eisoes yn ŵr aeddfed, wedi cael ei orfodi i aeddfedu cymaint ymhellach ar ôl bod mor agos i alanas drist y ddau dŵr ym Manhattan.

Daeth un daith ryngwladol arall i'n rhan yn ystod cyfnod Awen yn cwblhau cwrs i ddod yn llawfeddyg. Penderfynodd bod profiad ychwanegol mewn un maes yn angenrheidiol, a hynny o dan adain arbenigwr adnabyddus yn Awstralia. Bu yno am chwe mis, yn byw yn ardal Manly ar gyrion dinas fawr Sydney, ac mi benderfynodd Gwyneth a minnau drefnu taith arbennig i'w gweld, a galw heibio i weld Ian, mab i gyfnither i mi a'i deulu yn Seland Newydd ar yr un pryd!

Ddechrau gwanwyn 2006 oedd hi, ac roedd rhaid hedfan yn gyntaf i Hong Kong ac aros yn Kowloon am noson neu ddwy. Dwi'n dal i gofio'r wefr o edrych ar amlinell yr ugeiniau o nendyrau, neu skyscrapers uchel wedi eu goleuo'n amryliw yn awyr y nos. Felly hefyd y teithiau ar y bysys dŵr enwog a'r trên bach i ben mynydd y Peak uwchben y ddinas. Byddwn wedi bod wrth fy modd yn gweld yr arysgrif sy'n cofio un o feibion enwocaf Llanuwchllyn yng nghanolfan bancio'r Hong Kong and Shanghai Banking Corporation. Magwyd y Major J. R. Jones ar aelwyd gyffredin yn Llanuwchllyn, ac wedi iddo gwblhau cyfrifoldebau milwrol sylweddol yn ystod yr Ail Ryfel Byd, daeth yn un o brif reolwyr bancio'r byd. Yn ogystal â bod yn bennaeth yr HSBC gwreiddiol, roedd J. R. Jones yn llais teyrngar i Lywodraeth Prydain yn Hong Kong am flynyddoedd. Ar ôl bod dan reolaeth Prydain ers 1847, daeth Hong Kong yn ôl dan reolaeth Gweriniaeth Pobl China ym 1997. Yn anffodus, doedd dim posib gweld yr arysgrif yn ystod ein hymweliad oherwydd gwaith atgyweirio.

Ar ôl gadael Hong Kong gydag atgofion a phrofiadau lliwgar a newydd, fe gyrhaeddom Sydney a derbyn croeso cynnes gan Awen. Roedd rhaid cael tacsi i fynd o'r orsaf drenau i dŷ Awen; tacsi tra gwahanol i'r rhai adre. Allan o'r orsaf â ni ac yn syth at lan y dŵr yn y Cei Crwn, y Circular Quay yng nghysgod y Tŷ Opera a mynd ar fwrdd cwch mawr tuag at borthladd tref Manly dros y dŵr. Bu'r dyddiau nesa'n amrywiol a chyfoethog, yn cynnwys y bwyd môr anhygoel, taith i'r acwariwm, neu oriau'n crwydro'r ddinas. Mae digon i'w weld yn Sydney, o'r Harbour Bridge anferth i draeth Bondi, ac ym Manly ei hun, ymhell o ganol Sydney, roedd y tonnau syrffio anferth yn rhyfeddu rhywun, a'r cerflunwyr tywod yn creu campweithiau cain o dan ein trwynau.

Ond heb os, un o uchafbwyntiau'r daith oedd gwylio perfformiad byw yn Nhŷ Opera Sydney a chael swper yn mwyty Aria gerllaw cyn cychwyn. Roedd gwylio *Madam Butterfly* gyda sêr o unawdwyr o dros y byd a cherddorfa lawn tŷ opera mwyaf eiconig y byd yn dipyn o brofiad. Digwydd bod, roedd y cynhyrchiad drudfawr cyfan wedi'i noddi gan gwmni anferth Mazda o Japan, cwmni'r ceir a fu gen i yn ddi-fwlch ers dros ddeugain mlynedd!

Wedi mwynhau'r gwyliau yn Sydney y tu hwnt i bob disgwyliad, roedd cyfle i biciad i Seland Newydd. ('Piciad' myn coblyn i! Wnes i erioed sylweddoli bod cymaint o bellter rhwng dwyrain Awstralia ac Ynys y Gogledd, Seland Newydd!) Wedi'r oriau o hedfan, fe gyrhaeddom Aukland yn gynnar ar brynhawn braf arall. Roedd Ian oddi cartre am dridiau gyda'i fusnes bancio ym Melbourne, ac felly dyma dreulio'r noson gyntaf yn lleoliad campus gwesty'r Sky yn ninas yr hwylio, Aukland. Wrth ddeffro drannoeth, un o brif benawdau newyddion y bore hwnnw oedd bod y seren ffilmiau byd-enwog, Russell Crowe, yn prynu un o dimau rygbi Seland Newydd. Aeth Gwyneth a minnau am frecwast, a phwy oedd yn rhannu peiriant gwneud tost â mi y bore hwnnw? Neb llai na Russell Crowe ac aelodau ei fand! Fy nghlêm to ffêm ydi imi gael sgwrs efo'r dyn ei hun a drymiwr ei fand oedd yn dod o Bont-y-pŵl! Byd bach, yn wir!

Roedd aros gydag Ian a'r teulu yn ardal Remuera, Aukland yn gyfle i ddal i fyny gyda hanes ein teuluoedd. Roedd taid Ian yn dod o Gymru yn wreiddiol, yn frawd i fy mam, ond symudodd i fyw i ardal Cumbria yng ngogledd Lloegr. Roedd

Ian a'r teulu wedi byw yn Seland Newydd ers tua deugain mlynedd.

Ar ôl llogi car a gyrru ar ochr chwith y lôn fel yng Nghymru, fe deithion ni i rannau uchaf Ynys y Gogledd, o ardaloedd Rotorua a'i ffynhonnau dŵr a mwd poeth, drwy ardaloedd y Bay of Plenty i fyny cyn belled â Whangārei. Roedd y golygfeydd godidog bron cystal â Chymru, ac roedd edrych ar greigiau a thirweddau glan môr yr ardal yn ein hatgoffa ein bod yn agos at lle bu sawl llosgfynydd, a lle gallech ddisgwyl daeargrynfeydd. Dyma, wedi'r cyfan, ran o ardaloedd cylch tân ymylon y Môr Tawel. Nodwedd amlwg arall, ar wahân i'r tiroedd ffermio braf, oedd y rhedyn tal. Dyma'r dail ar grysau rygbi'r Crysau Duon. Maent yn goed o bethau, ac mae llawer o ddefnydd twristaidd yn cael ei wneud o bren coes y planhigyn. Wrth fwynhau'r wlad werdd, raenus a'r bobol gyfeillgar, cawsom ein hunain yn dathlu bod gwlad fach fel hon, gyda'i phoblogaeth o ddim ond pum miliwn, yn gallu bod mor llwyddiannus, hyderus a balch ohoni ei hun mewn cymaint o feysydd.

Aethom yn ôl i Awstralia at Awen; hedfan i Brisbane cyn gyrru i lawr y Gold Coast, arfordir cyfoethog dwyrain Awstralia, a galw heibio i ddyffryn Hunter a'i winllannoedd anferth. Fe deithion ni efo'n gilydd i'r Mynyddoedd Gleision cyn troi 'nôl am Sydney i gyfarfod tair o'r ffrindiau da a wnaeth Awen tra'n byw yn y ddinas, sef Del, Gwenllian a Mary. Daw Del o'r Bala yn wreiddiol, a merched Ynys Môn oedd y ddwy arall. Mae Tudur Owen yn sôn yn aml ar ei raglenni radio am ei chwaer Mary yn Awstralia, ac roedd hithau a'r teulu yno ar y pryd, yr un mor gyfeillgar â'i brawd!

Daeth yn bryd ffarwelio â gwlad y koalas a'r cangarŵs yn llawn atgofion braf, er mor anodd oedd gadael Awen mor bell o Gymru. Aethom i gyfeiriad gwahanol tuag adre, a stopio yn un o feysydd awyr Tokyo, lle'r oedd blodau'r coed ceirios yn olygfa binc, gyfoethog ymhob man! Yn ardal Shibuya y ddinas, roeddem yn aros ar un o loriau uchaf gwesty'r Cerulean Tower, ac aeth yr olygfa drwy'r ffenestri mawr â'n gwynt ni'n dau! Hefyd, a maddeuwch imi am grybwyll profiad mor fras, ond roedd technoleg lle chwech y gwesty yn barod i wneud popeth drosoch chi!

Cafwyd deuddydd anhygoel yn profi'r bwyd gwahanol fel y sushi ac yn rhyfeddu at y temlau dwyreiniol, cain. Y peth a'n trawodd drwy gydol yr ymweliad oedd fod pob man yn lân, a'r bobol yn rhyfeddol o gwrtais, ac yn aml yn moesymgrymu o'n blaen.

Llwyddodd fy nghefnder, Penri, a minnau i gadw cysylltiad agos â'n gilydd drwy'r blynyddoedd. Roedd ymddeol o waith llawn amser yn rhoi'r cyfle inni weld ein gilydd yn amlach, a digwyddai ein gwragedd Gwyneth a Mair rannu'r un diddordebau ym myd llefaru a drama. Roedd mudiad Merched y Wawr yn bwysig iddynt hefyd, a'r ddwy yn eu tro wedi bod yn Llywyddion Cenedlaethol. Yn ogystal â hynny, ar ddechrau'r ganrif roeddwn wedi ailymuno â Chôr Godre'r Aran, ac roedd Penri yn un o'r rhai a fu'n bennaf gyfrifol am fy mherswadio i wneud hynny! O'r herwydd, byddai'r sgyrsiau ar aelwyd Glannant, y Parc neu ar ein haelwyd ni ym Môn wastad yn rhwydd ac yn ddifyr, ac yn ystod un o'r sgyrsiau hynny y cyhoeddodd Mair: 'Ew, mi faswn i yn licio mynd ar grŵs!' Dyna blannu'r hedyn a arweiniodd at fordaith wyth diwrnod ar Fôr y Baltig!

Hedfanodd y pedwar ohonom o Fanceinion i Copenhagen yn Nenmarc i ddal y llong, a chael cip ar y ddinas hardd honno gyda'i chamlesi ac ynysoedd bach. Roedd llong yr Emerald Princess yn fawr, ac roedd swm y teithwyr cymaint â thref go sylweddol ei maint! Yn wir, roedd tua mil yn gweithio arni!

Mae'n debyg nad oes ar Fôr y Baltig fawr o lanw na stormydd mawr i amharu ar fordeithiau. Roedd yn siwrne hwylus felly, ac yn gyfle perffaith i gael blas bach ar y lleoedd y byddem yn galw heibio iddynt, ac yn eu plith, Stockholm yn Sweden, a'r Neuadd Gyngerdd hardd lle mae Gwobrau Nobel yn cael eu dyfarnu ers 1926. Ymlaen wedyn i Helsinki yn y Ffindir, a'r Neuadd Gerdd yn y graig lle'r oedd Cerddorfa'r Ffindir yn ymarfer. Mae'n debyg mai yn y fan honno y cyfansoddodd Sebelius 'Finlandia', y gwaith sy'n cynnwys tôn 'Dros Gymru'n Gwlad'.

Cawsom flas ar ddinas St Petersburg, Rwsia, a thref lewyrchus Tallin yn Estonia, cyn rhoi troed i mewn i Wlad Pwyl yn ninas Gdansk. Fe'm trawyd mor agos oedd ffiniau'r gwledydd hyn at ei gilydd. Roedd cyfle yn Oslo i alw heibio i amgueddfa'r anhygoel Kon Tiki yn yr harbwr. Oedd, roedd awydd mawr Mair, Penri, a ninnau i fynd ar grŵs wedi'i ddiwallu am y tro, ac yn y fan hon, mi gymeraf fantais ar y cyfle i gywiro un camargraff am wyliau mordaith; does dim rhaid ichi byth fwyta ac yfed yn wirion!

Pennod 27
Cloi

Heddiw, dwi ymhell y tu hwnt i'r hyn fyddai'n cael ei ystyried yn oed yr addewid. Diolch am iechyd! Diolch hefyd fy mod ar hyd fy oes wedi cael bywyd llawn a breintiedig yng nghwmni teulu a ffrindiau. Hefyd, cafodd Gwyneth weld ein dau o blant yn tyfu a magu eu teuluoedd ifanc eu hunain cyn iddi golli'r dydd i'r canser dieflig. Digwyddodd hynny rai dyddiau wedi ei phen-blwydd yn 68 oed, yn Rhagfyr 2012. Cawsom felly 44 mlynedd o fywyd llawn gyda'n gilydd, ac wrth ei cholli mi gollais fam ardderchog i fy mhlant, cariad ffyddlon, a ffrind pennaf fy mywyd.

Wyth mis wedi marw Gwyneth, yng Ngorffennaf 2013, buom yn dyst i briodas Awen â Marcus Hopkin, adre yng Nghapel y Tabernacl, Porthaethwy. Er bod colled y flwyddyn gynt ar flaen meddwl pawb, roedd diwrnod y briodas yn achlysur rhyfeddol o hapus. Roedd Awen wedi dweud ers tro ei bod yn dymuno i'w thad ei gyrru o Landegfan i lawr i'r Tabernacl yn fy Morris Minor bach du, hynafol, ond gan nad oedd yn bosibl i 'Moi' fod ar y ffordd ar y diwrnod, llwyddais i gael benthyg car union yr un fath gan Alun, cymwynaswr y funud o Lanfairpwll. Roedd isetholiad Rhun wythnos ar ôl y briodas, a gallwch ddychmygu croeso'r gynulleidfa pan ddaeth Awen a minnau rownd y tro yn y Morris, a rosét etholiad Rhun ap Iorwerth ar ei drwyn! Wedi'r gwasanaeth yn y capel, aeth pawb i barhau â'r dathlu ar dir Cae'r Erw, a throdd un o'r gwesteion ataf a dweud, 'gobeithio na fydd 'na lot o bobol yn mynd yn sâl yng Nghymru heddiw!' Roedd o wedi cyfri bod dros ugain o feddygon o bob cwr o'r wlad gyda'i gilydd mewn pabell yng nghanol Sir Fôn! Roedd yn ddiwrnod braf, ac yn cysgu'n ddiddig yn ei grud yn y gornel roedd Gwrhyd Gwyn Hopcyn, mab bach llai na deufis oed Awen a Marcus. Roedd Gwyneth yn gwybod ers peth amser bod babi bach ar y ffordd gan y ddau, a rhai dyddiau cyn ei marw, aeth Awen i gael y sgan arferol yn yr ysbyty. Daeth yn ei hôl a dweud wrth Gwyneth, a dim ond wrth Gwyneth, mai bachgen bach fyddai o, a rhannu ei enw efo Nain. Cadwyd y gyfrinach yn llwyr hyd y geni ar 29 Mai 2013. Byddai enw canol y mab, Gwyn, yn ein hatgoffa am byth am Gwyneth. Mae Awen yn fy atgoffa o hyd o'r diwrnod pan ddaeth Marcus ati i Landegfan ar ddiwrnod y sgan, a'i fod wedi golchi gwallt Gwyneth yn ofalus. Gwnaeth hynny am y tro cyntaf a'r tro olaf.

Mae'n siŵr bod yr enw Gwrhyd yn un anarferol i nifer, ond mae'n gyfeiriad at Fynydd y Gwrhyd i fyny o Bontardawe yn ne Cymru. O'r ardal honno yr oedd cyndeidiau Marcus ar ochr ei Dad yn hannu.

Mae Gwrhyd Gwyn erbyn hyn yn fachgen mawr un ar ddeg oed ac yn dipyn o *all-rounder*, yn mwynhau nofio, tennis, pêl-droed, yn dipyn o rym ar y cae rygbi, ac yn hoff o'i gerddoriaeth! Chwaraeodd ei ran ym mywyd Ysgol Gymraeg Pwll Coch, Caerdydd, a bydd yn gadael am Ysgol Gyfun Glantaf ym Medi 2024.

Roedd gan Awen gartref ym Mhontcanna cyn priodi, ac yno mae'r teulu o dri yn dal i fyw gyda chath liwgar o Ynys Môn! Mae Marcus yn gerddor proffesiynol ac yn addysgu disgyblion i ganu'r piano a chanu, ac Awen yn Llawfeddyg Ymgynghorol Orthopaedig a Thrawma yn Ysbyty Llantrisant, ac mae wedi ymddangos ar raglenni teledu fel *Doctor, Doctor* yn cyflawni triniaethau cymhleth. Yn fwy diweddar, bu'n gyfrifol am hyfforddi meddygon ifanc, yn arbennig rhai sydd am weithio drwy'r Gymraeg. Yn rhinwedd ei diddordeb yn y maes yma, fe'i penodwyd i arwain 'Datblygu Meddygaeth' gyda'r Coleg Cymraeg Cenedlaethol, ac mae wedi cyflwyno syniadau ar y maes yng Nghatalwnia a'r Ffindir. Mae'n Ddarllenydd ym Mhrifysgol Caerdydd, ac yn 2022 gwnaeth hanes drwy roi darlith yn y Gymraeg i gorff llawn o holl fyfyrwyr meddygol y flwyddyn, a'r ddarlith yn cael ei chyfieithu ar y pryd i'r Saesneg! Ar ben hyn oll, yn 2023 fe'i penodwyd yn Gyfarwyddwr Meddygol Orthopaedig i Awdurdod Iechyd Cwm Taf. Fel yn achos ei brawd bach, does yr un asgwrn diog yn Awen, ac fel ei thad gallai wneud efo mwy na saith diwrnod mewn wythnos!

Cyn ei marw, cafodd Gwyneth weld Rhun yn priodi Llinos (née Hughes) o Landdeusant, Ynys Môn yn eglwys fach Llantrisant ym Mawrth 1998. Daeth Elen Iorwerth i'r byd yn 2000, Siwan Iorwerth ddwy flynedd wedyn ac Osian Iorwerth yn 2004, ac roedd cwpanau'r teuluoedd yn llawn. Roedd y teulu'n byw yng Nghaerdydd ar y pryd, ond bob yn dipyn dechreuodd Rhun a Llinos sôn am ddod yn ôl i fyw i Sir Fôn! Symudodd y teulu o 26 Stryd Talbot ar waelod Ffordd y Gadeirlan brysur yng Nghaerdydd i heddwch Ynys Môn!

Cynyddodd y cyfrifoldebau proffesiynol ar Rhun a daeth i adnabod pob modfedd o'r A470 fel cefn ei law! Rhai blynyddoedd yn ddiweddarach daeth yn gyfarwydd â llwybr yr awyren fach o Gaerdydd i Faes Awyr y Fali, ac mae'n drueni nad yw hi gennym y dyddiau hyn. Ar ôl gadael ei waith gyda'r BBC i ddod yn aelod o Gynulliad Cymru dros Ynys Môn, gweithiodd yn ddiflino dros ei etholwyr a dal cyfrifoldebau sylweddol, gan gynnwys dod yn Llefarydd ei blaid ar yr Economi, Iechyd, a dod yn Aelod o Gomisiwn y Cynulliad. Daeth yn y man yn un o ddirprwy-arweinwyr grŵp Plaid Cymru cyn cael ei ethol yn ddiwrthwynebiad yn Arweinydd yn haf 2023. Rydw i, fel y byddai unrhyw dad arall, yn falch iawn o'i lwyddiant, a dwi'n teimlo'n aml hefyd bod Gwyneth hithau yn gwybod.

Byddai Rhun yn fy hanner lladd pe na bawn yn sôn am bedair rhan o bump arall ei deulu o! Mae Llinos ei wraig yn unigolyn galluog a dawnus iawn yn ei hawl ei hun. Daw o gefndir ffermio llwyddiannus ar Ynys Môn, yn un o blant Fferam Ucha', Llanddeusant, ynghyd â Llŷr a Dewi. O'r ysgolion lleol aeth Llinos i Brifysgol Caerdydd, gydag Astudiaethau Ewropeaidd yn brif faes ei hastudiaethau, ac mae'n rhugl mewn Ffrangeg ac Eidaleg. Wedi iddi gwblhau ei chwrs gradd yng Nghaerdydd derbyniodd radd Meistr yng Ngholeg y South Bank yn Llundain, a gweithiodd ym myd cysylltiadau cyhoeddus cyn i'r plant gyrraedd, ac yna gweithio'n llawrydd i sawl corff cyhoeddus. Erbyn heddiw mae Llinos yn gyd-berchennog ar ei chwmni cysylltiadau cyhoeddus llwyddiannus ei hun, mewn partneriaeth â Rhys Evans o'r Felinheli.

Wedi i'r teulu symud o Gaerdydd, cafodd y tri phlentyn addysg dda yn Ysgol yr Henblas, Llangristiolus ac Ysgol Gyfun Llangefni, gan werthfawrogi a mwynhau eu profiadau yno. Tua 2016 cymrodd Ysgol Gyfun Llangefni ran yng nghystadleuaeth yr F1 i ysgolion uwchradd gystadlu yn erbyn ei gilydd ym myd technoleg a pheirianneg. Enillodd tîm Llangefni drwy Gymru, ac o'r herwydd cawsant daith i'r rownd ryngwladol yn Singapore. Roedd Elen a Siwan yn aelodau o'r tîm, ac roedd yn destun balchder gwylio fy nwy wyres fach ifanc ar lwyfan byd!

Wedi gorffen ei chyrsiau yn Llangefni, derbyniwyd Elen i'r LSE yn Llundain, lle gweithiodd yn ddygn a graddio yn 2022 mewn Gwleidyddiaeth, Athroniaeth ac Economeg. I Brifysgol Caerdydd yr aeth ei chwaer fach, Siwan, i astudio Gwyddorau Meddygol. Gorffennodd y cwrs yn llwyddiannus yn 2023, er gwaethaf melltith y Covid a ddifethodd y blynyddoedd coleg hynny i gymaint o fyfyrwyr. Yn ogystal â'i gwaith academaidd, bu Siwan wrthi yn ei hamser sbâr yn helpu ffoaduriaid yng Nghanolfan yr Urdd, Caerdydd, a gyda phedair o'i ffrindiau, ffurfiodd y grŵp gwerin Tant, a chael hwyl arbennig ar berfformio dros Gymru gyfan.

Mae Osian, yr ieuengaf, yn fyfyriwr yng Ngholeg Prifysgol Harper-Adams yn Sir Amwythig ar hyn o bryd. Yn ogystal ag astudio'r cwrs amaeth uchelgeisiol, mae'n aelod o dimau rygbi llwyddiannus y coleg. Mae'n chwaraewr da wedi iddo gael hyfforddiant cychwynnol gwerthfawr gan ei dad ac eraill yng Nghlwb Rygbi Llangefni! Mae'n falch iawn o ddilyn yn ôl traed y chwaraewr rygbi talentog Yncl Llŷr, a George North!

Ar ôl byw yn Llandegfan am bron i ddeugain mlynedd, penderfynais ei bod yn bryd symud i dŷ llai, ac fel pe bai rhyw drefn ryfeddol yn bodoli, daeth y lle perffaith ar y farchnad dafliad carreg o gartref Rhun a Llinos.

Roeddwn i wedi byw ar fy mhen fy hun ers colli Gwyneth. Draw yn yr Unol Daleithiau roedd Mary Glassman hefyd yn weddw wedi iddi golli Fred ei gŵr chwech wythnos ar ôl fy ngholled innau. Roedd Mary a minnau yn adnabod ein gilydd o ran ein gweld ers y Welsh Heritage Week yn Baltimore yn 2008. Soniodd wrthyf bryd hynny bod ei hynafiaid wedi symud i Bensylfania gyda Chrynwyr Meirionnydd o ardal y Bala ym 1698. Roedd yn destun trafod difyr bod fy nheulu i ar ochr Tada yn ffermio ym Mhenllyn tua'r un adeg ag yr oedd ei theulu hithau yn denantiaid ar Stad y Rhiwlas, yn rhywle yng Nghwmtirmynach.

Prin oedd y cysylltiad rhyngom ni'n dau wedi 2008, oni bai am gerdyn Nadolig ac ambell alwad ffôn wleidyddol yng nghyfnod Obama, tan haf 2011. Bryd hynny, clywodd pawb oedd â chysylltiad ag wythnos y Welsh Heritage Week bod Mary, un o'r ffyddloniaid, a'i gŵr Fred yn bur wael. Dyma ninnau yn sylweddoli bod Don a Lorraine Jones, perthnasau i Gwyneth, yn byw yn Orwigsburg, nid nepell oddi wrth y ddau.

Fe benderfynom alw heibio i Mary a Fred wrth basio. Aeth blwyddyn heibio ac ar ddiwedd 2012 bu farw Gwyneth, a Fred yn fuan iawn ar ei hôl.

Cadwodd Mary a minnau gysylltiad dros y ffôn a'r cyfrifiadur yn bennaf, ac erbyn 2014, roeddem wedi dod yn ffrindiau da. Fe'i cyflwynais i'r teulu adeg fy mhen-blwydd yn ddeg a thrigain oed, ac yn hwyrach y flwyddyn honno fe'm cyflwynwyd innau i'w theulu hi ar achlysur ei phen-blwydd yn drigain. Yn Awst 2016 yng nghartref Mary yn Royersford, gyda'i gweinidog y Parchedig Karen Selig yn gweinyddu, fe briodon ni. Tra byddaf fyw, byddaf yn ddyledus i Rhun ac Awen a'u teuluoedd am fod yno ar y diwrnod arbennig hwnnw, ac i Gwynn Angell ac Enid am gwblhau'r cwmni bach teuluol o Gymru. Gwyddai Mary a minnau'n iawn diwrnod mor ddwys fyddai o, ond roedd Gwyneth a Fred yn ein calonnau drwy'r amser, ac maent yn dal i fod hyd heddiw. Oni bai amdanynt, fyddai yna ddim Awen a Rhun, na Scott, Noa a Seth, ein plant a ddaeth, diolch i Dduw, yn ffrindiau. Fe benderfynom y byddem yn rhannu'n hamser rhwng Llangristiolus a Philadelphia yn y dyfodol. Pan rydym ar wahân, rydym yn teimlo'n ffodus iawn o dechnoleg fel Facetime!

Felly, ar ôl dechrau'r daith ger rhesdai syml Pensylfania yn Llanuwchllyn yn y bennod gyntaf, dyma ddwyn y daith i ben yn nhalaith fawr Pensylfania yn yr Unol Daleithiau yn 2024. Gobeithio ichi fwynhau dod ar ryw ran fechan o'r daith gyda mi. Diolch am eich cwmni.

A rhai caneuon

Mae'n Wlad i Mi
Y fersiwn wreiddiol

Cytgan:

Mae'n wlad i mi
ac yn wlad i tithau
o gopa'r Wyddfa
i lawr i'w thraethau.
O'r de i'r gogledd
o Fôn i Fynwy:
mae'r wlad hon yn eiddo i ti a mi.
Ac fel y cerddwn ei chymoedd coediog
uwchlaw fe welwn yr awyr heulog.
O'm cwmpas roedd rhyw lais yn galw:
'Mae'r wlad hon yn eiddo i ti a mi.'

Cytgan

Fe grwydrais eilwaith, gan ddilyn camrau
i ardal brydferth ei llwyn a'i llynnau.
Parhau o hyd wnâi'r llais i alw:
'Mae'r wlad hon yn eiddo i ti a mi.'

Cytgan

O draeth y Barri i fro Eryri
fe dreuliais oriau yn syllu arni.
A chyn bo hir dôi'r llais i alw:
'Mae Cymru yn eiddo i ti a mi.'

Cytgan

Mae'n Wlad i Mi
Yr ail fersiwn
(96% yn eiddo i'r Dafydd Iwan dyfeisgar)

Cytgan:

Mae'n wlad i mi
ac yn wlad i tithau
o gopa'r Wyddfa
i lawr i'w thraethau.
O'r de i'r gogledd,
o Fôn i Fynwy:
mae'r wlad hon yn eiddo i ti a mi.

Rwy'n cofio crwydro hyd lwybrau unig
ar foelydd meithion yr hen Arennig.
A chlywn yr awel yn dweud yn dawel:
'Mae'r wlad hon yn eiddo i ti a mi.'

Cytgan

Rwy'n cofio gweled y Ddyfrdwy'n loetran
wrth droed yr Aran, fel llinyn arian
A'r dŵr yn sisial, ar lan Llyn Tegid,
'Mae'r wlad hon yn eiddo i ti a mi.'

Cytgan

Mae tywod euraid ar draeth Llangrannog
a'r môr yn wyrddlas ym mae Llanbedrog.
O ddwfn yr eigion clywn glychau'n canu,
'Mae'r wlad hon yn eiddo i ti a mi.'

Cytgan

Yr Hen Gi / Shep

Pan oeddwn i'n blentyn
ci bach ydoedd o,
fe grwydrem y caeau'n ddiflin.
Ein dau heb un gofid,
yn hapus ein bron,
tyfasom i fyny'n gytûn.

Ond Cymro heneiddiodd,
fel pawb yn ein byd.
Ei lygaid ni syllent fel cynt.
Ac un dydd y meddyg
drodd ataf a dweud,
'Rwy'n ofni mai byr fydd ei hynt.'

Â dwylo crynedig
mi godais fy ngwn,
ffarweliais â chyfaill di-feth.
Ond fedrwn i byth
wneud i ffwrdd â'r hen gi.
Mi roddwn fy hun yn ei le.

Daeth ataf yn dawel
gan lyfu fy llaw
a syllu i'm hwyneb yn syn.
Fel pe bai yn gofyn
yn addfwyn i mi,
'Sut byth allet ti wneuthur hyn?'

Yr hen gi aeth bellach
o ofal pob loes
a chrwydraf fy hun hyd y ddôl.
Ond rhoddwn bob peth
sydd gennyf yn awr
am gwmni fy nghyfaill yn ôl.

Ond rhoddwn bob peth
sydd gennyf yn awr
am gwmni fy nghyfaill yn ôl.

Y Bugail Mwyn

Ar hyd mynyddoedd Cymru
trig llawer bugail mwyn.
Â'i ofal, haf a gaeaf
am y defaid a'u hŵyn.
Ei ffon a'i gi'n ei ddilyn,
boed hindda, wynt neu law.
Rhaid cadw'r praidd i bori 'nghyd
pa berygl bynnag â ddaw.

Yn ystod glesni'r gwanwyn
daw'r ŵyn yn wan i'r byd.
Rhaid gwylio'n dirion drostynt,
a'u dwyn i gorlan glyd.
'Rôl prysur dymor cneifio,
a'r dyddiau braf ymhell,
yn hirlwm gaeaf fe ddaw ef
i'w troi i borfa well.

Hyd fryniau Galilea
fe droediodd Bugail Mwyn,
a'i ofal haf a gaeaf
am y defaid a'u hŵyn.
'Dewch ataf bawb, heb oedi'
oedd geiriau Crist i'w oes.
A thros ei braidd bu'r Bugail Da
yn dioddef ar y Groes.

'Dewch ataf bawb, heb oedi'
oedd geiriau Crist i'w oes.
A thros ei braidd bu'r Bugail Da
yn dioddef ar y Groes.

Y Lleuad

Sawl tro y syllwyd arnat, leuad bell?
Sawl tro'r ystyriwyd ansawdd oer dy fod?
Sawl awr dreuliodd dyn
yn dyfalu'th faint a'th lun?
A thi yn dal yr un, leuad bell.

Sawl tro'r adroddwyd stori, leuad bell,
am y gŵr a'r baich fu'n rhodio er cyn co'?
Ef dan ei lwyth o goed,
a'i gi yn ôl ei droed!
A thi yr un erioed, leuad bell.

Sawl tro bu mab a'i feinwen, leuad bell,
yn sibrwd cariad dan dy lewyrch glân?
Gyda thrai a llanw'n byd
mun arall âi â'i fryd.
Ond ti yr un o hyd, leuad bell.

Ac yn ein dyddiau ni, leuad bell,
fe welwyd dyn yn frenin arnat mwy.
Heb gofio'i fyd ei hun,
bod dyn mor dlawd ei lun,
ond ti yn dal yr un, leuad bell.

Bod dyn mor dlawd ei lun,
ond ti yn dal yr un, leuad bell.

Swansi tŵ, ffeif, ffôr

Rydwi'n fachgen cyffredin, o rywle'n y wlad
yn siarad iaith bura' fy nhir.
Iaith y capel a'r mart,
iaith y pops yn y siart.
Ond tybed ydi hyn yn wir?

Cytgan:

'Mod i'n ringio Swansi, tŵ, ffeif, ffôr,
neu Welshpŵl dybl êt,
watchio Cardiff City'n y League,
mae'u *centre half* nhw'n grêt!
Swper yn y *cooker*, switch on, ac off â ni.
Iaith cywyddau, llên a chân,
Rhaid ei chofleidio hi!

Dowch am dro i lawr y stryd
i wrando yn iawn
heibio'r stesion a'r trêns ar y lein.
Boi'n gwerthu washing mashîns,
ac un arall eis crîms,
Wel ma' wôc fach fel hyn yn ffein
i mi gael ...

Cytgan

Mae 'na Bost Offis bach
wrth y bys-stop fan draw.
'Ga i stamps ar y postcards 'ma, plis?
Ffeif pownd, ten am êr mêl!
Mi fydda i'n landio'n y jêl,
a ninne yn ôl yn y sgwîs
ac yn ...

Cytgan

'Nôl â ni at y tŷ,
reid fach neis yn y car.
Mae'r fisitors yn dod cyn bo' hir.
Bed an' brecffast i dri
a cha'l iwsio'r TV.
Ma' na incym bach handi, oes wir!
i mi gael ...

Cytgan

Gofi di Dorri'r Bara?
ar gyfer oedfa yng Ngwersyll Glan-llyn ar Sul y Pasg

Am ennyd gyfaill aros, yn sŵn a berw'n dydd
i gofio am yr oriau, a gaed yn sail ein ffydd.
Munudau'r Swper Olaf – munudau creulon brad.
Munudau'r Iesu'n dioddef,
a'i weddi at y Tad.

Cytgan:

Gofi di dorri'r bara?
Gofi di rannu'r gwin?
Gofi di Grist yn marw
yn iawn am feiau dyn?

Cofiwn yr oriau unig, a'r dorf yn ferw'i llef.
Cofiwn am un yn gwadu, yn gwadu ei eiriau Ef.
Munudau'r goron bigog, munudau'r dafnau gwaed.
Munudau Crist yn marw, a'r weddi eto gaed.

Cytgan

A ninnau'n cofio heddiw am hanes dyddiau gynt
daw sŵn helbulon cyfoes i'n clyw ar donnau'r gwynt.
Munudau'r lladd a'r clwyfo. Munudau rhyfeloedd byd.
Munudau'r llu yn marw.
A'r weddi, ai yn fud?

Cytgan

Ein braint yw cofio heddiw i Iesu drechu'r groes.
Yn nydd yr Atgyfodiad mae gobaith i bob oes.
Dyblwn ein hymdrechion, gwrthodwn drais a brad,
ymladdwn yn ei gariad
mewn gweddi at ein Tad.

Cytgan

Hwyrnos Dawel

Hwyrnos dawel heno 'Methlem,
dinas lawn yn cysgu'n drwm.
Ond i ddau heb le'n y llety
oer yw muriau beudy llwm.

Nid oes groeso heno 'Methlem,
nid oes esmwyth gwsg i Mair.
Nid oes neb ond Joseff yma
i weld gwyrth y gwely gwair.

Cytgan:

Ond fry i'r nef daeth seren,
seren gan Dduw i gyhoeddi
uwch Bethlem, bod baban
Meseia'r byd.

Gwylio'n syn y mae yr asyn.
Clwydo'n fud mae'r adar mân.
Ond cyn hir daw gyda'r awel
seiniau mwyn y nefol gân.

Hwyrnos dawel heno 'Methlem,
dinas lawn yn cysgu'n drwm.
Ond daeth Ceidwad byd i Fethlem
gyda'i hedd i'r beudy llwm.

Cytgan

Cân Bugeiliaid
Ar dôn 'Quem Pastores Laudaverem'

Cân bugeiliaid leinw'r awel.
Anthem moliant hwyrnos dawel.
Ffoi mae'n hofnau dros y gorwel.
'Ganwyd heddiw Frenin Nef.'

Wele ddoethion dri o'r dwyrain.
Seren glaer y Nef i'w harwain.
Thus a myrr ac aur mor gywrain.
'Ganwyd heddiw Frenin Nef.'

Gwêl, mae'r Seren uwch ei wely.
Llewyrch Tad ar Fab, yn cysgu.
Morwyn Duw ym Mair yn gwenu,
'Ganwyd heddiw Frenin Nef.'

Caed Meseia'n Faban gwiwlan.
Gorfoledded daear lydan.
Crist, ar ddelw Duw ei hunan.
'Ganwyd heddiw Frenin Nef.'